100 Dinge
die man tun sollte, bevor man 18 wird

Marie Michalke & Katharina Weiß

100 Dinge
die man tun sollte, bevor man 18 wird

Herzklopfen und so

INHALT – DAMIT DAS GEKLÄRT IST … 6 – EINE PYJAMAPARTY FEIERN 8 – PRAKTIKANT SEIN 10 – EINEN MUSEUMSWÄRTER ZUR WEISSGLUT TREIBEN 14 – REGELN BRECHEN 16 – EIN PAAR CHUCKS KAPUTTLAUFEN 18 – DIE JUGENDLIEBE FINDEN 19 – LIEBESKUMMER HABEN 21 – »WENN ICH DU WÄRE« SPIELEN 22 – SEIN UNWESEN IM INTERNET TREIBEN 23 – DREI TAGE WACH BLEIBEN 26 – PROTESTIEREN 28 – EIN BAUMHAUS BAUEN 30 – VEGETARISCH LEBEN 31 – IM COOLSTEN CLUB DER STADT FEIERN 35 – IN EINER ANDEREN WELT VERSINKEN 37 – AUF DER HALFPIPE CHILLEN 39 – VORGEBEN, JEMAND ANDERES ZU SEIN 40 – SCHAUSPIELERN 42 – ZWEI FREUNDE VERKUPPELN 43 – ABSTÜRZEN 44 – LAGERFEUERROMANTIK GENIESSEN 45 – VOR DER POLIZEI FLÜCHTEN 47 – EIN PERFEKTES FOTO VON SICH SCHIESSEN LASSEN 48 – SICH AUF DIE SPIRITUELLE SUCHE MACHEN 52 – SICH ERWACHSENENFILME ANSEHEN 55 – URLAUB AUF DEM PONYHOF MACHEN 57 – AN EINEM CASTING TEILNEHMEN 59 – SICH VON DER MUSE KÜSSEN LASSEN 61 – ALLEIN INS UNGEWISSE AUFBRECHEN 63 – DAS EIGENE LEBEN IM KINO HINTER SICH LASSEN 66 – UNTER DEM STERNENHIMMEL PHILOSOPHIEREN 68 – EINE EINMAL-UND-NIE-WIEDER-HAUSPARTY FEIERN 69 – MÄUSE AUS DEM BAUMARKT BEFREIEN 71 – DIE FASHION WEEK BESUCHEN 72 – EIN PAAR BEIM SEX ERWISCHEN 76 – DIE FREIHEIT AUF DEM CHRISTOPHER STREET DAY FEIERN 77 – AUF EINEN BAUM KLETTERN UND DORT BLEIBEN 79 – SICH RAUSSCHLEICHEN 80 – SICH REINSCHLEICHEN 81 – AN EINER JUGENDFAHRT TEILNEHMEN 83 – GEHEIMAGENT SPIELEN 84 – TRIPSITTER SEIN 85 – EIN SURVIVALTRAINING ABSOLVIEREN 86 – RENTNERN 88 – MEHR LIEBE IN DIE WELT BRINGEN 89 – SICH VEREWIGEN 90 – ETWAS ÜBER SEX, DRUGS AND ROCK 'N' ROLL LERNEN 91 – PAINTBALL SPIELEN 94 – TRÄUMEN 96 – DIE SCHULE SCHWÄNZEN 97 – KÜCHENKRÄUTER RAU-

CHEN 99 – EHRENAMTLICH ARBEITEN 100 – BEI EINEM FREMDEN ÜBERNACHTEN 102 – GROUPIE SEIN 104 – EINEN FIGHT CLUB GRÜNDEN 106 – DER HELD EINER FOTO-LOVESTORY SEIN 108 – MIT EINER BAND TOUREN 110 – EINEN GANZEN TAG IM ZUG VERBRINGEN 111 – GANZ VIEL KÜSSEN 113 – EINEN POETRY-SLAM BESTREITEN 114 – WETTEN 116 – FÜR DAS GUTE KÄMPFEN 117 – POSTER NASSKNUTSCHEN 118 – SICH MIT EINEM OBDACHLOSEN ANFREUNDEN 119 – STREICHE SPIELEN 121 – EINEN BESCHEUERTEN JOB ANNEHMEN 123 – EINE BAND GRÜNDEN 125 – IN EINEM MÖBEL-HAUS WOHNEN 127 – INS FREIBAD EINBRECHEN UND NACKT BADEN 129 – SINNLOSE TRENDSPORTARTEN AUSTESTEN 130 – ALLE GERICHTE AUF DER KARTE EINES FAST-FOOD-LADENS BESTELLEN 132 – MIT EINEM ROLLER FAHREN 133 – EINE ZEITREISE UNTERNEHMEN 134 – TEENIESPIELE SPIELEN 135 – ETWAS ÜBER DIE VERGANGENHEIT HERAUSFINDEN 136 – SICH HÖRSPIELE UND MUSIK FÜR KINDER ANHÖREN 140 – EINEN BARBIEPORNO DREHEN 141 – TOILET TALK BELAUSCHEN 142 – EINEN FREI-ZEITPARK UNSICHER MACHEN 144 – VON LA DOLCE VITA KOSTEN 145 – TRAMPEN 146 – DAS OKTOBERFEST BESUCHEN 147 – MAMA UND PAPA DANKE SAGEN 149 – SEIN GANZES GELD AUSGEBEN 150 – EINEN TANZKURS MACHEN 151 – NACH EINER SERIE SÜCHTIG SEIN 153 – MIT KLAMOTTEN IM MATSCH SPIELEN 155 – SCHLECHTE FLIRT-SPRÜCHE TESTEN 156 – FREIWILLIG ETWAS (KAUM BRAUCHBARES) LERNEN 158 – EIN GEFÄHRLICHES TIER BEZWINGEN 159 – EINE LAN-PARTY BESUCHEN 161 – LESEN, LESEN, LESEN 163 – IN EINE SUBKULTUR EINTAUCHEN 166 – SICH EINEN FEIND ZUM FREUND MACHEN 170 – EINEN ROADTRIP MACHEN 172 – ERINNERUNGEN KONSER-VIEREN 175 – SICH TÄTOWIEREN LASSEN 177 – BEI EINEM FESTIVAL DABEI SEIN 179 – DEN ABSCHLUSS SCHAFFEN 183 – DIE JUGENDSÜNDEN BEICHTEN GEHEN 185

DAMIT DAS GEKLÄRT IST ...

VORWORT

An den Anfang dieses Buches hätten wir auch eine lange Erklärung stellen können, warum ein weiteres – und zwar dieses – Listenbuch unbedingt in deinem Regal stehen sollte. Aber darauf haben wir verzichtet. Denn es ging uns beim Schreiben nicht darum, 100 Dinge aufzuzählen, die ganz witzig sein könnten, Spaß machen und ein schönes Buch ergeben würden. In erster Linie wollten wir mit diesem Projekt unserer eigenen Abenteuerlust nachgehen – und zwar ganz konsequent, ohne den Schwanz einzuziehen, alles auf morgen zu verschieben oder Ausflüchte zu suchen, warum die tollsten Sachen einfach nicht machbar sind.

Alles, von dem wir in diesem Buch erzählen, haben wir im letzten Jahr selbst erlebt – die Kleinigkeiten wie die ausgewachsenen Abenteuer. Wir waren so unglaublich glücklich, als wir nur haarscharf der Polizei entkommen sind, die Welt von einem Baumhaus aus betrachtet und unter dem Sternenhimmel philosophiert haben. So sagenhaft mutig, als wir während eines Überlebenstrainings zu Jägern geworden sind. So verdammt konsequent, als wir uns im Vegetarismus ausprobiert haben. Und so was von rebellisch, als wir jedes Konzert der Band Marla gerockt, unsere eigene Band gegründet oder im Tourbus von Jennifer Rostock etwas über Sex, Drugs and Rock 'n' Roll gelernt haben.

Der Großteil dieser Erlebnisse wird uns auch noch mit 30 oder 60 im Gedächtnis bleiben und wahrscheinlich hätten wir einige der 100 Dinge auch erst viel später in unserem Leben machen können. Wollten wir aber nicht. Wir wollten sie jetzt ausprobieren, in der sagenumwobenen wilden Jugend, im ersten Abschnitt unseres Lebens, in dem wir selbst bestimmen können, was wir tun. Denn für alles gibt es unserer Meinung nach das richtige Alter und jedes Alter bringt spezielle Geheimnisse, Privilegien und Erkenntnisse mit sich. In den kleinen Reportagen und kurzen Erklärungen in diesem Buch haben wir versucht, diesen auf die Spur zu kommen. Und dabei haben wir euphorische Rastlosigkeit, Rausch ohne Ernüchterung und viele erste Male erlebt.

Natürlich hatten wir nicht immer nur Spaß. Im Gegenteil, wir haben auch einige harte Lektionen erhalten und unsere eigenen Schattenseiten entdeckt. So mussten wir uns zum Beispiel eingestehen, dass wir manchmal ganz schön verklemmt sind, dass wir gelegentlich doch noch sehr unsouverän reagieren und dass eine große Klappe uns nicht aus jeder Situation retten kann. Doch all die peinlichen Situationen und kleinen Katastrophen, in die wir geraten sind, waren mindestens genauso spannend wie die strahlenden Sternstunden, die uns dieses Projekt beschert hat. Sie haben uns gezeigt: Man muss eben doch alles mal gemacht haben! Zumindest in dieser Sache hatten unsere Eltern also unrecht.

Während unserer Recherchen haben wir unglaublich viel gesehen und durchgestanden. Am beeindruckendsten waren aber nicht die Orte, an denen wir waren, oder die Dinge, die wir getan haben, sondern die Leute, denen wir dabei begegnet sind. Ohne ihre Leidenschaft, ihren Mut und ihre Freundschaft wäre dieses Buch leer und oberflächlich. Dabei war es nicht immer leicht, ihnen zu erklären, warum wir *100 Dinge, die man tun sollte, bevor man 18 wird* schreiben. Dass wir unsere Erfahrungen und Emotionen so öffentlich schildern wollten, ist mehr als einmal ein heißes Diskussionsthema gewesen und nicht alle haben uns verstanden. Aber wir sind und waren uns sicher: Erinnerungen verblassen nicht, wenn man sie verbreitet. Und vielleicht regen unsere Berichte an oder auf und bewirken, was wir uns erhoffen: dass du ebenfalls ein paar Wagnisse eingehst und dich ins Abenteuer stürzt. Und zwar jeden Tag erneut. Klar, nicht jeder ist zum Krokodiljäger geboren, aber jeder kann Langeweile mit kleinen prickelnden Aktionen entgegenwirken und jedem Tag die Chance geben, der beste seines Lebens zu werden.

Wir bitten alle um Verzeihung, die in den letzten zwölf Monaten begonnen haben, an unserer geistigen Klarheit zu zweifeln. Wir müssen es zugeben: Wären unsere Eltern und die Schulpflicht nicht gewesen, wären vermutlich spontane Reisen auf Festivals gefolgt, Demos auf Sonnenaufgangsbetrachtungen und Selbsterfahrungstrips auf politische Aktionen – und dazwischen hätten wir nur kurze Pausen gemacht, um dieses Buch zu Papier zu bringen und etwas Fast Food aufzunehmen.

Wir hoffen, dass es sich gelohnt hat. Dass unser Buch dir auf der einen Seite eine amüsante, aufregende und bisweilen intime Einsicht in das spannendste Jahr unseres Lebens geben kann, und dich auf der anderen Seite mitreißt, begeistert, vielleicht sogar dazu bewegt, es uns nachzumachen. Stifte Unruhe, lass dich inspirieren, hab 'ne geile Zeit – sei jung, wild und frei!

Marie Michalke (17)
und Katharina Weiß (17)
Frühjahr 2012

PS: Beschwerden und Liebesbekundungen können an *marie-und-kathi@web.de* gesendet werden.

1. KAPITEL
EINE PYJAMAPARTY FEIERN

Verabredungen mit Übernachtung gehören zu dem ersten bisschen Freiheit, das man sich von seinen Eltern erkämpft. Hat man es mit 18 noch nicht geschafft, woanders zu nächtigen, dann ist beim Abnabelungsprozess etwas ganz gewaltig schiefgelaufen! Denn auch wenn man zunächst nur in die Obhut anderer Eltern übergeben wird, ist es irgendwie schon was Großes, in einem fremden Haus zu übernachten. Vielleicht verlieren die innigen Treffen mit Freunden, die mit 7 so fantastisch sind, deshalb auch später kaum an Reiz. In keiner anderen Situation werden so viele Geheimnisse ausgetauscht und so viele Regeln gebrochen.

Zuerst hört man heimlich Benjamin-Blümchen-CDs, tuschelt in der Dunkelheit unter der Bettdecke und stellt sich selig schlafend, wenn die Eltern wütend in das Kinderzimmer stürmen, weil sie endlich schlafen wollen.

Später dann bessert sich der Musikgeschmack, zumindest hüpft man nicht mehr zu *Herzlilein* von den Wildecker Herzbuben auf der Matratze herum, bis der Lattenrost zerbirst. Stattdessen müssen die Eltern nun aber *DSDS*-Abende ertragen, inklusive Lady-Gaga-Karaoke mit Küchenutensilien als Mikrofon. (Die Anekdote einer Freundin, die unwissentlich jahrelang den schwarzen Dildo ihrer Mutter als Singgerät benutzte, möchte ich an dieser Stelle nicht unerwähnt lassen.) Feierabend ist nun erst nach Mitternacht, eben dann, wenn die Entscheidung gefallen ist, wer eine Runde weiterkommt. Zu dieser Zeit ist alles noch so schön schaurig, Gläserrücken und Tarotkartenlegen sind aber auch aufregender als ein Monopoly-Abend mit Mama und Papa. Und wenn man einmal zu kichern angefangen hat, zum Beispiel, weil der Schwarm etwas unglaublich Süßes gesagt hat, dann hört man auch die nächste halbe Stunde nicht mehr damit auf.

Mit den Jahren verschwinden dann das Wort »Schwarm« und andere Begriffe aus der *Bravo* (»Petting« und »Flirtbammel«) aus dem Wortschatz. Dafür kommt jetzt mehr als eine Person zur Pyjamaparty. Einzige Auflage der Eltern: Die Gäste müssen das gleiche Geschlecht haben. Natürlich kann man sich jetzt, da man fast erwachsen ist, bei einer Flasche Sekt oder einem Bier über Abschluss- und Beziehungsstress auslassen und nebenbei *Gossip Girl* gucken. Außerdem macht es noch immer Spaß, den Nachbarn Klingelstreiche zu spielen oder einander bei einer Kissenschlacht ordentlich eins auf die Mütze zu geben. Oder man tut es Blair Waldorf nach und aus dem Mädelsabend wird eine dekadente Soiree mit zweifelhaften Spielen wie »Wahrheit oder Pflicht« oder »Komm, Baby, stripp für mich«.

Doch egal, wie spaßig das auch ist, das Spannendste bleiben die kleinen und großen Enthüllungen. Vielleicht wollen deswegen auch so viele Jungs bei einem Abend unter Freundinnen dabei sein. Erwachsene behalten ihre intimen Gedanken und Erlebnisse für sich, Diskretion gehört zum guten Ton. Aber in diesen Nächten in jungen Jahren gibt es keine Tabus, alle Fragen sind erlaubt – und dementsprechend erschreckend, amüsant oder ernüchternd sind die Antworten. Aber irgendwann will man sie nun mal wissen und weil man vielleicht nie wieder die Gelegenheit dazu bekommt, so ehrlich Auskunft von seinen Freunden zu erhalten, sollte man so schnell wie möglich eine Pyjamaparty veranstalten!

WAS MAN VIELLEICHT WISSEN SOLLTE:

Man braucht: Kissen, Laken, alles zum Reinkuscheln und – ganz wichtig – einen ansehnlichen Pyjama. Ein bisschen Sekt, Erdbeeren und Sahne oder ein Schoko-Fondue machen den Abend perfekt.

Unsere DVD-Tipps für Jungs:
- *Superbad*
- *Die Casting Couch*
- FSK-16-Filme mit wenigen Dialogen und vielen Frauen

Unsere DVD-Tipps für Mädchen:
- *Wie ein einziger Tag*
- *Rache ist sexy*
- *Der Klang des Herzens*
- FSK-6-Filme mit wenig Mord und Totschlag und viel Romantik

WARUM MAN ES TUN SOLLTE:

Pyjamapartys sind eine hochbrisante Angelegenheit, selten wird tabuloser geflüstert und hemmungsloser mit Geheimnissen um sich geworfen. Und das Beste ist: Man kann dabei die alte Jogginghose anlassen!

2. KAPITEL
PRAKTIKANT SEIN

An sich sind Praktika oft lästige Arbeitsstunden, die man mit niederen Aufgaben verbringt und während denen man eigentlich nur auf den Feierabend wartet. Wir sind bereits Praktikanten bei einem Berufszauberer, im Kindergarten und bei der Feuerwehr gewesen. Das war zwar alles gut und schön und, wenn wir ehrlich sind, auch nur halb so schlimm, aber etwas für unser weiteres Leben haben wir nicht mitgenommen. Deshalb haben wir uns nun getraut, unsere Bewerbung an eine Firma zu schicken, für die wir uns wirklich begeistern können.

KATHARINA ÜBER DAS PRAKTIKANTENDASEIN BEI NEOPARADISE:
Jede Generation hat ihre Helden, zumeist sind es Schauspieler oder Musiker, die sie faszinieren. Noch viel weiter nach oben auf unserer persönlichen Vorbilderliste haben es allerdings zwei Moderatoren geschafft, die seit mehreren Jahren das einzig wahre, wirklich gute Jugendformat im deutschen Fernsehen präsentieren: Was einst als *MTV Home* begann, hat sich mittlerweile auf dem öffentlich-rechtlichen Digital-Kanal ZDFneo als *neoParadise* etabliert.

Neben Joko und Klaas, den Gesichtern der Sendung, sind auch die Kreativ-Genies und aktuellen Chefredakteure Thomas Schmitt und Thomas Martiens von Anfang an dabei. Denn, um es mit Jokos Worten zu sagen: »Das Team ist alles!« Die Sendung mit euphorisierenden Kurzvideos und tagesaktueller Gesellschafts- und Politiksatire, die jeden Donnerstag über unseren Fernseher flimmert, ist das Gesamtkunstwerk einer Gruppe junger Wilder, die es sich zur Aufgabe gemacht hat, anspruchsvolles Fernsehen für eine junge Zielgruppe zu machen. Bei genau diesen Redakteuren, Bookern, Tontechnikern, Cuttern und anderen Zuarbeitern dürfen wir während unseres Praktikums nachfragen, wie sich der Traumjob in der Realität anfühlt.

Die Studios befinden sich in Berlin, in der Nähe der East Side Gallery. Das erste Mal habe ich sie besucht, als sie noch MTV gehörten, damals war ich Gast bei *VIVA Live*, meiner ersten Live-Show. Meine Aufregung war an diesem Tag groß. Doch auch jetzt, als wir antreten, um unseren Praktikantenplatz einzunehmen, ist sie nicht viel geringer.

Unsere Vermutung, den ganzen Tag als mobile Kaffee- und Essen-Verteiler eingesetzt zu werden, stellt sich gleich in den ersten Minuten als falsch heraus. Anja, die uns den ganzen Tag an der Backe hat, führt uns durch die heiligen Hallen des Redaktionsbüros. Die Besetzung ist jung und auf eine unmittelbare Art cool. Auch ohne – bereits durch diverse Beiträge bekannte – Schöpfergeister wie den tätowierten Wauz sieht es hier sehr nach dem kreativ-albernen Paradies aus, das man als Fan der Show erwartet. Schleicht man um die Schreibtische herum, fallen einem lauter vertraute Gegenstände aus vergangenen Sendungen ins Auge: Überbleibsel des Titten-Memorys, zerknitterte »Wenn ich du wäre«-Schilder, eine Miniaturnachbildung des Studios. Dieses Büro ist der perfekte Arbeitsort für Innovative und Verrückte, für Ideenfinder und Querdenker, die nur eines gemeinsam haben, wie Anja uns erklärt: »Es ist an sich egal, ob man Studienabbrecher ist oder ob man Referenzen vorzuzeigen hat. Das, was man haben muss, um hier zu arbeiten, ist 'ne Macke!«

Dass wir uns die besten Lehrmeister ausgesucht haben, wird uns klar, als Joko und Klaas einander mit Saufliedern bespaßen, um die Wartezeit bei der Generalprobe zu überbrücken.

Nach den Proben und einer Interview-Voraufzeichnung mit Rea Garvey besuchen wir die Schnitträume. In den schalldichten Zimmerchen, die abgesehen von den PCs mit Riesenbildschirm ziemlich kahl sind, schnipseln die fleißigen Cutter so geschickt an den mehrstündigen Aufnahmen herum, dass sich die Einspieler (auch MAZ genannt) am Ende auf wenige Minuten beschränken, in denen der intelligente Witz, getarnt als Unsinn mit Methode, transportiert wird.

»Wir sind große Fans!«, beteuern wir Wollny, der den Zuschauern als Mobbing-Opfer der Redaktion bekannt ist. Dass er nicht ernsthaft getriezt wird, wird einem zwar auch vor dem Fernseher klar, dennoch fragen wir noch mal nach. Er versichert uns, dass sich alle hier sehr lieb haben. Und wir werden ganz traurig, weil wir auch zur neoParadise-Familie gehören wollen.

Bei einer Pause lernen wir die Halbjahrespraktikantin Jenny kennen. Von ihr erfahren wir, dass in der Showbar echtes Bier fließt und der Sidekick Oma Violetta eine richtige Adelige ist.

Danach folgt eine Audienz bei Thomas Martiens. Wir gratulieren zur Grimme-Preis-Nominierung, die wenige Stunden zuvor hereingeflattert ist. Er googelt schnell, ob die Auszeichnung dotiert ist und der nächste Betriebsausflug nach Dubai gehen kann. Zu Recht ist er sehr stolz darauf, mit diversen Rubriken Bewegungen losgetreten zu haben, die sich via Internet längst verselbstständigt haben. NeoParadise hat damit geschafft, was alle, die im Bereich Medien aktiv sind, schaffen wollen: Die Sendung setzt Trends.

Dank des (manchmal auch zweifelhaften) Einflusses von neoParadise sind sowohl dieses Buch als auch wir um einige Erfahrungen reicher. Trotz der obligatorischen Warnung »Don't try this at home« bin ich mit meinen Freunden in diversen Disziplinen zum Wettstreit angetreten, die ich in der Sendung zum ersten Mal gesehen habe. So zum Beispiel in »Bis einer heult: ein Auto vollqualmen«. Die Regeln sind überschaubar: Man nehme drei Idioten und

ein Auto, das so lange »beraucht« wird, bis einer nicht mehr kann. Ganz am großen Vorbild orientiert, verschanzten wir uns mit Kippen, Shishas, Opas Pfeife, Bong, Räucherstäbchen und Zigarren in einem kleinen Audi und warteten darauf, dass einer heult. Nach tapferen zwei Stunden gaben ein Kumpel und ich auf. Wir fielen aus dem Auto und saugten die frische Luft so genussvoll in unsere Lungen, als wäre es der Rauch der Kippe nach dem besten Sex unseres Lebens.

Wo wir gerade dabei sind: Auch von der »Erotik aus Deutschland«-Rubrik von Oliver Marc Schulz haben wir einiges gelernt. Und als wir uns im Rahmen der Protestaktion »STEHEN. Damit es weitergeht!« an der Schulbustür postierten, wurden wir von einer Horde Sechstklässler verprügelt. Aber es geht hier nicht um unser Leiden im Speziellen, es geht ums große Ganze, darum, ein Gefühl weiterzutragen – dafür haben wir es getan. Um aus der Sendung zu zitieren: »In einem erhabenen Moment totaler geistiger Freiheit bringt die alkoholselige Zunge des Joachim Cornelius Winterscheidt in nur fünf Silben auf den Punkt, was Popliteraten in telefonbuchdicken Erörterungsschriften nicht gelingen wollte: die Generation Wir.«

Dass Klaas und Joko den Großteil ihrer Gags selbst schreiben, überrascht uns positiv, ebenso wie die Tatsache, dass die beiden nicht nur genauso sympathisch und charismatisch wie erhofft sind, sondern auch sehr lebensklug erscheinen. »Sinn ist nicht, nach unten zu treten und wie vor zehn Jahren Rentner und Menschen aus Sozialbezirken mit dem Mikro zu überfallen und dann im Schnitt auseinanderzunehmen. Wir nehmen nur die zum Gegenstand, die sich bewusst in der Öffentlichkeit positionieren«, sagt Klaas. Und trotz ihrer riesigen Popularität meckern »Schoko und Klaus« nicht ständig über die Einschränkungen, die ihr Bekanntheitsgrad mit sich bringt. Von manchem Promi haben wir da schon ganz anderes gehört.

Unser Herz geht noch ein Stück weiter auf, als wir den beiden Moderatoren von ein paar unserer »Wenn ich du wäre«-Aktionen berichten und zur Geschichte kommen, wie wir Tim Bendzko begrapscht haben (> Punkt 54). »Wo?«, will Joko wissen und ich will gerade auf Tims schwachen Punkt unter der Gürtellinie verweisen, als Marie vollkommen überzeugt »In München!« ruft. Daraufhin werden wir Zeugen eines schallenden Joko-Gelächters, das für sein Ausmaß bekannt ist und das Konferenzzimmer tatsächlich zum Beben bringt! Dann müssen die beiden auch schon in die Maske, zum Abschied gibt's noch eine Schleckmuschel aus dem Schleckmuschelglas. »Nur für Freunde«, wie Joko beteuert, und schon schmelzen wir erneut dahin. Verdammt, so leicht wickelt man uns um den kleinen Finger.

Nach der Begegnung mit Joko und Klaas dürfen wir unsere erste richtige Praktikantenaufgabe erledigen und mit Jenny die gute Oma Violetta briefen. Das bedeutet, dass wir ihr alle Instruktionen für den Sendeablauf geben. Ein bisschen verwirrt ist Violetta schon, aber nett und zu Hause bei Opa hat sie ganz klar die Hosen an.

Die Aufzeichnung sehen wir dann vom Publikum aus. Es gibt mal wieder eine Runde »Bis einer heult« und wir sind fast ein bisschen stolz darauf, weil wir ja ganz

indirekt dabei waren, als die Kurzvideos im Schnitt entstanden sind. Als sich die Cutter noch gefragt haben, ob die MAZ wohl gut ankommen würde, haben Marie und ich den wohl einzigen konstruktiven Praktikantenbeitrag geleistet: »Immer wenn sie halb nackt sind, ist die Episode geil!«

Am Ende der Show performen Kraftklub. Immer haben wir gejammert, dass es in unserer Generation keine Ärzte gibt. Jetzt wurden unsere Gebete erhört. Eine Handvoll heißer Chemnitzer auf Speed und in Collegejacken – wer kann da widerstehen? Max, Karl, Steffen, Till und Felix. Von denen wollen wir auch was lernen, beim nächsten Mal wollen wir deren Praktikanten sein. Schnell überfallen wir sie im Anschluss an die Aufzeichnung.

Nun erwartet uns der (beinahe) tränenreiche Abschied von Anja und Co.! Wir werden das coole Mädchen vom Catering, die Peniskrippe und sogar Oma Violetta vermissen. Klaas gibt uns einen großartigen Bar-Tipp, den wir zwei Tage später austesten werden. An diesem Abend gibt es erst einmal ein paar Schnäpschen mit Kraftklub. Obwohl ich mal wieder meine eigene Trinkfestigkeit überschätze, bleibe ich zeitweise professionell und notiere einen Spruch von Sänger Felix im Praktikantenbuch: »Ich habe keinen Chef, der mir sagt, was ich zu tun habe. Okay, dafür hab ich jetzt 'nen Manager. Aber am Ende des Tages bekommt *der* Geld von mir und nicht andersherum!« Eigentlich logisch, aber trotzdem erwähnenswert.

Am nächsten Morgen erwache ich unter höllischen Katerqualen und denke einen Moment lang: Fuck, das alles war mal wieder nur ein aufregender Traum. Doch dann fällt mein Blick auf das Shotglas, ein spontanes Geschenk von Kraftklub-Till. Und daneben liegt Jokos Schleckmuschel, auf dem total zerknitterten Rundown-Plan. Das Dokument ist über und über bekritzelt mit unzusammenhängender Nachtpoesie in mehreren Handschriften: »Hier in der Hölle des Löwen«, »Mann, das läuft hier aus dem Ruder, alle sind geflasht von der Tapete«, »Sex ohne Liebe ist wie Wodka, den man allein zu Hause trinkt. In beiden Fällen ist man berauscht, aber der Kick und die Tiefe der Möglichkeit fehlen …«, »Klischees sehen oft verboten gut aus«, »Das Werk dieses Mannes wird das Weltgeschehen verändern«, »Es ist ein Code, der in Zeiten der globalen Verwirrung helfen wird, Probleme zu lösen.«

Aber halt! Da war doch was anderes! Genau, es ging um etwas ganz Großes, um die Generation Wir. Marie und ich waren hautnah dabei, als Fernsehgeschichte geschrieben wurde. Uh, Gänsehaut. Und immer schön stehen, damit es weitergeht!

WAS MAN VIELLEICHT WISSEN SOLLTE:
Für *neoParadise*- und Kraftklub-Liebhaber:
- blog.zdf.de/neoparadise
- neoparadise.zdf.de
- kraftklub.tumblr.com

WARUM MAN ES TUN SOLLTE:
Ein Job nur zum Geldverdienen? Nein, danke! Unser Beruf soll auch Berufung sein und ob sich unser Traumjob in der Realität auch so herrlich anfühlt, wie wir denken, lässt sich am einfachsten bei einem Praktikum herausfinden!

3. KAPITEL
EINEN MUSEUMSWÄRTER ZUR WEISSGLUT TREIBEN

Museen sind in den Augen vieler Leute der Gipfel der Langeweile, nur Räume, an deren Wänden uralte Bilder hängen und die mit Schaukästen voll antikem Krempel zugestellt sind. Es gibt nichts zum Anfassen und meist auch nichts zum Ausprobieren, nichts für kleine Kinder und auch keine Süßigkeitenstände. Das Einzige, was einem in einem Museum übrig bleibt, ist, so zu tun, als gefiele es einem. Also »Ah«- und »Oh«-Laute von sich zu geben und damit zu vertuschen, dass man ein Kunst- und Kulturbanause ist. Dabei lässt manchmal sogar schon der Name des Museums auf unendliche Ödnis schließen – oder klingt ein »Kartoffelmuseum« in deinen Ohren etwa spannend?

Nein? Dann bring doch etwas Schwung in den Laden: Versuch rauszufliegen. Ein guter Anfang ist, ganz genau das tun, was man in einem Museum eigentlich nicht tun sollte: herumlaufen, alles anfassen und sich währenddessen selbst fotografieren. Wir müssen etwas überlegen, bis wir das perfekte Museum für dieses Vorhaben gefunden haben. Die Münchner Glyptothek erweist sich als ideal. Dort stehen lauter altgriechische und -römische Skulpturen herum, die nur so darauf warten, angefasst zu werden.

An so viele Philosophen haben wir uns noch nie rangeschmissen, so viele nackte Popos haben wir bisher noch nicht betatscht. Die Griechen provozieren uns aber

auch. Der große, weltbekannte *Schlafende Satyr* sieht zum Beispiel gar nicht schlafend, sondern eher erotisch-genießend aus. Auch der Rest will offensichtlich angegrapscht werden, wie zum Beispiel Alexander der Große. Das Gefühl des kühlen Stein-Pipimanns in der warmen Hand macht süchtig. Wir schließen eine Wette ab, wer am meisten Männer unschicklich berührt, gewinnt.

Die Ermahnungen der Wächter motivieren uns nur noch mehr, so schnell wie möglich so viele Statuen wie möglich anzufassen. Wir steigen darauf um, einfach nur dazustehen und die Hand auf das Gesicht irgendeines römischen Großgrundbesitzers oder Senators zu legen. Vertrau uns, wenn du es uns nachtust, wird sich ein tiefes Gefühl von Befriedigung in deinem ganzen Körper ausbreiten. Und schließlich stellen wir fest, dass das Museum auch ein wunderschöner Ort ist, um »Verstecken« zu spielen.

Leider gelingt es uns nicht, rausgeworfen zu werden. Aber wir haben dennoch mehr erlebt als je zuvor in einem Museum. So stellen wir uns auch unseren nächsten Besuch vor: Wir wollen reichlich Aufmerksamkeit von den Museumswärtern und noch mehr Körperkontakt mit nackten Männern. Nur dann stimmt auch der eklige Geschichtslehrer-Slogan: »Im Museum kann man Geschichte hautnah erleben!«

WAS MAN VIELLEICHT WISSEN SOLLTE:
Sanft tätscheln ist okay. Beschädigung hingegen nicht – unsere Enkel wollen ja schließlich auch noch was von den knackigen Hinterteilen der Ausstellungsstücke haben!

WARUM MAN ES TUN SOLLTE:
Aus purer Langeweile wird ein Spiel mit dem Feuer.

4. KAPITEL

REGELN BRECHEN

Beinahe jeden Menschen reizt das Verbotene. Und wenn wir ehrlich sind, wollen wir alle zumindest einmal im Leben ein Rebell sein, so wie unsere Helden James Dean oder Pippi Langstrumpf.

Fakt ist: Wer Regeln bricht, tut das aus egoistischen Motiven – oder um etwas zu verändern. Um die Gesellschaft zu provozieren, seine Meinung zu verdeutlichen oder ein bisschen Schwung in die Bude zu bringen. Ob als Bayern-Fan in der 1860er-Kurve oder im Sitzstreik gegen das Schulsystem – in unserer Welt gibt es viele Regeln, die es sich lohnt zu brechen: gesetzliche, moralische, persönliche.

Hier nur ein paar, die wir bis zu unserem Achtzehnten gebrochen haben – und zwar mit großer Freude:

• *Iss nicht aus der Mülltonne!* Täglich werden Tausende Tonnen Lebensmittel weggeschmissen, die eigentlich noch genießbar sind. Zu Hause, in der Gastronomie und in den Supermärkten. Dabei müssen – Achtung: Totschlagargument – Menschen in vielen Teilen der Welt hungern. Deswegen haben wir uns bei Nacht mit Taschenlampen und XXL-Tüten bewaffnet und sind zu den Riesencontainern hinter dem nächsten Supermarkt geschlichen, um Nahrungsmittel zu mopsen, die wegen ihrer beschädigten Verpackung oder eines abgelaufenen Haltbarkeitsdatums weggeworfen worden sind. Keine Kinderschokolade der Welt hat es verdient, nicht gegessen zu werden. Warum wir das getan haben? Mülltauchen richtet sich gegen die Wegwerfgesellschaft. Aber auch abgesehen von dem gesellschaftskritischen Statement, das wir

damit abgeben wollen, hat es Sinn: Es ist aufregend und man spart einen Haufen Geld. Gerade vor großen Partys lohnt sich das Durchwühlen von Gemüsesäcken oder Dosenpaletten. Geschmacklich ist die Beute meist einwandfrei und auch von gesundheitlichen Problemen haben wir bisher nichts bemerkt. Trotzdem sollte man gerade bei Milchprodukten oder schimmelgefährdeten Lebensmitteln Vorsicht walten lassen.

- *Beschummel deine Gegenspieler nicht!* Natürlich ist an dem Satz »Nur ein ehrlicher Gewinner kann sich so richtig über seinen Sieg freuen« was dran. Aber manchmal macht es auch Freude, unbeobachtet noch ein Feld weiter vorzurücken, um den anderen bei »Mensch ärgere dich nicht« vom Brett zu werfen oder bei der Monopoly-Bank ein paar Steuern zu hinterziehen.
- *Halt dich an die Straßenverkehrsordnung!* Sehr beliebt und nicht immer risikofrei, diese Anweisungen zu umgehen. Betrunken am Steuer geht gar nicht, das ist klar. Aber wenn es um die Anzahl der Passagiere in Pkws oder Privatwege geht, die man eigentlich nicht benutzen darf, kann man die Regeln schon mal brechen. Besonders Verrückte können auch eine Fahrt im Kofferraum austesten.
- *Benimm dich nicht seltsam!* Jede Gesellschaft hat Normen. Denn nur so funktioniert das Miteinander. Wenn man aus dem gängigen Verhaltensmuster ausbricht, sind die Menschen in der Umgebung deshalb auch total irritiert. Das kann man zum Beispiel erleben, wenn man ein bisschen zu freigiebig mit Zärtlichkeiten umgeht. Wenn man sein Gegenüber statt mit einem kräftigen Händedruck mit einer Umarmung begrüßt, wird man die verrücktesten Reaktionen erleben (besonders bei Lehrern).
- *Schlag nicht über die Stränge!* Das sagen Erwachsene gern, bevor mal wieder eine Party aufgelöst werden oder man vom Polizeirevier abgeholt werden muss, weil man in einem Ü18-Club aufgegriffen wurde. Kein anderer Bereich bietet Jugendlichen so viel Raum, um Unruhe zu stiften, wie das Nachtleben. Dank Rauchverbot fühlt man sich mit Kippe in der Hand jetzt wie ein Freiheitskämpfer. Auch das Bier, das auf einigen Großstadtstraßen und in der U-Bahn nicht mehr getrunken werden darf, läuft nun umso leichter die Kehle herunter. Und dass ab 22 Uhr jeder Karaokeabend als Ruhestörung gilt, macht es nur noch verlockender, lauthals loszusingen. Man muss nicht gleich Dinge kaputtschlagen oder Autos stehlen, auch ein paar kleine Grenzüberschreitungen tun gut.

WAS MAN VIELLEICHT WISSEN SOLLTE:
Vorher überlegen, ob man in der Lage ist, wenn nötig die Konsequenzen zu tragen.

WARUM MAN ES TUN SOLLTE:
Wir sind doch alle viel zu brav. Lass dich auf die dunkle Seite ziehen, die manchmal die wahrhaft bessere ist!

5. KAPITEL

EIN PAAR CHUCKS KAPUTT LAUFEN

Bereits James Dean trug sie und nach ihm sollten es Millionen andere tun: Die Chuck Taylor All Stars sind das bekannteste Schuhmodell der jüngeren Geschichte! Sie sind das Markenzeichen der Jugend. Egal, ob Punk oder Hopper – in jeder Szene gibt es sie, die Liebhaber dieses Schuhs. Denn Chucks sind Ikonen. Wer sie trägt, trägt ein Symbol der Gemeinschaft an seinen Füßen und versprüht gleichzeitig den Charme des ewigen Rebellen, des Getriebenen, der sich mit dem System nicht abfinden kann und will. Der Chuck-Träger wirkt, als lebe er nach James Deans Motto: »Dream as if you'll live forever. Live as if you'll die today.«

Auf den ersten Blick sind Chucks wahrlich nicht individuell, immerhin hat so ziemlich jeder mal ein Paar besessen. Aber diese Sneaker sind mehr als nur Schuhe. Sie sind unsere Wegbegleiter, die einiges mitmachen müssen und dadurch reifen – genau wie wir. Chucks erreichen ihren Höhepunkt deshalb auch erst, wenn sie kurz vor dem Verfall stehen, abgewetzt, löchrig, bekritzelt, vielleicht sogar bekotzt sind. Die Gebrauchsspuren sind es, die aus dem Massenprodukt ein einzigartiges Stück machen. Der geschundene Chuck ist so individuell wie sein Besitzer, es gibt keine zwei gleichen Paare mehr. Denn Erfahrung und Abenteuer sind nicht käuflich.

WAS MAN VIELLEICHT WISSEN SOLLTE:

Das alte Paar erst dann wegschmeißen, wenn die Sohle wirklich abfällt!

UND WARUM MAN ES TUN SOLLTE:

Kein Abenteuer ohne die Rolling Stones unter den Schuhen. Und mit welchen Schuhen könnte man besser davonlaufen als mit diesen? (> Punkt 22)

6. KAPITEL
DIE JUGENDLIEBE FINDEN

Das ist vielleicht der schönste und zugleich schwierigste Punkt unserer Liste. Denn Liebe kann man nicht einfach erledigen. Aber wir können sensibler dafür werden, was sie für uns bedeutet. Jugendliebe hat nicht den Anspruch, unendlich zu sein, sie ist unbeschwert, intensiv, unverbindlich und vielleicht kurz – wie eine Nacht am Strand ...

MARIE ÜBER IHRE LIEBE ZU SAL:
Ich weiß jetzt, wie Freiheit und Sorglosigkeit schmecken, wie sie sich anfühlen, sogar wie sie riechen und wie sie aussehen. Ich weiß alles über sie. Oder besser über *ihn*.

Sal spielt Gitarre und kommt ursprünglich aus Papua-Neuguinea. Ihm ist egal, wie er aussieht oder was er anzieht, ihm ist egal, wer was über ihn denkt, er macht, was ihm Spaß macht, und lebt, wie er will. Er verzweifelt nie und wird nie wütend wegen Dingen, die er nicht ändern kann, er akzeptiert alles, wie es kommt. Er ist so sorgenfrei und entspannt und dafür liebe ich ihn. Denn ich mache mir immer viel zu viele Gedanken, überdenke ständig alles und schaffe Wolkenkratzer aus Sorgen, nur damit mein Kopf etwas zu tun hat. Aus einer Mücke wird ein Elefant. Auf der Suche nach Freiheit stelle ich mir selbst Barrikaden in den Weg. Oder zumindest habe ich das getan. Bis jetzt.

Denn nun zeigt Sal mir, was Freiheit ist. Nach einer exzessiven Partynacht begegnen wir uns im Flur des Hauses, ich habe nur meine Schuhe anziehen und so schnell wie möglich verschwinden wollen. Und dann ist er aufgetaucht. Er hat einen Morgenmantel mit Zebramuster an und eine Gitarre in der Hand. Das riesige Haus, in dem am Abend zuvor noch fünfzig Menschen gelacht und getanzt haben, wirkt nun wie ausgestorben. Das einzige Indiz der wilden Nacht sind die leeren Bierflaschen, Essensreste und Kleidungsstücke, die überall herumliegen. Sal setzt sich auf die Terrasse und spielt für mich auf der Gitarre *Mace Spray* von den The Jezabels. Ich höre ihm zu. Ich lasse mich auf ihn ein und auf das Meer, das im Hintergrund an die Klippen spritzt.

Wir gehen an den australischen Strand, Sal zeigt mir einen Felsen, der höher ist als all die anderen. Wir setzen uns und lachen und reden. Die Wellen platschen in gleichmäßigen Abständen an unsere Beine. Es fühlt sich an, als ob wir für immer hierbleiben könnten. Alles ist egal – außer uns.

Es ist erst der Hunger, der uns aus der Unendlichkeit reißt. Wir laufen so lange barfuß am Strand entlang, bis wir einen kleinen Fish-'n'-Chips-Imbiss finden. Genau so schmeckt Freiheit: wie frittierter Fisch und Pommes, nur besser. Nach dem

Essen baut er ein blaues Zelt auf, ein Zelt, von dem aus wir aufs Wasser sehen können. Nur wir, das Meer und der Wind. Stunden der Vollkommenheit. Freiheit sieht aus wie ein blaues Zelt am Strand.

Sorglosigkeit ist lustig, ich hatte noch nie so viel Spaß. Die Zeit scheint stillzustehen, wir sind jetzt und hier und für immer. Das Einzige, das sich bewegt, abgesehen von den gleichmäßigen Wellen der See, ist die Sonne. Der Wind weht durch unsere Haare, ich breite die Arme aus, für ihn, für das Leben.

Und auf einmal ist es vorbei. Ganz plötzlich. Die Realität holt uns ein und ich muss zurück in die richtige Welt.

Ich weiß nicht, was Sal heute macht oder wie es ihm geht, ich kenne weder seinen vollen Namen, noch habe ich seine E-Mail-Adresse. Alles, was ich habe, ist die Erinnerung. Wann immer ich kann, schalte ich alles aus, ich ziehe meine Schuhe aus und spüre den Teer an meinen Fußsohlen. Ich liebe Sal dafür, dass er mir die Sorglosigkeit gezeigt hat – Freiheit in ihrer einfachsten Form.

WAS MAN VIELLEICHT WISSEN SOLLTE:
Die Liebe kommt immer dann, wenn man sie am wenigsten erwartet.

UND WARUM MAN ES TUN SOLLTE:
Den Bauch voller Schmetterlinge, ein Dauergrinsen im Gesicht und eine rosarote Brille auf – das sind nicht nur die Merkmale manches Hipsters, sondern auch die der Jugendliebe. Und die machen sie zu etwas ganz Besonderem.

7. KAPITEL
LIEBESKUMMER HABEN

»Ein Herz brechen und das Herz gebrochen bekommen. Das gehört einfach dazu«, sagte mal ein Freund. Natürlich gibt es schönere Stunden als jene, in denen einem im Morgengrauen klar wird, dass die eigene Liebe keinen Anspruch auf Erwiderung hat. Auf solche Momente würde jeder von uns gern verzichten. Und wenn aus der Wunde noch frisches Blut tropft, verfluchen wir alle Ratschläge und Floskeln, mit denen uns andere zu trösten versuchen. Wir denken: Es sollte verdammt noch mal nicht dazugehören! Niemand sollte verlassen oder verlassen werden.

Aber ohne je Schmerz und Liebeskummer erlebt zu haben, können wir keine empathiefägien Menschen werden. Wir verletzen, ohne zu verstehen, was das eigentlich bedeutet. So seltsam es auch klingt: Wir verpassen etwas, wenn wir nie richtig heftigen Herzschmerz hatten.

WAS MAN VIELLEICHT WISSEN SOLLTE:
Die schönsten deutschsprachigen Lieder zum Leiden:
- Philipp Poisel: *Wie soll ein Mensch das ertragen*
- Max Prosa: *So wieder leben*
- Kraftklub: *Melancholie*
- Cro: *Allein*
- Juli: *Zerrissen*
- Annett Louisan: *Chancenlos*
- Wir sind Helden: *Die Ballade von Wolfgang und Brigitte*
- Benny and the Jets: *Ich liebe alles an dir*
- Udo Jürgens: *Merci Chérie*
- Jupiter Jones: *Und dann warten*
- Mikroboy: *Vom Leben und Verstehen*
- Das gezeichnete Ich: *Du, es und ich*
- Clueso: *So sehr dabei*
- Madsen: *Grausam und schön*
- Selig: *Wir werden uns wiedersehen*
- Blumentopf: *Sie tanzt die Nächte durch*
- Bosse: *3 Millionen*
- Die Ärzte: *Nur einen Kuss*
- Jennifer Rostock: *Wo willst du hin?*
- Xavier Naidoo: *Sie sieht mich einfach nicht*
- SDP: *Eigentlich wollte er nie ein Liebeslied schreiben*
- Rio Reiser: *Für immer und dich*
- Udo Lindenberg feat. Clueso: *Cello*

UND WARUM MAN ES TUN SOLLTE:
Herzschmerz ist eine der schrecklichsten Erfahrungen, aber trotzdem muss ihn jeder mal erlebt haben.

8. KAPITEL
»WENN ICH DU WÄRE« SPIELEN

Es ist das Königsspiel, die Herausforderung unter den Herausforderungen. Erfunden von Joko Winterscheidt und Klaas Heufer-Umlauf in den guten alten Zeiten, als es MTV noch im Free-TV gab. Was dieses Spiel so faszinierend macht? Die Überwindung, die es kostet, und der Lachflash, der auf die Blamage folgt.

Und so geht's: Man schnappe sich ein paar Freunde, beschrifte Schilder mit deren Namen und verteile diese wild. Ein Beispiel gefällig? Kathi vergibt ihren Namen an Marie und darf der nun Aufgaben stellen. Und Marie muss tun, was die »echte« Kathi ihr aufträgt. Wir alle haben verrückte Ideen, die wir normalerweise schnell wieder in den Tiefen unseres Hirnes vergraben. Diese kommen nun ans Tageslicht. Und weil Kathi schon immer mal wissen wollte, was passiert, wenn man a) einen silbern angemalten, eine Statue simulierenden Studenten so lange nervt, bis er aus seiner versteinerten Rolle fällt, b) einen Polizisten fragt, ob man bei ihm Gras kaufen kann, und c) die Absperrung zwischen Bühne und Masse überspringt, kommt sie nun voll auf ihre Kosten.

Doch Achtung: Jede Boshaftigkeit kommt zurück. Und Nein sagen kann man bei »Wenn ich du wäre« nicht, denn es geht um Ruhm und Ehre und um die heldenhafte Geschichte, die man im Anschluss erzählen kann.

Hier ein paar Anregungen, wie du dich bei der nächsten Spielrunde an deinem Peiniger rächen kannst. Sag einfach: »Wenn ich du wäre, würde ich …

- … meinen Eltern glaubhaft erzählen, dass ich Vater/Mutter werde.«
- … in der U-Bahn so tun, als ob ich das Tourette-Syndrom hätte.«
- … die ganze Party über ein Hannah-Montana-Shirt tragen.«
- … mir einen Kaufhausdetektiv suchen und vor ihm ganz hektisch Klamotten in meine Tasche stopfen.«
- … mich bis zum nächsten Beate Uhse durchfragen und dann ein Latexkleid anprobieren.«
- … im Morphsuit auf Kneipentour gehen.«
- … einen Opa, der mit einer Oma spazieren geht, auf die Wange küssen und verliebt fragen: ›Kaufst du mir jetzt das Negligé, Sugardaddy?‹«
- … ungefragt einen *Germany's next Topmodel*-Juror mimen und den Leuten eine Einschätzung ihres Laufstils zubrüllen.«
- … zu böse aussehenden Rockern gehen, ihnen die angezündeten Kippen aus der Hand reißen, diese in zwei Teile brechen und die Herren belehren: ›Rauchen macht impotent!‹«

WAS MAN VIELLEICHT WISSEN SOLLTE:
Am schönsten sind die spontanen »Wenn ich du wäre«-Runden während langweiliger Schulexkursionen, Familienfeiern oder auf Partys, denen das gewisse Etwas fehlt!

UND WARUM MAN ES TUN SOLLTE:
»Wenn ich du wäre« ist absolut unentbehrlich im Spiel des Lebens.

9. KAPITEL
SEIN UNWESEN IM INTERNET TREIBEN

In den anonymen Weiten des Internets gibt es – und das ist nicht neu – unzählige Trolle und Betrüger, die einem die Nerven und manchmal auch das letzte Hemd rauben. Aber warum nicht mal selber der Netz-Community auf die Eier gehen und im Web zum Poltergeist mutieren? Solange man niemanden verletzt (Stichwort: Cyber-Mobbing) und keine Schäden verursacht, kann man die Mechanismen des WWWs zur eigenen Belustigung arbeiten lassen. Hier ein paar wunderschöne Möglichkeiten, sein Unwesen im Internet zu treiben:

Einen Fake-Account anlegen: Wir legen uns einen falschen Facebook-Account mit dem Namen Kenny Taylor zu. Schnell noch ein Modelbild ergoogeln und ein paar Fashionposts machen und schon denken alle, wir wären ein heißes Männermodel. Mit Freude stürzen wir uns auf alle Mädchen, die wir zufällig finden. Überraschend viele nehmen unser Freundschaftsangebot an. Aber schon an Tag zwei bekommen wir eine Warnmail von Facebook. Irgendwie haben die schlauen Leute dort erkannt, dass wir lauter Leuten eine Anfrage geschickt haben, die wir überhaupt nicht kennen. Zur Strafe dürfen wir zwei Tage lang keine neuen Freunde suchen. Macht aber gar nichts, mit den ersten zwanzig Unbekannten fangen wir schon mal an, munter drauflos zu chatten. Einige fragen: »Kennen wir uns?«, lassen sich aber mit den Schilderungen einer Partybegegnung abspeisen. Da wir auf unseren Modelbildern sehr gut aussehen, werden unsere Flirtversuche zumeist erwidert.

Das ist uns dann aber doch zu einfach. Wir schwenken um, machen jetzt einen auf deprimierter, gerade verlassener Versager. Keine Jobs mehr wegen zehn Kilo zu viel, die alle nach der Trennung von der langjährigen Freundin angefuttert worden sind. Es gibt ein paar Mädels, die darauf stehen und uns liebend gern trösten würden. Wir schicken ihnen abwechselnd Katzenbabyvideos und philosophische Fragen. Nach drei Tagen haben wir vier Dates ausgemacht. Leider alle in Berlin, das ist nämlich die Homebase, die wir angegeben haben. Bei den wenigen Jungs, die unsere Freundschaft angenommen haben, geben wir uns als Ultrahipster aus. Funktioniert eigenartigerweise, sogar der 30-jährige Typ aus dem Kongo findet uns spitze.

Nach drei Wochen wächst uns unser Alter Ego langsam ans Herz. Wir lassen echte Probleme in die Gespräche mit Unbekannten einfließen und trainieren beim Schreiben der Nachrichten unser Englisch vor der mündlichen Prüfung. Von einem augenscheinlich echten Facebook-Nutzer werden wir jedoch bald sehr widerwärtig bedrängt. Obwohl er 40 Jahre älter ist, würde er gern unanständige Dinge mit uns anstellen. Wir sind aber auch ein hübscher Jüngling. Der ältere Herr wird geblockt.

Nach weiteren zwei Wochen haben wir so langsam keine Lust mehr. Es ist ganz schön zeitaufwendig, ein gefälschtes Profil zu pflegen. Dennoch hat unser Fake-Profil bis heute einen unschlagbaren Vorteil. Wir können mit allen möglichen Leuten Freundschaft schließen und was über sie herausfinden, ohne Gefahr zu laufen, uns offiziell zu blamieren.

Einen falschen Wikipedia-Eintrag schreiben: Ein sehr kurzlebiger, wenn auch wunderschöner Streich. Einfach Eintrag à la »Marie Michalke (*9. Februar 1994 in Astana, Kasachstan) ist eine Molekularbio-

login, Pornodarstellerin und Schriftstellerin« erstellen. Und dann kann man sich ein paar Minuten erfreuen, bis er wieder gelöscht wird!

Eine Kettenmail versenden: So ziemlich jeder hasst Kettenmails. Meist will die nervige Post vor einer baldigen Kostenpflichtigkeit des gerade benutzten Social Networks »warnen« oder behauptet geschmackloserweise, das Weitersenden würde kranken Kindern helfen. Die immer wiederkehrende Drohung am Ende solcher Mails lautet: Wer sich weigert, das Ding zu verbreiten, wird die nächsten sieben Jahre oder gleich für immer schlechten oder gar keinen Sex haben!

Ein ganz besonderer Mensch hat sich zum Beispiel mal dieses Werk ausgedacht:

»Sende einfach eine Kopie an deine sieben besten Freunde, die genauso scharf sind wie du. Vor dem Versand fügst du auf untenstehender Liste deinen Namen zuunterst an und streichst gleichzeitig den obersten. Danach verpacke deine Frau, Freundin oder Lebenspartnerin in eine große Kartonschachtel (Luftlöcher nicht vergessen) und sende sie per Post an den Empfänger, der zuoberst auf der Liste stand. Sobald dein Name zuoberst auf der Liste steht, wirst du 7 hoch 7 Frauen = 823543 Frauen zugestellt bekommen. Wenn du es nicht tust, wirst du nie, wirklich nie wieder einen Porno im Netz ansehen können!«

Ein anderer Internetuser hat es hingegen geschafft, seine Kettenmail als »Anti-Kettenmail« zu tarnen und so durch die ganze Bundesrepublik zu schicken: »Hallo, ihr da draußen. Ich leide unter einigen sehr seltenen und natürlich tödlichen Krankheiten: schlechte Klausur- und Examensergebnisse, extreme Jungfräulichkeit und Angst davor, entführt und durch einen rektalen Starkstromschock exekutiert zu werden, weil ich circa 50 Milliarden beschissene Kettenbriefe nicht weitergeleitet habe. Um es auf den Punkt zu bringen: Dieses Mail ist ein großes FUCK YOU an all die Leutchen da draußen, die nichts Besseres zu tun haben. Vielleicht wird sich der böse Kettenbriefkobold in meine Wohnung schleichen und mich sodomieren, während ich schlafe. Weil ich diese Kette unterbrochen habe, die im Jahre 5 begonnen hat, von irgendeinem dem Kerker entronnenen Kreuzritter nach Europa gebracht wurde, und die, wenn sie es ins Jahr 2800 schafft, einen Guinness-Buch-Eintrag erhält.«

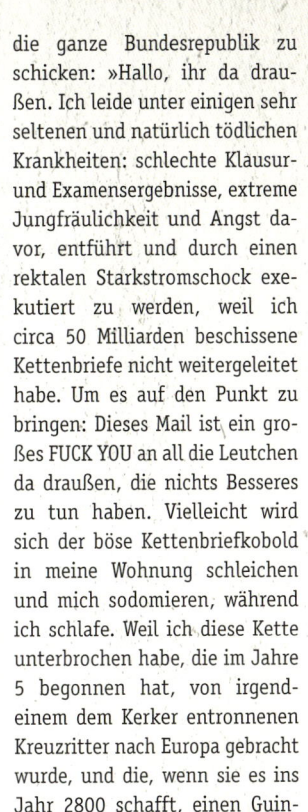

Recht geben wir dem Guten ja irgendwie schon. Nur langsam nervt sogar er uns. Das Schlimmste an Kettenmails ist nämlich, dass man sich nicht nur einmal denkt: »Oh yeah! Geil! Nachricht!«, und dann bitter enttäuscht wird, man spürt den Schmerz gleich mehrere Dutzend Male, weil alle möglichen Deppen aus der Freundesliste ihr Hirn nicht einschalten können, ehe sie auf »Weiterleiten« drücken. Um uns an all den Gnomen zu rächen, erstellen wir selbst eine Kettenmail mit sinnentleertem Inhalt und machen uns fleißig ans Versenden. Glorreiche Rache jagt durch unsere vor Boshaftigkeit zitternden Körper, als wir den Schrott an alle kleinen Kinder und all unsere Freunde senden. Und wie wunderschön ist erst der Moment, als wir unsere eigene Kettenmail nach einer Woche selbst gesendet bekommen. Übrigens wissen wir seit dieser Aktion, warum es so viele Vollidioten gibt, die Kettenmails versenden: Sie wollen sich alle nur rächen!

Sich bei Chatroulette als ein anderer ausgeben: Dass mit der an sich interessanten Idee von *Chatroulette* – zwei User werden zufällig miteinander verbunden – viel Schindluder getrieben wird, ist nichts Neues. Einige unserer Bekannten benutzen *Chatroulette* zum Beispiel nur, wenn ihnen kein besseres Trinkspiel einfällt: Immer wenn das Gegenüber ein Geschlechtsteil vor die Kamera hält, muss getrunken werden. Man kann aber auch abseits davon Spaß an *Chatroulette* haben. Eine wunderbare Ergänzung zur Einmal-und-nie-wieder-Hausparty ist es zum Beispiel, sich einen Fremden zuzuschalten, der dann mitfeiern muss. Wir haben das einmal gemacht und der gute Guilherme aus Brasilien war am Ende unseres Abends genauso fertig wie wir.

Alle mit seinen politischen Überzeugungen nerven: Rauf mit der Anonymous-Maske und rein in die Diskussionsforen, in denen man anderen mit seiner Meinung so wunderbar auf den Keks gehen kann!

WAS MAN VIELLEICHT WISSEN SOLLTE:
Wer selbst mal als Poltergeist agiert, lernt, misstrauischer zu sein und Hinweise auf Schindluder im Web besser zu deuten.

UND WARUM MAN ES TUN SOLLTE:
Wenn im Netz eh alles so schlimm und schlecht und anonym ist, wie unsere Eltern behaupten, dann sollten wir ihnen dieses Vorurteil nicht nehmen!

10. KAPITEL
DREI TAGE WACH BLEIBEN

KATHARINA ÜBER EINEN LAAANGEN SELBSTVERSUCH

»Auf geht's, ab geht's, drei Tage wach
Nächste Party kommt bestimmt,
drei Tage wach
Afterhour vor der Hour, drei Tage wach.«

Der Song von Lützenkirchen ist längst vergessen, aber die Zeile »Afterhour vor der Hour, drei Tage wach« ist uns im Gedächtnis geblieben.

Seit Jahren beschäftigt uns die Frage, ob es wirklich möglich ist, ganze drei Tage wach zu bleiben, *ohne* verbotene Substanzen zu konsumieren. Mit Drogen, das wissen wir spätestens seit unserem ersten Abend in einem Technotempel, können auch 50-jährige Männer 72 Stunden am Stück das Tanzbein schwingen. Die größere Herausforderung ist es, an die Grenzen der eigenen Leistungsfähigkeit zu gehen, indem man – bis auf ein wenig Kaffee und Red Bull – ohne Hilfsmittel die Nächte durchmacht.

Unsere ersten Versuche scheitern allesamt an zu viel Alkohol oder zu anstrengenden Betätigungen. Wer sich drei Tage wach halten will, so stellen wir fest, sollte nüchtern sein und auf reichhaltige Nahrung (Verdauungsenergie und so) verzichten. Lieber viel Wasser trinken und eklig gesundes Zeug essen. Unter dieser Prämisse stürzen wir uns erneut in das Experiment »Wachbleiben bis zum Umfallen«:

Die ersten 24 Stunden: Den ersten Tag meistern wir problemlos. Wir freuen uns des Lebens und gehen an der frischen Luft spazieren. Weil keine Party stattfindet, tun wir, während alle anderen schlafen, ausnahmsweise mal das, was wir sonst immer aufschieben oder vergessen: aufräumen, basteln, lernen. Wir sind überrascht, wie grandios viel unsere Körper aushalten.

Fast 42 Stunden vorbei: Weil die Euphorie anfängt nachzulassen, beschließen wir zu feiern. Energy-Drinks kommen jetzt als Joker ins Spiel. Ähnlich wie die Feiergemeinde fühlen wir uns berauscht – der Schlafmangel zeigt seine Wirkung. Wir sind so locker drauf wie Bob Marley, langsam ist uns alles egal. Bevor man dieses Stadium seliger Gelassenheit erreicht, durchläuft man allerdings das – von uns so getaufte – »Stierstadium«. Innerhalb weniger Sekunden ist man bis aufs Blut gereizt und wirft mit wilden Drohungen um sich. Man verflucht, dass man nicht endlich ins Bettchen darf.

Erst 58 Stunden vorüber: Ab jetzt wird es hart, richtig hart. Als wir versuchen, uns mit glitschigen Eiswürfeln, die wir uns unter unsere T-Shirts stecken, wachzuhalten, wird uns klar, dass hier irgendwas gewaltig schiefläuft. Nachdem uns die Bob-Marley-Trance verlassen hat, gibt es keine Hoffnung mehr. Keine Serie ist jetzt noch spannend genug, um aufzubleiben. Die Spielregeln aller Spiele dieser Welt haben wir urplötzlich vergessen. Wir fangen an, nur noch in der dritten Person von uns zu sprechen. »Kathi will BuBu, Marie auch.«

Die 70. Stunde: Wer sich jetzt noch auf eine Party schleppt, läuft ernsthaft Gefahr, in den Armen des Türstehers einzuschlafen. Allerdings kann einem die unnatürlich laute Musik einen letzten Energieschub versetzen. Uns gibt die Dunkelheit den Rest. Die Müdigkeit ist zu stark und wir sind zu schwach. Nach tapferen 70 Stunden sinken wir in Morpheus' Arme. Zzz ...

WAS MAN VIELLEICHT WISSEN SOLLTE:
Auf jeden Fall dafür sorgen, dass man nach Beendigung des Marathons ausschlafen kann! Und schon in jungen Jahren mit dem Üben beginnen.

UND WARUM MAN ES TUN SOLLTE:
Keinen (oder nur wenig) Schlaf zu brauchen ist für aufeinanderfolgende Partynächte oder für die Tage kurz vor dem Abi sehr hilfreich. Irgendwann muss man die zwölf Jahre Unterricht ja nachholen, die man verpennt hat.

11. KAPITEL

PROTESTIEREN

Die Fackel sieht in unserer Hand wie ein Schlagstock aus und der Blick, den wir auf das Gebäude vor uns werfen, verheißt nichts Gutes. Zumindest für den, dem er gilt: Thilo Sarrazin. Der umstrittene Expolitiker und Autor von *Deutschland schafft sich ab* wurde von der Bundeswehrniederlassung in Kaufbeuren zu einer Diskussionsrunde geladen. Die NPD feiert ihn im Internet als Helden, währenddessen fragen wir uns: »Will er vielleicht einen Döner?«

Wir warten am Eingang des Offiziersheims, in dem die Veranstaltung stattfinden soll, auf ihn. An unserer Seite vierzig Mitstreiter, die sich ebenfalls zu der Mahnwache an diesem kalten Dezembertag eingefunden haben. Die meisten sind unter 18. Sarrazin hat natürlich keine Lust auf einen Döner oder die Diskussion mit uns. Der gute Thilo, schwankend zwischen Neonaziikone und Retter der freien Meinungsäußerung, verschwindet still und heimlich hinter getöntem Panzerglas. Aber er kann sich sicher sein: Fackeln wie unsere werden auch auf dem nächsten Termin seinen Weg beleuchten. Denn wir haben zwar kein Wahlrecht, aber wir haben den Protest!

Wer glaubt, der sei tot, hat in den letzten Monaten nicht ferngesehen. Stuttgart 21 und die weltweite Occupy-Bewegung haben gezeigt, dass doch nicht alle Jugendlichen zu vollgefressen sind oder politisch uninteressiert, um etwas zu bewegen. Revolutionsgeist ist durchaus noch vorhanden, auch wenn er inzwischen über andere Kanäle transportiert wird. Unser Protest ist digitaler. Und dadurch auch anonymer. Wie vielleicht keine andere Organisation verkörpert Anonymous diese Entwicklung. Wer sich mit dieser Gruppe auseinandersetzen will, muss im Web auf Spurensuche gehen: Mit Hackerangriffen und Webaktionen setzt sie sich seit 2008 vor allem für die Redefreiheit und die Unabhängigkeit des Internets ein. Ihre Proteste richten sich dabei gegen global agierende Unternehmen und staatliche Behörden. Jeder kann sagen: »Ich bin Anonymous«, jeder kann mitmachen.

Man sollte sich jedoch dafür entscheiden, auch außerhalb des Netzes für die eigenen Überzeugungen einzutreten. Auch in kleineren Städten gibt es immer mehr Gruppen, die aktiv werden. So kamen Freunde von uns auf die Idee, in unserer Stadt eine Grüne Jugend zu gründen. Mit knapp fünfzehn Leuten zwischen 14 und 18 treffen sie sich regelmäßig, um zu diskutieren. Und sie schwafeln nicht nur, sie setzen sich auch für die Anliegen der Bewohner ihres Städtchens ein. So sammelten sie zum Beispiel Stimmen für »Die goldene Schweinerei«. Hierzu stellten sie sich auf den Marktplatz und hielten den Vorbeikommenden freundlich, aber bestimmt Wahlzettel unter die Nase. Die Bürger konnten abstimmen, an welche Instanz sie den Schmähpreis vergeben wollten. Wir haben ihnen dabei geholfen. Es war sehr spannend, die verschiedenen Standpunkte zu erläutern und mit den Leuten zu reden. Auch wenn einige Passanten uns »Ökopunks!« hinterherriefen und auf die Frage »Sind Sie an lebendiger Demokratie interessiert?« mit »Nein!?« antworteten, viele zeigten sich durchaus gesprächsbereit und interessiert.

Übrigens teilt der Großteil der Gleichaltrigen in unserer Umgebung Forderungen wie:
- Ein bessere (Aus-)Bildung für alle – unabhängig vom sozialen Hintergrund!
- Mehr Mitbestimmung für Kinder und Jugendliche!

- Eine Globalisierung, die nicht allein durch wirtschaftliche und politische Interessen der Mächtigen gesteuert ist!
- Eine humane Drogenpolitik!
- Eine offene und multikulturelle Gesellschaft ohne Diskriminierung oder Rassismus!
- Dass jede/r die neuen Medien nutzen und an der Internet-Welt teilnehmen kann!
- Dass der Staat Grund- und BürgerInnenrechte schützt, statt sie weiter abzubauen!

Was das zeigen soll: Unsere Generation ist sozial, basisdemokratisch, emanzipiert, antirassistisch und pazifistisch. Dass jeder etwas bewirken kann, ist deshalb auch mehr als eine Floskel. Wenn wir uns zusammentun, können wir verkrustete Strukturen aufbrechen. Gerade wir jungen Menschen sollten uns in politische Prozesse einbringen. Politisches Engagement hat kein Mindestalter. Wir können selbst entscheiden, ob wir die Gestaltung unserer Zukunft grauen Eminenzen überlassen oder selbst handeln. Politische Verhältnisse sind nicht in Stein gemeißelt – im Gegenteil! Nur rumzunörgeln bringt allerdings nichts, wir müssen selbst was starten, wenn wir etwas verändern wollen.

WAS MAN VIELLEICHT WISSEN SOLLTE:
Wer sich engagieren will, hat viele Möglichkeiten. Zugang zu politischen Vorgängen bekommt man zum Beispiel über die Jugendorganisationen von Parteien oder Vereine. Und wem die bekannten Verbände nicht gefallen, der gründet einfach selbst einen.

Unerlässlich, wenn man was bewegen will: Nachrichten anschauen, die auf RTL tun's zur Not auch!

UND WARUM MAN ES TUN SOLLTE:
Wir leben in einem einigermaßen funktionierenden System, das jedem Bürger Partizipation zugesteht – weil das allein schon zu kompliziert klingt, machen viele junge Menschen nicht von ihren demokratischen Rechten Gebrauch. Dabei kann das ziemlich simpel sein und das Rebellenherz zum Beben bringen!

12. KAPITEL

EIN BAUMHAUS BAUEN

Wir haben eine Vision: Im höchsten Wipfel des schönsten knorrigsten Baumes, im tiefsten Winkel des Waldes soll es stehen, unser Baumhaus. Zufluchtsort und Hippieparadies. Eine Oase wie aus wilden Kinderfantasien, ein geheimes Versteck aus Brettern und Nägeln wie das unserer Literaturhelden. Ein Ort, um sich vor der Welt zu verstecken und Abenteuer zu erleben.

Mit 7 haben wir unsere Daddys nicht dazu bringen können, uns ein gefährlich weit in den Himmel aufragendes Schloss zu bauen. Zehn Jahre später nehmen wir es daher selbst in die Hand.

Zu der Einsicht, dass das mit dem höchsten Wipfel nicht zu realisieren ist, gelangen wir rasch. Da sich keine starken Männer haben auftreiben lassen, um uns am gefühlt regnerischsten Tag des Jahres bei unserem Bauvorhaben zu unterstützen, müssen wir uns ganz auf unsere eigenen Handwerkskünste verlassen. Lange Rede, kurzer Sinn: Das Projekt »Villa im Geäst« scheitert daran, dass wir in Physik nie aufgepasst haben und mit den Verhältnissen von Masse und Schwerkraft einfach nicht klarkommen.

Doch dann – oh welch Glück! – finden wir einen wunderschönen Baumstumpf, voller Moos und mit fast kunstvoll verschlungenen Wurzeln. Auf ihm nageln wir die Grundfläche unseres Häuschens fest, danach folgen vier Eckpfeiler, die wir mit großen Plastikplanen umspannen. Kurz darauf müssen wir jedoch feststellen, dass unsere Konstruktion nicht einmal ihr eigenes Gewicht tragen kann, die Wände brechen in sich zusammen.

Wir schwenken um, versuchen es nun mit moderner Architektur. Und tatsächlich: Plötzlich stehen wir in einem ästhetisch ansprechenden Bau mit Blick auf das Firmament. Freie Liebe unter freiem Himmel! Friedlich flackert das Licht der mitgebrachten Kerze und auf unsere Nasenspitzen tropft der Regen. Hach, so schön ist es also, ein eigenes Heim errichtet zu haben!

WAS MAN VIELLEICHT WISSEN SOLLTE:

Wenn man geschickt ist, braucht man nur Bretter, viele Nägel und einen soliden Baum. Wer das Gefühl genießen möchte, aber so gar nicht auf Heimwerkerei im Wald steht, der kann sich mit Urlaub im Baumhaushotel trösten, zu buchen zum Beispiel auf *www.wipfelglueck.de*.

UND WARUM MAN ES TUN SOLLTE:

Wir sollten alle einmal Könige des Waldes sein und unser Schloss in den Wolken errichten.

13. KAPITEL
VEGETARISCH LEBEN

Unsere Ernährung ist ein Thema, das uns alltäglich beschäftigt. Was gibt's zum Frühstück? Was essen wir zu Mittag? Und wo bleibt das Abendbrot? Nur wenige machen sich jedoch Gedanken darüber, was genau da in ihrem Magen landet. Dabei haben wohl viele von uns schon mal daran gedacht, wie schrecklich es wäre, Bambi oder Schweinchen Babe auf dem Teller zu haben, garniert mit Nudeln und Bratensoße – süße Tierchen, einfach erledigt und gekocht. So wie die vielen anderen süßen Tierchen, die wir jeden Tag verspeisen.

Weil es bequemer ist, gut schmeckt und nahrungskettentechnisch auch ganz normal scheint, Fleisch zu essen, bleiben die meisten Menschen einfach dabei. Wer jedoch aus moralischen Gründen Nein zu Fleisch und Fisch sagt, ob für fünfzig Tage oder den Rest des Lebens, der lernt sich selbst von einer ganz anderen Seite kennen.

KATHARINA ÜBER EINEN LEBENSWANDEL:

Wer mich kennt, weiß: Ich lebe nicht wirklich gesund. Mal abgesehen davon, dass ich das meiste Gemüse verschmähe und Fast Food liebe, betätige ich mich nur in Notfällen oder während eines Raves sportlich. Trotzdem war ich schon immer von der Straight-Edge-Kultur fasziniert. Die ursprünglich in der Punkszene entstandene Jugendbewegung ist heute das, was viele der aktuellen Jugendkulturen früher waren: pure Rebellion. Es ist nichts Besonderes mehr, mit 16 in Ü18-Clubs gewesen zu sein, gekifft zu haben, zu trinken, zu rauchen und One-Night-Stands zu haben. Wirklichen Mut beweisen die, die genau diese Dinge ablehnen. Straight-Edger sind keine Mauerblümchen, sie treiben sich mit Vorliebe im Nachtleben herum, allerdings nach dem Motto »Don't smoke! Don't drink! Don't fuck!«. Sie lehnen die Zudröhnerei und Sex als Konsumgut zu betrachten ab, wollen klar, bewusst und intensiv leben. Viele von ihnen weiten den Verzicht auch auf ihre Ernährung aus und versuchen sich im Vegetarismus oder sogar Veganismus. Das Symbol der Bewegung ist ein X auf dem Handrücken, also genau die Markierung, mit der wir Unter-18-Jährigen gekennzeichnet werden, damit wir bei Abendveranstaltungen keinen Alkohol ausgeschenkt bekommen. Die Straight-Edger, die ich bisher kennenlernen durfte, sind keineswegs spießige Spaßbremsen oder Streber. Sie sind lockere Typen, die kreativ und zuverlässig sind, oft als DJs oder Eventveranstalter in Erscheinung treten und zudem meist attraktiv und durchtrainiert sind.

So auch Kenny, mit dem ich mich über den Zusammenhang von Liebe und Ernährung unterhalte: »Das, was uns zu Menschen macht, ist doch unsere Fähigkeit zu lieben. Wir können nicht nur überleben, wir können das Gute, das Wahre und das Schöne erkennen. Deshalb gehen wir auf Konzerte, ins Kino oder morgens nach einer Party noch mal raus, um den Sonnenaufgang zu sehen. Und deshalb sollten wir keine Tiere essen: Denn wenn wir über die Aufzucht und den Tötungsakt nachdenken, wenn wir vielleicht sogar mal eine Mastanlage mit eigenen Augen sehen, dann erkennen wir, dass das eigentlich allem widerspricht, was wir schätzen. Dass nichts daran gut, wahr und schön ist!«

Davon inspiriert fasse ich den Entschluss, nach all den heftigen Abstürzen und risikoreichen Aktionen mal eine andere Art von Abenteuer zu erleben und

Minuten lang Spaß an einem McChicken, dafür musste ein Hühnchen 16 bis 22 Wochen leiden. Dann doch lieber Tofuschnitzel!

Eigentlich bin ich ein großer Gegner des Trends, die charakteristischen Stoffe aus etwas herauszuziehen, nur um es mit besserem Gewissen genießen zu können. Ich meine kalorienreduzierte Lebensmittel, entkoffeinierten Kaffee, alkoholfreien Sekt oder elektrische Zigaretten. Wer die »schlechten« Stoffe verschmäht, verschmäht auch den ehrlichen Genuss. Doch jetzt ist meine Motivation eine andere: Ich kann einen Beitrag dazu leisten, das Fleischangebot im Supermarktregal zu verringern und damit Massentierhaltung und Schlachtungen entgegenwirken. Kein Lebewesen soll für mich leiden und sterben. Deswegen esse ich nun Wurst ohne Fleisch.

mich vegetarisch, ja zum Teil sogar vegan zu ernähren, und zudem mehr Sport zu treiben und nicht mehr exzessiv zu feiern und mich vor allem viel mehr zu informieren. Diesmal werde ich es durchziehen: Für fünfzig Tage werde ich Vegetarierin. In den letzten Wochen des Projekts werde ich mich dann sogar noch steigern und auf vegane Ernährung umstellen. Ich werde verhungern oder anfangen müssen, Salat zu essen. Meine Mitmenschen halten allesamt Ersteres für wahrscheinlicher. Auch Marie, die zwangsweise mitmachen muss, ist skeptisch und zählt mir mit sehnsüchtigen Augen all die tierischen Delikatessen auf, die uns entgehen werden: Wiener Schnitzel, Steak mit Kräuterbutter, Lachs in Tomatencremesoße ... Aber ich darf nicht versagen, ich muss mir selbst beweisen, dass ich willensstark bin.

Die ersten paar Wochen als Vegetarierin vergehen fast unbemerkt. Ich habe das große Glück, eine Mama zu haben, die extra für mich kocht und mir täglich mein Pausenbrot macht. Anstatt Schinken und Lachs kaufe ich jetzt einfach Ersatzwurst, die zwar nicht wie Wurst schmeckt, aber deshalb nicht gleich schlecht ist. Ein bisschen schwierig wird es bei McDonald's, außer Pommes und Veggie-Burger kann ich dort jetzt nichts mehr bestellen. Zudem sind es Fast-Food-Ketten wie diese, die am meisten zur Massentierhaltung beitragen. Ich wäge ab: Ich habe knappe fünf

Nach über einem Monat habe ich mich an die Umstellung gewöhnt, es wird also Zeit für das nächste Level: vegan zu essen. Marie steigt jetzt völlig aus. Leben ohne Käsebrot? Undenkbar! Und ich muss ihr in der ersten Woche fast zustimmen, denn ich versuche weiterhin, vollkommen auf Gemüse zu verzichten – wie die 17 Jahre zuvor. Aber irgendwann wird mir mein Speiseplan zu langweilig, Maismehlnudeln mit Tofuecken oder Tofuschnitzel mit Rösti sind auf Dauer nichts. Also ran an den Salat. Du glaubst gar nicht, was mich das für Überwindung kostet. Am Anfang kann ich die Minischüsseln nur mit übermäßig viel Knoblauchdressing hinunterwürgen. Es ist eben doch keine Kopfsache. Ich bin top motiviert, finde es aber trotzdem schlimm. Meine Eltern freuen sich un-

terdessen wie kleine Kinder darüber, mich mit Grünzeug im Mund zu sehen. Nach dem Motto: Endlich, nach all der Zeit fruchten unsere Bemühungen und sie isst Salat, Halleluja! In diesem Leben werden ich und das Gemüse zwar keine guten Freunde mehr, aber wir nähern uns einander an. Zum Wohle der Welt!

Aber nicht alle unterstützen mich so wie meine Mutter und mein Vater. »Du sollst kein Frucht*fleisch* essen«, bekomme ich während meines Experiments immer wieder zu hören. Um, nachdem Marie nicht mehr mitmacht, durchhalten zu können, treffe ich mich mit Gisela, die sich als Aktivistin für Tierrechte engagiert und Ökotrophologie studiert, das heißt angehende Expertin für Ernährung ist. »Massentierhaltung ist der Bösewicht Nummer eins, wenn es um den Ausstoß von Treibhausgasen geht!«, sagt sie. »Wenn man sich dreißig Tage lang vegan ernährt, spart man so viel CO_2 ein, wie fünf Autos in einem Jahr ausstoßen! Nur Vegetarier zu sein reicht aber eigentlich nicht, denn die Milchindustrie betreibt ebenfalls Massentierhaltung und verschickt ihre Produkte in die ganze Welt. Der Verbraucher kann dem nur mit konsequentem Verzicht entgegenwirken oder wenn er wieder lernt, autark zu leben, und sich seine Kuh selber hält.«

Gut, Gisela übertreibt's vielleicht ein bisschen. Denn wenn ich eine Kuh halten würde, dann wäre das sicherlich auch Tierquälerei. So einfach ist die Landwirtschaft nämlich nicht, das weiß ich von meiner Tante, die selbst einen kleinen Familienbetrieb mit Kühen, Hühnern und jeder Menge streunender Katzen hat. Weil die Kälber da so süß und die Kühe so glücklich sind, dachte ich jahrelang, jedes Fleischstück im Supermarkt hätte ein beschauliches Leben inmitten grüner Wiesen hinter sich. Und als ich irgendwann aufhörte, daran zu glauben, war es mir schlicht nicht wichtig genug, etwas daran zu ändern, weil mir immer noch die konkrete Vorstellung des Grauens, das die Tiere erleben, fehlte. Als ich auf Giselas Anraten *Tiere essen* von Jonathan Safran Foer lese, werden die Horrorszenen jedoch konkreter. Wenn es ein Buch zum Thema gibt, das die Macht hat, wirklich was zu verändern, dann ist es dieses.

Ein Problem, das sich auch während meiner Recherchen auftut, ist, dass viele Veganer viel zu fundamentalistisch und verklemmt wirken, um den normalen Fast-Food-Liebhaber auch nur einen Zentimeter von seiner Überzeugung abzubringen. So treffe ich auf zwei 25-jährige Mädels, deren Aussagen mich wahrscheinlich viel mehr vom Hocker reißen würden, wenn ich nicht ständig auf ihre Nippel starren müsste, die sich unter ihren Sackkleidern aufgestellt haben. Dass die zwei keine rasierten Beine oder Achseln haben, muss ich wohl gar nicht erst erwähnen. Ich habe selten solch wandelnde Klischees getroffen. Genau die sind der Grund, warum der Durchschnittskonsument Veganer oft furchtbar findet.

Darüber unterhalte ich mich auch mit einem Bekannten aus dem Kapitel »Etwas über Sex, Drugs and Rock 'n' Roll lernen« (> Punkt 47). Christoph Deckert, Bassist von Jennifer Rostock, ist nicht nur der Erste, der bei feucht-fröhlichen Abenden dabei ist, sondern, wie sich herausstellt, auch überzeugter Veganer. »Es gibt meiner Ansicht nach diverse Faktoren, die dafür verantwortlich sind, dass viele Konsumenten von Veganern abgeschreckt sind: Der Normalo fühlt seine Lebensweise infrage gestellt und sich moralisch in die Ecke gedrängt, der Fundamentalistenveganer zementiert genau dieses Bild und benimmt sich eher verurteilend statt aufklärend und leider befeuern die Medien die Vorurteile auf beiden Seiten noch. Aber ich finde, alles ist auf dem Weg der Besserung. Man muss statt ›Ihr Veganer esst meinem Essen das Essen weg‹ und ›Fleisch ist Mord‹ zu schreien, einfach mal einen gesunden Dialog finden. Ich sehe ein, dass das Wort ›einfach‹ in diesem Kontext etwas unangebracht ist. Ich selbst erwische mich auch oft genug dabei, wie ich andere verurteile, weil sie Fleisch essen.«

Dass ich begonnen habe, über die Folgen meiner Ernährungsweise nachzudenken, und entsprechend zu handeln, habe ich diesem Buch zu verdanken. Christoph hat etwas anderes dazu gebracht: »Bei mir war es weniger ein Schlüsselerlebnis als vielmehr ein schleichender Prozess. Ich habe damals viel Hardcore gehört und bin durch die Szene mit Tierrechten und Veganismus in Berührung gekommen. Dadurch habe ich angefangen, meine eigene Lebensweise infrage zu stellen. Nach jahrelangem Vegetarismus war die Umstellung auf vegane Ernährung für mich dann die einzig logische Konsequenz. Auch meine Oma hat mittlerweile eingesehen, dass ich es ernst meine und zu Weihnachten gibt es nun vegane Vanillekipferl! Da ich noch nicht lange Veganer bin, begehe ich versehentlich Fehltritte, aber ich lerne dazu. Dass in manchen Energydrinks Molke statt Wasser verarbeitet wird, hab ich früher auch nicht gewusst. Seither lese ich jedes Etikett zweimal.«

Ich bin noch immer in der Phase des Ausprobierens und Entdeckens, ich weiß noch nicht, ob ich bis ans Ende meiner Tage vegetarisch leben werde. Aber ich habe angefangen, über diese grundlegende Sache, das Essen, nachzudenken. Es ist für mich ein moralischer Gewinn, aber nicht wie so viele andere »Dinge« in diesem Buch ein »Gewinn an Genuss«.

WAS MAN VIELLEICHT WISSEN SOLLTE:
Katharinas Empfehlungen für fleischlosen Genuss: In Berlin gibt es den Supermarkt Veganz und das Restaurant Kopps, in München die vegetarischen Gourmettempel Prinz Myshkin und Vegelangelo.

Christoph Deckerts Empfehlungen für fleischlosen Genuss: Der vegane Döner im Vöner, Burger in Yoyo Foodworld und die Pizza mit veganem Käse im Zeus – alle Läden befinden sich in Berlin. Und außerhalb der Metropolen empfehlen sich Onlineshops wie zum Beispiel *www.veganwonderland.de*.

UND WARUM MAN ES TUN SOLLTE:
Manche Entscheidungen sind unbequem, aber man sollte so früh wie möglich damit beginnen, sich zu positionieren. Bewusst leben – in jeder Hinsicht!

14. KAPITEL
IM COOLSTEN CLUB DER STADT FEIERN

Wir machen Party-Urlaub in Hamburg, haben uns bereits mit Fake-IDs durch die Location-Landschaft gefeiert. Von Schickerialäden, in denen Victoria's-Secret-Aufnahmen über Bildschirme flattern, Hemden und High Heels Pflicht und die Sofas generell reserviert sind, bis hin zu Alternativschuppen mit Marihuana-Raumduft und ultraabgefuckter Attitüde haben wir alles gesehen. Der Spaß ist kolossal gewesen, doch wir haben ein größeres Ziel: Wir wollen feiern wie die Profis, vollkommene Ekstase und Kontrollverlust in einem Meer aus Menschen erleben. Und der passende Ort dafür scheint uns ein riesiges Gebäude zu sein, wohl aus der Zeit des Zweiten Weltkrieges, massiv und beängstigend.

Zu später Stunde ziehen wir alle Register und erschummeln uns den Weg ins Uebel & Gefährlich, ins Paradies. Wir stolpern mit unserem genialen Hostelführer Marcus durch den Laden. Einige Stunden zuvor hat er uns in der A&O-Lobby aufgegabelt und sich als ein echtes Kiezoriginal erwiesen, weshalb wir ihn nicht mehr so schnell entkommen lassen. Immerhin hat er uns hierher geführt. Wir vergessen alles: uns, das Leben außerhalb der Bunkermauern, wie wir beim Tanzen aussehen, ja sogar Erinnerungsfotos zu machen. »Wow, volle Kanne Phase vier hier, alle Arme oben, Schweiß tropft von der Decke, eine Wahnsinnseuphorie – alle, wirklich alle sehen aus, als hätten sie gerade die beste Zeit ihres Lebens, als wäre hier der Mittelpunkt des Universums, das wild schlagende Herz dieser Stadt, des Landes, ach, der ganzen verdammten, kranken Welt!«, schreibt Uebel-&-Gefährlich-Mitbegründer Tino Hanekamp in seinem Roman *So was von da* und spricht uns aus tiefstem Herzen.

Ein paar Runden Jägermeister, ein paar Flirts und Dummheiten, viele viele

Songs und ein Sog, der uns mitreißt, uns nicht loslassen will. Das erste Mal in unserem Leben können wir nicht einfach so nach Hause gehen. Das Sonnenlicht muss noch ein bisschen draußen bleiben, denken wir, als wir uns von der Dachterrasse aus den Sonnenaufgang anschauen. Wir rennen zurück. Nein Mann, ich will noch nicht gehen. Will weiter singen, labern, tanzen.

Immer weniger Gestalten können sich noch auf den Beinen halten und die, die noch da sind, bewegen sich zusehends in Slow-Motion. Nur wir springen und jubeln und geben dem DJ alles, was wir noch an Begeisterung und Kraft haben. Plötzlich Engtanz, dann fragen drei Typen: »'N paar Pillen vielleicht?« Was, wieso, sehen wir so druff aus? Erst jetzt bemerken wir, dass nur noch knapp zehn Leute rumstrahlen. Der Traum ist zu Ende, die Euphorie weicht einer tiefen Müdigkeit.

Der Mann an der Garderobe verabschiedet uns, indem er uns in die Jacken hilft und eine Verbeugung andeutet. Im Aufzug nach unten tanzen zwei Walzer. Stopp, wir wollen hierbleiben, auf den Sofas pennen und bei Einbruch der Dunkelheit weitermachen! Doch natürlich bleibt das Leben unbarmherzig. Wir stehen ultrafertig vor den Toren.

WAS MAN VIELLEICHT WISSEN SOLLTE:
Die allererste Erfahrung dieser Art bleibt immer die eindringlichste. Sogar nachdem uns endlich Zutritt in das Berghain gewährt wurde, dessen »härteste Tür« weit über die Grenzen Berlins hinaus gefürchtet wird, empfinden wir nicht mehr dieselbe Freude wie nach dem Einlass ins Uebel & Gefährlich.

Feiertempel mit Potenzial:
- in Berlin: Zur Möbelfabrik, Malzfabrik, Tube Station, White Trash, Tresor, Asphalt, Berghain, KaterHolzig
- in Hamburg: Uebel & Gefährlich, Terrace Hill, Ego, Neidklub, Waagenbau, Hafenklang, Pooca, DildoFabrik
- in München: Crux, Atomic Café, 59:1, HarryKlein Club

Orte, an denen man danach noch versacken oder durchatmen kann:
- in Berlin: Café Luzia – für die Anti-Kater-Schokomilch am Tag danach
- in Hamburg: das A&O Hostel auf der Reeperbahn, zwischen der Ritze und dem Point of Sex, ausgestattet mit dem weltbesten Hostelboss, der seine Gäste auch nach Feierabend auf der Suche nach einem Feiertempel berät! Wer sich das entgehen lässt, der verpasst was!
- in München: Café Kosmos

UND WARUM MAN ES TUN SOLLTE:
Berghain, Uebel & Gefährlich, P1 – alle kennen sie, doch keiner der eigenen Freunde war je drin. Es ist also etwas ganz Besonderes reinzukommen, obwohl man eigentlich zu uncool und minderjährig ist.

15. KAPITEL

IN EINER ANDEREN WELT VERSINKEN

Sobald wir das Kindesalter und unsere imaginären Freunde hinter uns gelassen haben, wollen die meisten von uns nichts mehr mit ausgedachten Parallelwelten zu tun haben. Die Jungs, die sich trotzdem mit Laserschwertern zum Kampf auf freiem Feld verabreden oder eine komplette Gryffindor-Garnitur samt Zauberstab und Hexenkessel zu Hause haben, und die Mädchen, die Elbisch lernen (J. R. R. Tolkiens *Herr der Ringe*-Sprache) oder unsterbliche Vampir-Schönlinge anschmachten, werden schnell in die Freak-Schublade gesteckt.

Wir finden das falsch. Und fordern hiermit zu mehr Irrsinn und Fantasie auf. Was hätten wir nicht alles verpasst, wenn wir uns nicht nach Mittelerde, Hogwarts oder Narnia getraut hätten? Wenn wir nicht im Namen des Guten in strahlender Rüstung gegen eine ganze Armee von Orks ins Feld gezogen wären? Und wer sagt denn, dass Legolas aus *Herr der Ringe*, Peter Parker alias Spider-Man, Eragon und der Junge mit der Blitznarbe nur sinnlose Fantasiegestalten ohne Wert für unser Leben sind? Immerhin sind sie und ihre heldenhaften Geschichten so präsent in unseren Köpfen, dass wir ihnen oft näher sind als unseren Nachbarn.

Klar erscheint es verrückt, sich stundenlang mit Nadel und Faden abzuquälen, um am Ende einen hautengen *Avatar*-Anzug in den Händen zu halten, mit dem man sich dann in eine Menge ebenfalls blauer Möchtegern-Pandorianer begibt. Vergisst man jedoch erst einmal, dass man eigentlich kein Na'vi ist, geht einem das Herz auf. (Zumindest haben wir uns das so von befreundeten *Avatar*-Fans sagen lassen.)

»Unsere« Welt ist die von J. K. Rowling. Irgendwann haben wir tatsächlich einen *Harry Potter*-Club gegründet, der sich auch zu gelegentlichen Treffen verabredet hat. Im Kreise der Mitglieder haben wir immer so getan, als wären wir mit magischen Kräften gesegnet. Wir haben die Identität unserer Lieblingsfiguren angenommen und Namen, die allesamt aus den Büchern stammen, an unsere Mitmenschen vergeben. Wir haben Zaubersprüche auswendig gelernt, Merchandising gekauft, Briefe an die Hauptdarsteller aus den Verfilmungen geschrieben, Wetten abgeschlossen, wer im nächsten Buch dran glauben muss, und unser Wissen getestet. Wir haben zwar auch nach zwölf Jahren Mathematik immer noch keine Ahnung, wie man eine Kurvendiskussion macht, aber dass ein Bezoar aus dem Magen einer Ziege bei akuten Vergiftungserscheinungen Leben retten kann, ist uns bis heute im Gedächtnis geblieben. Ebenso wie die Zaubersprüche von Accio bis zum Zunge-Fessel-Fluch. Sinn unserer Clubtreffen war es zugegebenermaßen auch zu verdrängen, dass wohl leider niemals eine Eule hereinflattern wird, um uns einen Brief der Zauberschule Hogwarts in den Schoß zu legen.

Aber wer sagt, dass es nicht real ist, was wir für die Figuren fühlen? Vielleicht schaffen wir es, indem wir an die Magie glauben, den Zauberfunken in uns selbst zu entdecken. Wir alle können Superhelden sein und Amazonen, Bösewichte, Schwertkünstler oder Zauberfeen.

WAS MAN VIELLEICHT WISSEN SOLLTE:
Einfach eine fantastische Roman- oder Filmvorlage suchen und sich anschließend im Internet nach Gleichgesinnten umschauen. Außerdem Merchandising kaufen und auf Fantreffen kollektiv der Begeisterung frönen.

UND WARUM MAN ES TUN SOLLTE:
Abzutauchen in eine magische Welt, erschaffen von großen Geistern, Schriftstellern und Hollywoods Animatoren bedeutet: das eigene Leben vergessen zu können und sich von Fabelwesen davontragen, von Helden retten und von überirdisch schönen Feen lieben zu lassen.

16. KAPITEL

AUF DER HALFPIPE CHILLEN

Wir erleben ständig Action, irgendwann wird das selbst uns zu viel. Auch Teenager müssen sich mal erholen. Wenn wir entspannen wollen, besuchen wir unsere bunt gekleideten Hängehosenfreunde im Skatepark. Niemand chillt so sehr wie Skater, außer Kiffer vielleicht.

Natürlich kann man, wenn man schon mal da ist, auch versuchen zu lernen, lässig und sportlich auf einem Deck durch die Lüfte zu gleiten und mit einem Kickflip oder wenigstens einem Ollie ein anerkennendes »Wow« zu erheischen. Wir sind allerdings bisher immer gescheitert. Und empfehlen, sich auf die wirklich wichtigen Dinge zu beschränken: Ist doch viel relaxter, an einem sonnigen Tag einfach nur mit den coolen Jungs rumzuhängen, ein bisschen Bob Marley zu hören und ab und zu über den Sturz eines anderen zu lachen. In der Ruhe liegt die Kraft, Digga.

WAS MAN VIELLEICHT WISSEN SOLLTE:
Auf keinen Fall vor vielen Pros zum ersten Mal aufs Board steigen. Wer total versagt (wie wir), der kann ja mit der ungefährlichen Variante, den sogenannten Finger-Skateboards, trainieren.

UND WARUM MAN ES TUN SOLLTE:
Es ist nicht nur eine Sportart, sondern auch ein Lebensgefühl.

17. KAPITEL

VORGEBEN, JEMAND ANDERES ZU SEIN

Es gibt in der Pubertät gelegentlich Tiefphasen, in denen man jeden anderen Menschen spannender findet als sich selbst. Natürlich ist das völliger Schwachsinn: Niemand ist aufregender. Aber dennoch kann es ganz erholsam sein, sich mal eine Auszeit vom eigenen Leben zu nehmen. Stell dir einfach einen Abend lang vor, jemand anderes zu sein, jemand Interessantes. Erfinde dich zum Beispiel als russische Künstlerin neu, die wegen ihrer regimekritischen Werke verfolgt wird, oder als politischer Aktivist, der in Simbabwe für die Demokratie kämpft. Schüchterne schlüpfen vielleicht nur in eine viel selbstbewusstere Version von sich selbst. Mutigere in eine Person, die alle Eigenschaften besitzt, die sie eigentlich verachten. Es erfordert Mut, das Mauerblümchen, den ewigen Aggressor, die dämliche Extensionstussi zu geben – und macht unglaublichen Spaß. Du wirst es sehen, wenn du ein Mensch wirst, der nur eine Nacht leben darf.

MARIE ÜBER EINE NACHT ALS ADELIGE IN AUSTRALIEN:

Für mich war es besonders amüsant, mich am anderen Ende der Welt, während meines Austauschjahres in Down Under, als jemand anderes auszugeben. Da kann man machen, was man will. Denn schon am nächsten Morgen verlässt man die Stadt. Die Frage war also nicht: Tu ich es? Sondern: Wer könnte ich sein, wann fliege ich auf und wodurch verrate ich mich?

Einmal behauptete ich, ein Au-pair-Mädchen aus Schweden zu sein, das gerade frei hat und zwei Wochen lang die Sunshine Coast unsicher macht. Ich entschied mich für das Heimatland Schweden, weil jeder, wirklich jeder Typ auf Schwedinnen abfährt – wieso auch immer. Mein Plan ging auf, ich erzählte eine hübsche kleine Geschichte, die man mir glaubte: Ich sei mit der schwedischen Kronprinzessin Victoria verwandt und jobbte nebenbei als Unterwäsche-Model für eine Dessousfirma.

Meine neue Existenz feierte ich ausgelassen – bis ich auf drei Engländer traf. Weil ich beinahe all mein Geld ausgegeben hatte, teilte ich mir ein Taxi mit ihnen. Doch neben der Mitfahrgelegenheit erhofften sie sich auch ein Plätzchen in meinem königlichen Bett. Ich erfand also eine weitere Lüge: Von wegen, dass mein Hostel schon geschlossen hätte und dort leider überhaupt kein Zimmer mehr frei wäre und ich mir bereits ein Doppelbett mit zwei anderen Mädchen teilen müsste.

Das Schwierige war nur, einen geeigneten Ort für mein nicht vorhandenes Hostel zu finden. Ich wohnte ja bei einer Gastfamilie und konnte mich daher nur schwerlich vor deren Haustür absetzen lassen. Zum Glück waren meine Verehrer leichtgläubig. Mein Hostel, das in Wirklichkeit die Rückseite eines Supermarktes war, erweckte nicht ihr Misstrauen. Ich stieg aus, versteckte mich im Supermarkteingang und hoffte, sie mögen bald verschwinden. Doch leider hatte das Taxi auf dem Parkplatz eine Panne. Ich betete, dass der Taxifahrer die Karre schnell wieder zum Laufen bringen würde. Ich wollte nach Hause, hatte Angst – und Glück: Nach einer knappen halben Stunde rollten die drei Engländer davon. Ich kann es kaum in Worte fassen, was in dieser Situation in mir vorging. Wahrscheinlich war ich einfach nur froh, dass sie mein wahres Gesicht hinter der Maske nicht gesehen hatten.

WAS MAN VIELLEICHT WISSEN SOLLTE:
Zur Vorbereitung sollte man *Mein Name sei Gantenbein* von Max Frisch lesen und *Inception* sowie *Nur die Sonne war Zeuge* schauen. Danach muss man einen Charakter entwickeln, das ist der größte Spaß. Und zum Schluss: Am besten irgendeine Bar aussuchen, in der man niemanden kennt. Und zwar wirklich niemanden!

Eine andere Sprache zu sprechen ist meist sehr interessant. Aber Vorsicht: Es kann unglaublich peinlich werden, wenn man sie nicht mal annähernd akzentfrei beherrscht.

UND WARUM MAN ES TUN SOLLTE:
Es ist hilfreich, die hohe Kunst des Sich-Verstellens zu üben, um sich vor ekligen Machos retten zu können oder um zwischen den heißen volljährigen Studenten nicht zugeben zu müssen, dass man immer noch in der 11. Klasse ist.

18. KAPITEL

SCHAUSPIELERN

Maria oder Weihnachtsengel – das sind die Rollen, die jedes Mädchen in der zweiten Klasse begehrt. Auch wir waren ganz scharf auf sie. Aber weil wir nicht niedlich genug waren, durften wir immer nur ins Kostüm der ungehobelten Hirten oder unfreundlichen Herbergsleiter schlüpfen. Anstatt mit Josef – dem annehmbarsten, weil intelligentesten Jungen der Grundschulklasse – das BabyBorn-Jesuskindlein zu wiegen, mussten wir in kratzigen Woll- und Filzklamotten um ein unechtes Feuerchen herumliegen, flankiert von ein paar Teufelsbraten, die unseren Barbies für gewöhnlich die Köpfe abrissen. Die Videos von damals sind uns noch immer etwas unangenehm.

Dennoch begannen wir, das Theater zu lieben, das Schauspiel ließ uns nicht mehr los. Denn es geht gar nicht darum, die Hauptrolle zu ergattern oder der Mittelpunkt eines Stücks zu sein. Vielmehr erkannten wir, dass das Theater das wirkliche Leben nachstellt und es gleichzeitig auf eine höhere Ebene hebt. Neben Rock 'n' Roll, der live auf einer Bühne hingerotzt wird, ist das Theater die einzige Ausdrucksform, bei der man von Mensch zu Mensch in Echtzeit seinen Emotionen freien Lauf lassen kann.

WAS MAN VIELLEICHT WISSEN SOLLTE:
Falls sich keine Schauspieltruppe findet, die zu einem passt, einfach selbst eine gründen. Oftmals reichen fünf Personen aus. Und wenigstens Oma schaut immer zu!

UND WARUM MAN ES TUN SOLLTE:
Einen anderen zu spielen bedeutet, sich in ihn hineinzuversetzen. Deshalb kann man, wenn man selbst auf der Bühne steht, manche Wahrheit entdecken, die man im echten Leben gern übersieht.

19. KAPITEL

ZWEI FREUNDE VERKUPPELN

Es ist seit Generationen überliefert, dass es für die, die verkuppelt werden sollen, oft eine unangenehme Sache ist. Deshalb vermeidet man ab 18 das ganze Blind-Date-Zeug und lässt seine Freunde selbst über ihr (Un-)Glück bestimmen.

Davor wird allerdings keine Rücksicht auf die Entscheidungsfreiheit anderer genommen. Denn manchmal weiß man es einfach besser, was gut für sie ist. Man analysiert zwei Freunde und hat danach eine Ahnung, dass die beiden gut zusammen funktionieren könnten – weil sie die gleichen Fehler haben, ähnliche Meinungen vertreten und einander in mancherlei Hinsicht bestimmt gut ergänzen würden. Und wenn man erst einmal denkt, dass es passt, und sich schon mit einem Dankesblumenstrauß beschenkt und als Trauzeuge auf ihrer Hochzeit in zehn Jahren sieht, beginnt man, irrsinnige Verkupplungspläne zu schmieden.

Wir selbst können bereits einige Erfolge verzeichnen, zum Beispiel dank der Einsame-Party-Taktik: Man lädt nur den Kreis der Eingeweihten und das baldige Pärchen zu einer Hausparty ein. Alle werden unerwartet krank, müssen am nächsten Tag arbeiten oder nach einer Stunde schon wieder gehen, sodass am Ende nur noch die zu Verkuppelnden und der Gastgeber übrig bleiben. Dieser wird aber urplötzlich todmüde und verzieht sich in einen separaten Raum. Zuvor legt er aber noch stimmungsvolle Musik auf, dimmt das Licht und zündet – wenn er es wirklich ernst meint – Kerzen an. Nicht sehr subtil, aber wenn man im Auftrag der Liebe unterwegs ist, muss man eben dick auftragen. Wer keine Zeit zu verlieren hat, kann die zukünftigen Liebenden auch auf einer gewöhnlichen Party in ein stilles Eckchen bugsieren und ein bisschen gutes Zureden und ein paar Drinks den Rest tun lassen! Nebenbuhler auszuschalten, die das Wunschpärchen stören könnten, gehört für den Kuppler zum Job. Jeder sollte mal dieses Hochgefühl spüren, wenn man erfolgreich zwei Herzen vereint oder seinen einsamen Freunden wenigstens zu einer netten Knutscherei verholfen hat.

WAS MAN VIELLEICHT WISSEN SOLLTE:
Zwei einsame Seelen finden sich überall. Man sollte sich jedoch gut überlegen, wen man da mit wem verkuppelt. Nicht, dass die beste Freundin plötzlich keine Zeit mehr hat und nicht mehr feiern geht, weil sie in deinem nerdigen Nachbarsjungen »ganz zufällig« den Mann fürs Leben gefunden hat.

UND WARUM MAN ES TUN SOLLTE:
Zwei frisch verliebte Menschen sind das Grausamste, das es gibt. Ständig schlecken sie sich ab und hängen wie Kletten aneinander. Dieser unappetitliche Anblick kann aber halbwegs erträglich sein, wenn man weiß, dass man sie verkuppelt hat.

20. KAPITEL
ABSTÜRZEN

Wie soll man seine Grenzen kennen, wenn man sie nicht zumindest einmal überschritten hat? Wer abstürzt, macht Bekanntschaft mit seinen eigenen Abgründen, er bekommt Antworten auf Fragen, die er sich anders vielleicht nie beantworten können würde: Was bin ich für ein Mensch, wenn ich total ausraste? Welcher meiner Freunde ist für mich da, wenn ich schwach bin? Welche Sorgen kann ich nicht einmal in Alkohol ertränken? Wie fühlt es sich an, die Nacht durchzutanzen und am nächsten Tag nicht mehr zu wissen, wo ich bin? Der Exzess gehört einfach zum Menschsein – und ganz besonders gehört er zum Erwachsenwerden.

WAS MAN VIELLEICHT WISSEN SOLLTE:
Eine Entschuldigung ist manchmal angebracht, Reue aber nicht.

UND WARUM MAN ES TUN SOLLTE:
Im Ozean der Erfahrungen sollte man mindestens einmal bis zum Grund tauchen.

21. KAPITEL

LAGERFEUERROMANTIK GENIESSEN

Das Lagerfeuer gehört seit jeher zu uns Menschen. Es ist zwar heute eher üblich, um ein DJ-Pult herumzutanzen, als sich rhythmisch klatschend um die Feuerstätte zu bewegen. Aber dennoch üben offene Feuer noch immer eine unglaubliche Faszination auf uns aus. Ob traditionell mit Holz, Kohle und Streichhölzern entfacht oder in der modernen Version mit Deodorant, es macht Männer einfach stolz, wenn etwas auf ihr Tun hin in Flammen aufgeht. Und wenn die Nacht dann düster und kalt wird, kann man sich wunderbar an seinen Nebenmann kuscheln und mit ihm nach dem Großen und dem Kleinen Bären suchen. Das Lagerfeuerding verrät uns etwas über die menschliche Natur und es hilft uns oft ganz unterbewusst dabei, zwischenmenschliche Beziehungen zu verstehen. Erwachsen zu werden, ohne diesen Zauber je erlebt zu haben, ist nicht nur tragisch, sondern fast unmöglich.

KATHARINA ÜBER DAS ENTFACHEN EINES FEUERS:

Wenn es etwas gibt, das ich keinem jemals empfehlen würde, dann ist es, mit 12 ein Tagebuch zu führen. Als ich meines neulich wieder in die Finger bekam, erstarrte ich vor Schreck. Dieses Relikt meiner Vergangenheit hatte ich längst vergessen und nun suchte es mich grausam heim! Mal abgesehen von der fragwürdig coolen Sprache (»Jo Sers liebes Daybook, ham heute Laddein rausgekriegt, hab 'ne 3, dis is doch ma enzgeil, oda? Du und deine Omma sind 3 Tage wach!«) trieft es nur so vor Herzschmerz. Und ist voller Fotos, die mich inzwischen verstehen lassen, warum mir in der Grundschule nie jemand Liebesbriefe mit »Willst du mit mir gehen? Ja. Nein. Vielleicht« geschrieben hat. Während ich also überlegte, ob ich das Dokument der Demütigung gleich vernichten oder aus Nostalgiegründen doch lieber aufheben sollte, blätterte ich gedankenverloren auf Seite 47. Nach höchst verstörenden Schilderungen einer sogenannten »Pornoparty«, die den Namen aus heutiger Sicht wirklich nicht verdient hatte, landete ich bei meinem ersten großen Lagerfeuererlebnis. Das eine, das man nie mehr vergisst.

Vor dieser Nacht hatte ich nur einen einzigen Abend vor lodernden Flammen erlebt: die Grundschulabschiedsfeier, auf der wir von viel zu gut gelaunten Eltern zu stundenlangem *Das Wandern ist des Müllers Lust*- und *Wir lagen vor Madagaskar*-Singen gezwungen worden waren – was ich zu der Zeit noch cool gefunden hatte, aber damit hatte ich schon damals ziemlich allein dagestanden.

Mein erstes großes Lagerfeuererlebnis war da ganz anders. Was zugegebenermaßen auch ein bisschen daran lag, dass ich mir nach dem Genuss von Kochrum mit 64 Promille den kleinen Zeh brach. (Ja, Mama, du erfährst es erst jetzt: Du hattest all die Jahre recht!) Aber vor allem war ich damals 13 und Jungs waren seit Kurzem nicht mehr doof, ganz im Gegenteil. Leider hatten meine Freundinnen und ich so viele Jahre damit verbracht, sie zu vergraulen, dass es jetzt schwer war, welche zu finden, die Zeit mit uns verbringen wollten. An jenem Abend hatten wir aber zwei gefunden. Wir hörten gemeinsam Musik – der Soundtrack dieser Nacht waren Ärzte- und Hosen-Songs –, kreischten lauthals und schnupften Papas Gletscherprise. Ich sah zwar aus wie ein Pfannkuchengesicht mit Mondradar (Nein, ich weiß auch nicht genau, was das sein soll, aber ein Typ hat mich im Internet mal so beleidigt), aber ich war glücklich. So richtig.

Und von da an kam das Lagerfeuer immer wieder in mein Leben, als angenehm knisternde Kulisse für Partys auf dem bayrischen Land, wo eher Kühe als Polizisten anrücken. Selbst auf christlichen oder schulischen Ausflügen oder Gruppenwochenenden war und ist es für mich immer ein Highlight. Nach einer Runde *Großer Gott wir loben dich* gibt es doch nichts Prickelnderes, als sich nicht wie vorgeschrieben ins Bett zu begeben, sondern sich aus dem Zimmer zu schleichen, um mit den Jungs noch eine Runde am Lagerfeuer zu flüstern. Natürlich ist die Lagerfeuerromantik für Pfarrer und Pädagogen alles andere als romantisch, aber um es mit einem alten Hit von Peter Cornelius zu sagen: *Es wird immer sei', wie's immer war …*

WAS MAN VIELLEICHT WISSEN SOLLTE:
Eine Akustikgitarre komplettiert die romantische Atmosphäre!

UND WARUM MAN ES TUN SOLLTE:
Lange Sommerabende verbringt man einfach am besten mit Freunden und ein paar Bier vor dem knisternden Lagerfeuer. Oder fällt dir was Besseres ein?

22. KAPITEL
VOR DER POLIZEI FLÜCHTEN

Wir werden uns jetzt natürlich nicht nachträglich zu den Untaten bekennen, die dafür gesorgt haben, dass wir vor den Ordnungshütern flüchten mussten. Sonst hätten wir das Feld ja umsonst so schnell geräumt. Aber so viel ist sicher: Auch wenn es vielleicht nicht rühmlich ist, es macht höllisch viel Spaß und ergibt manchmal einfach Sinn, vor der Polizei davonzulaufen.

Ist man unter 16 Jahren, sollte man sich zum Beispiel auf jeder Party, die man nicht vor 22 Uhr und ohne Kippe und völlig nüchtern verlässt, lieber für Polizisten unsichtbar machen. Wie oft wurden Partys schon mit Blaulicht aufgelöst, nicht selten von uns organisierte. Wohngebiet, laute Musik, Minderjährige – da ist der Besuch von Beamten vorprogrammiert. Und wer dann nicht schnell genug weg ist, wird zum Blasen gebeten und/oder nach Hause gefahren – zu Eltern, die für gewöhnlich denken, man sei nur auf einem DVD-Abend mit zwei Freunden. Die Taxifahrt im Streifenwagen ist also keine gute Idee, wenn der Hausfrieden gewahrt werden soll.

Um sie zu verhindern, haben wir uns bereits hinter Mülltonnen versteckt, die High Heels weggeworfen, um wie Forrest Gump loszusprinten, und uns stundenlang in ein Klo eingeschlossen. Unsere spektakulärste Flucht endete in einem Dickicht, in das wir hineinkrabbelten, um nicht von den Scheinwerfern der Polizeiwagen und dem Licht von Taschenlampen eingefangen zu werden. Nur knapp verfehlte der Lichtstrahl unsere Köpfe. Auch im Rahmen unserer Sprayer-Aktionen (> Punkt 46) mussten wir schon das ein oder andere Mal die Biege machen. Ein laut gerufenes »Stehen bleiben, Polizei!« war für uns noch nie ein Grund, nicht schleunigst die Beine in die Hand zu nehmen.

Allen, die nun laut aufschreien: »Aber die Sachen sind doch nicht umsonst untersagt!«, sei gesagt: Es gibt wahrlich schlimmere Sünden, als mit 15 Partys zu schmeißen oder sie zu besuchen. Und mal ganz ehrlich: Wir sind auch ein bisschen froh darüber, dass diese Dinge nicht erlaubt sind. Warum? Weil damit ein wichtiges Gefühl bewahrt wird, um das keiner in seiner Jugend betrogen werden sollte: das großartige Gefühl, etwas Verbotenes zu tun!

WAS MAN VIELLEICHT WISSEN SOLLTE:
Immer eine diplomatische und möglichst effiziente Ausrede für den Fall, dass die Flucht misslingt, zurechtlegen. Falls es ganz kolossal schiefgeht: einen guten Anwalt auf der Kurzwahltaste des Handys speichern.

UND WARUM MAN ES TUN SOLLTE:
Zu spät noch vor der Tür, diverse Lärmbeschwerden oder eine einfache Alkoholkontrolle während eines nächtlichen Stelldicheins auf dem Spielplatz – auch wenn man nicht wirklich kriminell ist, kann es von Vorteil sein, bei Freund-und-Helfer-Alarm frühzeitig die Beine in die Hand zu nehmen.

23. KAPITEL
EIN PERFEKTES FOTO VON SICH SCHIESSEN LASSEN

Natürlich wünschen wir uns eine Welt, in der Sein wichtiger als Schein ist, in der Intellektuelle über den Sinn der Dinge und des Lebens philosophieren und alle Menschen glücklich und Hand in Hand in der Herbstsonne tanzen – ganz egal, ob dick, dünn, klein, groß, blond, brünett, glatzköpfig, männlich, weiblich, irgendwas dazwischen, verpickelt, bezahnspangt, einarmig, im Rollstuhl oder mit drei Nippeln. Das ist das Ideal, eine Welt, in der das Aussehen keine Rolle spielt.

Und doch ist der Gedanke reizvoll, das eigene Aussehen zu manipulieren und sich selbst möglichst perfekt in Szene zu setzen, einfach nur ein Foto von sich zu haben, das sinnlich ist, den gängigen – unseretwegen auch kleingeistigen – Vorstellungen von Schönheit entspricht. So fahren wir nach Hamburg, um uns in der gigantisch schönen Villa mit der Lederjacken-Designerin Jacqueline Garcia Llovet zu treffen. Make-up-Artist Michael Mayer macht uns nach dem anstrengenden Flug gesellschaftsfähig. Und wären wir nur ein bisschen krimineller veranlagt, würden wir ihn als Geisel nehmen und in unserem Bad einsperren, um jeden Morgen so fabelhaft die Augenringe weggepinselt zu bekommen.

Nach der Restaurierung stellen wir uns in Kleidern von Stella McCartney und Alexander McQueen vor die Kamera von Anouk Jans, die uns für ihren Blog *www.anouk-onthebrink.blogspot.de* fotografieren will. Ihre Anforderungen an uns sind hoch, so sagt die Fotografin, die gelegentlich auch selbst modelt: »Modeln ist für mich wie schauspielern. Ich suche mir eine Rolle aus und spiele sie. Versuche, einem anderen Ich Ausdruck zu verleihen und meine Rolle glaubwürdig zu spielen. Model sein hat aber auch nicht ausschließlich etwas mit einem Rollenspiel zu tun. Es gibt auch Momente, in denen ich mich bemühe, eine Fotografie zu erschaffen, in der sich die ganze Persönlichkeit zeigt. Models wie Kate Moss, Erin Wasson und Abbey Lee sind meiner Meinung deswegen so bekannt, weil sie beides zusammenzubringen können: das eigene Ich, ihre Persönlichkeit und die zu spielende Rolle. Sie sind sie selbst und dennoch erschaffen sie eine Illusion.« Hat unsere Fotografin gerade wirklich von Kate Moss gesprochen? Verdammt, da kann man ja nur versagen.

Zum Glück bekommen wir noch einige weitere Tipps von ihr: »Ein gutes Model muss etwas lieben – und zwar die Kamera. Es muss sich auf sie einlassen. Die Kamera wandelt sich von einem Objekt in etwas, das einem Menschen ähnliche Gefühle hat. Die Kamera will verzaubert werden, Passion spüren und Nähe, Offenheit.«

Die Schönheit der Jugend vergeht, aber haben wir nur ein einziges Bild von uns, auf dem unsere Anmut derer großer Filmdiven gleicht, dann ist sie für die Ewigkeit festgehalten. Oder anders gesagt: Unsere Großeltern sind noch mit Schwarz-Weiß-Fotografien groß geworden. Sie hatten nicht viele Bilder von sich und den Liebsten. Die wenigen Aufnahmen, die meist zu besonderen Anlässen (Taufe, Konfirmation, Hochzeit) gemacht wurden, werden bis heute wie Schätze gehütet, eingerahmt und bei jedem Umzug mitgenommen. Wir haben hingegen Tausende Bilder von uns, die größtenteils digital verrotten. Deshalb ist es umso wichtiger, *eine* Fotografie von sich zu besitzen, auf der die eigene Jugend für immer eingefangen ist. Und wie unsere Oma heute werden wir dann mit grauem Schopf vor dem Porträt sitzen und melancholisch in die Augen unseres früheren Ichs blicken. »Hach, da war ich noch jung!«, werden wir seufzen, während wir unseren Enkeln Geschichten aus unserer Jugend erzählen, und sie werden dieses eine Bild von uns in ihren Köpfen weitertragen und es vielleicht nach unserem Abschied aufbewahren und an die große Wand voller Familienaufnahmen hängen …

WAS MAN VIELLEICHT WISSEN SOLLTE:
Ein sympathischer Fotograf und gutes Licht sind alles. Selbst ein entspanntes Shooting mit Freunden in der strahlenden Herbstsonne kann unglaubliche Resultate hervorbringen.

UND WARUM MAN ES TUN SOLLTE:
Jeder sollte sich mindestens einmal im Leben unwiderstehlich fühlen, von allen begehrt und geliebt, wie der Mittelpunkt des Universums.

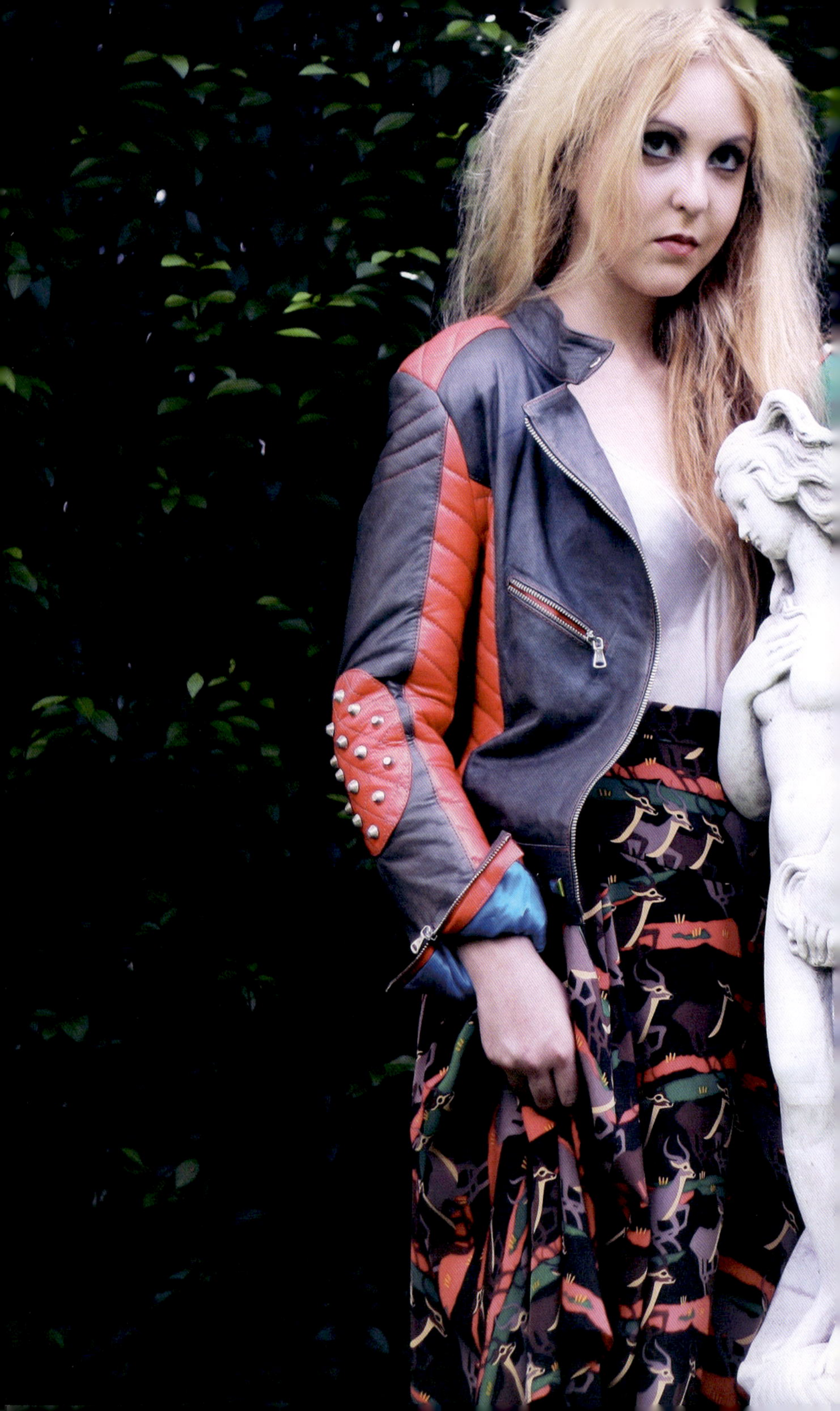

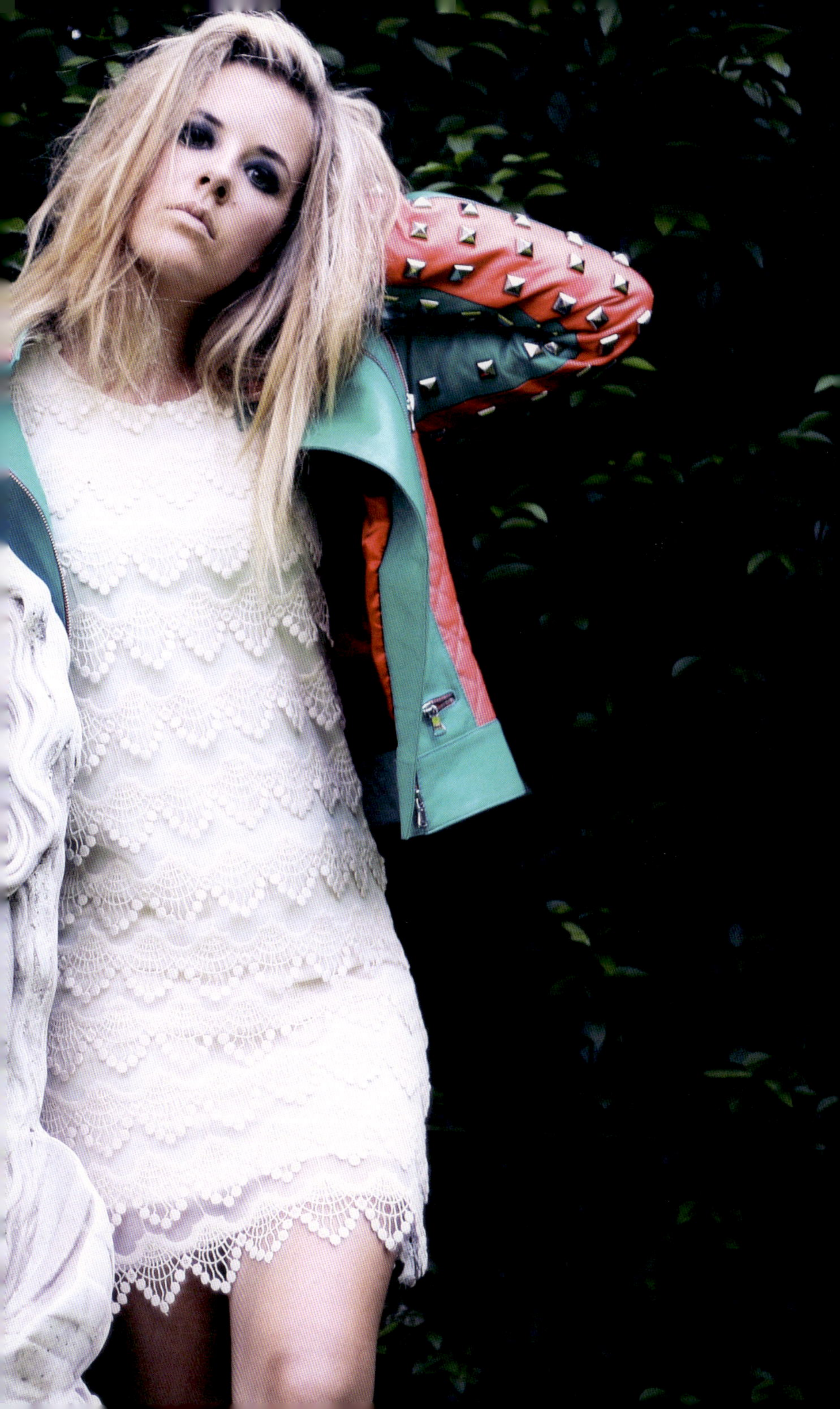

24. KAPITEL
SICH AUF DIE SPIRITUELLE SUCHE MACHEN

Die meisten von uns glauben, dass es keinen Gott gibt, keine Magie, keine sinnvolle Meditation, kein Leben nach dem Tod. Dass unsere einzigen Götter Geld, Karriere und Marc Jacobs sind. Wir denken: Das Heute ist alles, was wir haben, also auf, auf, die Sau rauslassen! Das macht uns aber zu spirituell Heimatlosen, die wir nicht sind, nicht sein müssen.

Ein Beispiel: Wenn wir einen Menschen lieben, dann wollen wir von ihm zurückgeliebt werden. Tut er das, kann er seine Gefühle in Worten und Werken ausdrücken, aber wirklich sehen und begreifen können wir seine Liebe trotzdem nicht. Man kann Liebe, ihre Schönheit, Intensität und Wahrheit nicht beweisen. Man muss an sie glauben. Besonders am Anfang einer Beziehung ist es schlicht und einfach der Glaube daran, dass es funktionieren kann und immer schöner wird, der uns eine Bindung eingehen lässt. Aber deswegen nicht mehr lieben, weil man nicht »nur« glauben will? Das liefe dann unter »beziehungsgestört« und sollte laut Frauenzeitschriften wegtherapiert werden.

Warum also nicht auch den Mut haben, ein religiöses Wagnis einzugehen? Wir wollen niemandem auch nur im Entferntesten vorschreiben, wie genau das aussehen soll, dieses Wagnis. Aber sich überhaupt mal auf die Suche begeben, Interesse zeigen, Gewissensforschung betreiben – das kann und sollte unserer Meinung nach jeder einmal tun.

KATHARINA ÜBER DEN WELTJUGENDTAG 2011:

Wenn man jemandem erzählt, dass man Katholikin ist (und ein katholisches Mädchengymnasium besucht), wird man entweder wegen seiner »strengen und öden Kindheit« bemitleidet oder ironisch-aggressiv gefragt: »Na, würdest du auch Homosexuelle steinigen?« Oder: »Stehst du echt darauf, keinen Sex vor der Ehe zu haben?« Kein Wunder, dass nur noch die besonders Debattierfreudigen zugeben, katholisch getauft und nicht total abgeturnt von Papst und Co. zu sein. Denn es ist einfach nicht cool, Christ zu sein – auch weil der Vatikan so ein massives Imageproblem hat. Und einige Vorwürfe sind ja auch berechtigt, wie zum Beispiel, dass die Kirchenstrukturen archaisch sind. Der Laden ist eben uralt, da sammelt sich schon einiger alter Plunder in der Vorurteilskiste an.

Dabei kann die Kirche auch ganz anders. Jung, katholisch, sexy – das passt auf den ersten Blick nicht zusammen, doch genauso kann man sich den Weltjugendtag vorstellen. Ich bin im Sommer 2011 in Madrid dabei. Mit elf anderen Journalisten zwischen 17 und 27 aus allen Teilen der Welt berichte ich für die Seite *youcat.org* vom Weltjugendtag. Unser Team übernachtet in einer umfunktionierten Schule. Wir haben zwar ein eigenes Klassenzimmer, müssen uns die Sanitäranlagen aber mit den 500 anderen Pilgern teilen. Vor den vier Frauenduschen steht konsequent eine lange Schlange. Also duschen wir meistens im Freien, eiskalt und dicht an dicht mit dreißig anderen Leuten. Das Verklemmt-Etikett, das Katholiken unfreiwillig tragen, erweist sich also als falsch.

Die Aufgabe unseres *youcat*-Teams ist es, Interviews zu führen, Videos zu drehen, Berichte zu verfassen und damit die Stimmung auf der Veranstaltung einzufangen. In der Hitze Madrids schwärmen wir aus, um mit Ordensleuten und Neugetauften, Japanern und Amerikanern, Benedetto-Fans und Kondomverteilern über Wissenschaft und Celebrities, Erfolg und Ideale und natürlich Gott, also das Gute, das Wahre und das Schöne, zu philosophieren. Liest man dieses Buch, ist unschwer zu erkennen, dass ich gern die Nächte durchmache und schwer runterzubringen bin. Manchmal brauche aber auch ich stille Momente – deswegen glaube ich. Das Christentum ist nicht nur eine Religion für die Biederen und Vergeistigten, für die Anständigen, Asketen, Aufopferungsvollen. Es ist vielmehr die Religion der Romantiker und Künstler, der schwärmerischen Poeten und ständig Zweifelnden, der Gefallenen und Leidenden. Voller pulsierender Leidenschaft, wenn die harte Schale erst mal ab ist.

Und auf den nächtlichen Straßen Madrids treffe ich viele Gleichgesinnte, Menschen, die sind wie ich. Mit einem holländischen Mädchen (und der Unterstützung ungarischer Trommler) starte ich mitten auf der Plaza de España einen Tanzflashmob, dem sich mindestens siebzig andere Verrückte anschließen, um von Michael Jackson bis afrikanischen Buschtanz jeden Tanzstil vorzuführen. Ein heißer Hüftenschwinger aus Georgien, der einen Kopf kleiner als ich ist, versenkt mich zum grandiosen Abschluss im Brunnen auf dem Platz. Geschlafen wird während des Weltjugendtages wenig, auch weil die Gespräche so gut sind, dass sie jede Müdigkeit vertreiben. Wir haben einen niedlichen Franzosen in unser Team aufgenommen, der uns erzählt, dass er sich zu einem Backpacker-Abenteuer aufgemacht und seinen muslimischen Freunden verklickert hat, krank zu sein, um am Weltjugendtag teilnehmen zu können. Dank seiner Spanischkenntnisse und des beachtlichen Sixpacks ist er augenblicklich Teil unserer Gruppe geworden – irgendjemand muss ja die Kameraausrüstung schleppen.

Und dann naht der Höhepunkt: die Nacht auf dem Feld der »Vier Winde«. 1,5 Millionen Jugendliche feiern und schlafen unter offenem Himmel. Dank Presseausweis können wir aus dreißig Metern Entfernung Bilder vom Papst und von anderen Würdenträgern schießen. Aber noch viel interessanter ist das Feeling in der Masse, zu der ich mich kurz nach Mitternacht geselle, nachdem der große Sturm das Pileolus des Pontifex (Papstmütze) weggerissen hat. Oft habe ich meine Eltern darum beneidet, dass sie zumindest theoretisch an Woodstock hätten teilnehmen können. Doch diese Weltjugendtagsnacht ist wie Woodstock. Genauso viel Love, Peace and Harmony, genauso viele Küssende, genauso viel Sangria, nur noch mehr Menschen. Chillen mit Chilenen, Singen mit Spaniern, Rätselraten mit Russen – alles ist möglich!

»Ich danke euch für eure Freude und euren Widerstand!«, hat uns der Papst mitten im Sturm zugerufen. Damit hat er wohl unseren Widerstand gegen die Wassermassen und den Wind gemeint, aber vielleicht auch unseren Mut, gegen eine gleichgültige Gesellschaft zu rebellieren.

WAS MAN VIELLEICHT WISSEN SOLLTE:
Sich mit den Bedürfnissen der eigenen Seele auseinanderzusetzen ist von großer Wichtigkeit. Egal, wohin einen das führt. Besser überzeugter, begründeter und durchdachter Atheist als blinder Mitläufer einer zurechtgebastelten Wellnessreligion.

UND WARUM MAN ES TUN SOLLTE:
Etwas Klarheit ins spirituelle Dunkel zu bringen ist beinahe lebensnotwendig. Denn wer zerbricht nicht manchmal beinahe an der Frage, was die Welt im Innersten zusammenhält?

25. KAPITEL
SICH ERWACHSENENFILME ANSEHEN

Wir sind Mädchen, deshalb ist es wenig verwunderlich, dass uns Pornos eigentlich zuwider sind. Doch wie das Sich-Prügeln (> Punkt 55) scheint auch der Erwachsenenfilmabend eine obligatorische Veranstaltung für männliche Teenager zu sein. So vermitteln sie es uns zumindest, als wir sie danach fragen. Und wir sehen ein, dass wir nicht nur Pyjamapartys (> Punkt 1) veranstalten und Poster nassknutschen können, sondern auch ein paar Erfahrungen machen müssen, die pubertierende Jungs machen.

Wir lassen uns von Freunden die besten Internetadressen für das kostenlose Fernsehvergnügen geben und legen los. Klar haben wir uns spätnachts schon mal kichernd durch die *Sexy Sport Clips* auf DSF oder Softpornos auf Kabel1 gezappt. Sich jedoch einen ganzen Abend lang ausschließlich dem erotischen Erwachsenenfilm zu widmen ist uns neu. Bereits nach den ersten paar Clips wird uns klar, dass wir keineswegs umsonst Angst vor dieser Nacht hatten. Mal abgesehen von den moralischen Fragen, die Sex vor der Kamera aufwirft, haben die Pornos aus unserer Sicht auch ein ganz klares Ästhetikproblem. Die Sexfilme sind grauenvoll ausgeleuchtet, die Einrichtung ist geschmacklos, die kurze Handlung lächerlich und das Allerschlimmste: Wir finden keinen einzigen Hauptdarsteller, der unseren optischen Anforderungen auch nur annähernd gerecht wird. Am ehesten sagen uns noch die knackigen Kerle in den Schwulenpornos zu, aber auch nur, bis sie ihre Hüllen fallen lassen und ihre eigenartigen Intimfrisuren zeigen. Trotzdem blieben wir vergleichsweise lange in der Gay-Abteilung hängen, da gehen die Akteure nämlich respektvoller miteinander um.

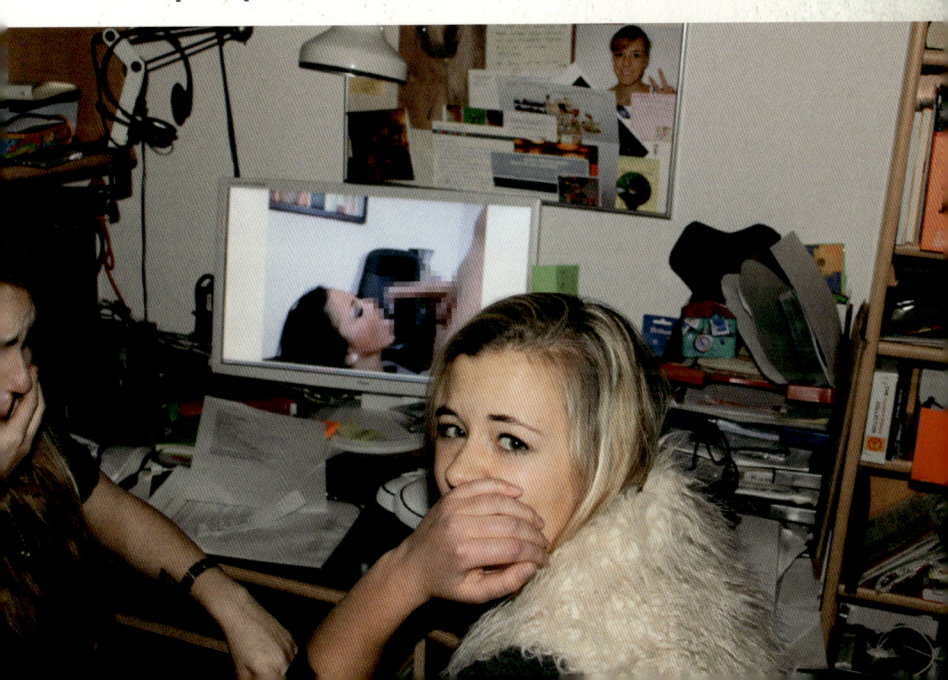

Mit jeder unappetitlichen Sequenz verstehen wir besser, wieso Pornos erst ab 18 freigegeben sind. Es geht gar nicht darum, uns vorzuenthalten, wie das mit den Bienchen und Blümchen in der Praxis funktioniert. Man will uns einfach nur vor den ekligen Bildern (Rein-Raus auf dem Lehrerpult, Rein-Raus im Seniorenstift, Rein-Raus auf der Metzgertheke, Rein-Raus einfach überall) bewahren, die unmittelbar zu Augenkrebs führen und uns in unsere Träume verfolgen. Vielleicht fänden wir die Filme wesentlich heißer, wenn ein professionelles Kamera-Licht- und-Make-up-Team schöne Menschen wie Miranda Kerr und Orlando Bloom beim Liebesspiel in Szene setzen würde. So gruseln wir uns jedenfalls nur.

Wenigstens zeigen uns die Filmchen, wie belastbar der menschliche Körper ist. Betrachtet man ausschließlich den sportlichen Aspekt, sind manche Fisting-Szenen geradezu amüsant. Die eindringlichen Schmerzensschreie der freiwilligen Opfer nehmen dem Ganzen aber den Charme, weil man der Vermutung erliegt: Die tun das nicht wie viele andere aus Spaß im stillen Kämmerlein, sondern aus Geldgründen und um mehr Aufmerksamkeit (Klicks) und damit Bestätigung zu bekommen. Nach dem Motto: »Ich krieg mehr Haushaltsgegenstände rein, liebt mich!« Geringfügig lustiger finden wir da schon die Manga- und Comicpornos, die auftauchen, wenn man »Hentai« im Netz sucht. Durchs Schlüsselloch ins Schlafzimmer von Homer und Marge Simpson, Sailor Moon oder Mum und Dad von *Family Guy* zu gucken, birgt eine gewisse Komik.

Nachdem wir uns ein paar Stunden durch alle Kategorien von »Anal« bis »Großmutter« geekelt haben, müssen wir unseren Augen und Ohren erst mal ein paar Katzenbabyvideos gönnen, unterlegt mit einer Bach-Arie, und anschließend sehr lange und intensiv auf der Seite *www.models.com* den Anblick schöner Menschen genießen.

WAS MAN VIELLEICHT WISSEN SOLLTE:
Na, wie die schmutzigen Seiten heißen, das weißt du ja selber. Uns würde ja schon interessieren, welche Kategorien du so anklickst!

UND WARUM MAN ES TUN SOLLTE:
Alle Jungs sagen, man muss es tun. Also tu's!

26. KAPITEL
URLAUB AUF DEM PONYHOF MACHEN

Die Freude von damals, als wir das Glück der Erde auf dem Rücken der Pferde zum ersten Mal erleben durften, haben wir nicht vergessen. Jedes Mädchen (und jeder Junge!) sollte mindestens einmal im Leben Ferien auf dem Ponyhof gemacht haben.

MARIE ÜBER DAS PFERDESPEKTAKEL:
Als ich 8 war, haben mir meine Eltern ein Wochenende auf dem Ponyhof geschenkt. Zwischen den übel riechenden Pferden war ich das absolut glücklichste Kind der Welt. Es ist eben der Traum eines jeden kleinen Mädchens, ein eigenes Pony zu besitzen. Weil die Rabeneltern einem aber meist keines kaufen, muss ein kurzzeitiger Ausflug ins Ponyparadies reichen.

Kathi und ich haben uns entschieden, noch einmal dorthin zu fahren, für einen Tag noch einmal 8 Jahre alt zu sein. Unser Abenteuer beginnt um neun am Pony Camp Böck. Die netten Betreuerinnen bieten uns an, uns etwas herumzuführen – in der Spielscheune oder bis zum Ziegenbock Flocke, den wir streicheln können. Beiläufig fragen sie nach unserem Alter, stutzen und sagen: »Wenn ihr wollt, zeigen wir euch auch die Raucher-Ecke.« Wir verneinen und begeben uns lieber zu den Ställen, weil Kathi sich nach ihrer ersten großen Liebe Max sehnt, einem weichen, knuddeligen Shetlandpony, das sie vor neun Jahren immer geritten hat. Beinahe übersehen wir den Winzling. Früher konnte Kathi Max nur mit Mühe durch die Mähne streichen, jetzt ist sie doppelt so groß wie er.

Bevor wir die Pferde besteigen dürfen, haben wir erst einmal Theorie-Unterricht, in dem wir lernen, wie man ein Pferd richtig behandelt. Durch so viel Niedlichkeit in eine weiße Wattewolke gehüllt, taumeln wir zu den Ponys, die wir nun putzen und satteln sollen. Mühelos können wir sie blitzeblank putzen – oben und unten, vorn und hinten. Dafür ernten wir neidische Blicke der 7-Jährigen, die den Ponys gerade einmal bis zu den Nüstern reichen. Danach werden uns Pferd und Gruppe zugewiesen. Marie Michalke: Gazell, Gruppe D. Katharina Weiß: Ravenna, Gruppe D. Gazell ist ein stämmiger Haflinger. Kathi sagt zu mir: »Der passt optisch total zu dir!« Und ich weiß nicht, was das bedeuten soll. Ravenna ist ein zwei Meter großes Monster, aber elegant und geschmeidig wie Black Beauty.

Es geht los, die Gruppe nähert sich dem Reitstall. Unsere Reitlehrerin erklärt uns das Anreiten. »Setzt euch ganz aufrecht hin wie eine Ballerina, mit geradem Rücken, dann drückt eure Schenkel in den Bauch des Ponys«, sagt sie und mit einem Blick zu uns, »oder Pferdes, je nachdem. Und dann schiebt ihr euer Pony aus der Hüfte aus nach vorn, ja gut, weitertreiben, los. Nehmt die Zügel straffer und anschieben. Nein, Laura, nur aus der Hüfte heraus.« Nach eineinhalb Stunden Die-Hüfte-vor-und-zurück-Schieben, Beine-Anspannen und -Entspannen kann ich einfach nicht mehr. Wir bringen die Pferde zurück und Kathis erster Kommentar ist: »Irgendwie kommt einem das Reiten doch wie grausames Liebemachen vor. Oder machen wir irgendwas falsch?«

Fakt ist: Reiten ist verdammt noch mal harte Arbeit. Von wegen im Sattel sitzen und sich tragen lassen! Kraft ist gefragt. Man benötigt zum Teil Muskeln, von denen man nicht einmal weiß, dass es sie überhaupt gibt, oder wenigstens solche, die man nur ganz selten braucht.

Zum Abschluss wagen wir uns dann doch mal in die Spielscheune. Fremdes Territorium, das der Vorpubertären. Dort treffen wir auf eine Topfotografin, die uns im fast richtigen Moment beim Sprung ins Heu erwischt, und auf lauter andere kleine Kinder, die uns aus irgendeinem Grund mit Ponys verwechseln. Wir werden angeschubst, getreten, wie Tiere behandelt und geknuddelt. Ein Mädchen treibt uns mit Schlägen auf unser Hinterteil vorwärts, wenn wir ihm zu langsam sind, und schreit: »Auf die Knie!«, wenn wir etwas falsch machen.

Obwohl wir bis vor Kurzem in der schönen Illusion geschwelgt haben, Reiten habe nichts mit Anstrengung zu tun, und mal wieder auf dem harten Boden der Tatsachen gelandet sind, finden wir unseren Ausflug ins Reich der Pferde wiederholenswert – auch wenn wir den Muskelkater in den Beinen wohl noch eine Woche lang spüren werden.

WAS MAN VIELLEICHT WISSEN SOLLTE:
Wendy zur Vorbereitung lesen! Handschuhe mitnehmen und für den nächsten Tag keine allzu anstrengende Beschäftigung planen.

UND WARUM MAN ES TUN SOLLTE:
Lucky Luke, Pippi Langstrumpf und Wendy machen es uns vor und wir machen es nach – weil es so viel Spaß macht.

27. KAPITEL
AN EINEM CASTING TEILNEHMEN

Wir sind eine anspruchsvolle Gesellschaft. Ständig werden wir beurteilt und einsortiert, wird unser Können gelobt und vermeintliches Unvermögen bestraft. Das ist für uns ganz normal und mitunter auch unterhaltsam – im Fernsehen gibt es unzählige Castingshows, die das beweisen. Hast du den X-Faktor oder Topmodelmaße, das Zeug zum Popstar, Supertalent oder gleich zu Deutschlands neuem Superstar?

Klar, die wenigsten besitzen das Talent, das man braucht, um dauerhaft im Showbusiness erfolgreich zu sein. Aber den Traum von einer Arbeit, die nicht als solche empfunden und dazu noch gut bezahlt wird, haben viele. Anders als einige andere Leute finden wir es nicht verwerflich, von einem Leben im Scheinwerferlicht zu träumen. Denn ohne die ganzen Verrückten und die hoffnungslosen Romantiker wäre es doch trist und ultralangweilig.

Einen Tag vor dem *DSDS*-Casting in Stuttgart beschließen wir, uns unter sie zu mischen und uns mit David-Hasselhoff-Masken bewaffnet den ultimativen Bohlen-Diss abzuholen. Es folgt ein spontaner Roadtrip, auf dem wir fast drei Stunden lang *I've Been Looking for Freedom* trällern.

Gegen Nachmittag erreichen wir den *DSDS*-Truck am Kronprinzplatz. Bohlen und Co. sind gar nicht da, stattdessen erwarten uns eine ewig lange Schlange und eine große Überraschung: Gefühlte 90 Prozent der Anwesenden sind ebenfalls ohne richtiges Konzept und Recall-Absicht hergekommen. Die meisten sind betrunken oder gerade dabei, ein Sixpack aufzureißen. Wir stellen uns ganz hinten an. Vor uns ein Junge und ein Mädchen, die mit Blick auf unsere Masken fragen: »Ihr seid auch nicht ernsthaft hier, oder?«

Uns geht ein Licht auf: Deutschland, du bist gerettet. Unsere Generation ist gar nicht so naiv, wir haben nur alle eine gigantische Menge Selbstironie. Alle hier sind absichtlich schlecht! Die lassen sich freiwillig vor Millionen Zuschauern verarschen.

Die wenigen, die reinstolpern und nicht schlecht genug sind, werden von den Redakteuren rausgezogen, ein bisschen gebauchpinselt und belabert, dass sie wirklich eine Chance hätten mit der richtigen Frisur und ein bisschen mehr Ernsthaftigkeit (und weniger Alkohol im Blut)! Uns vergeht die Lust, drei Stunden auf unseren großen Auftritt zu warten. Wir wollten ja eigentlich Dieter Bohlen entgegengrinsen. Also raus aus der Schlange, rein in die Peinlichkeit. Ungefragt präsentieren wir den Wartenden unsere Choreo und das Lied, das wir vorbereitet haben. Wenige buhen, die meisten johlen und lachen und denken sich wohl insgeheim: Egal, wie peinlich das für mich wird, die müssen sich noch mehr schämen.

Jetzt ist uns alles egal, wir bringen die größte Prollaktion, die man bringen kann: Ein Kamerateam filmt gerade einen tanzenden Sänger, der wohl einen Stern neben Menderes, Johanna und Alfi Hartkor auf dem Walk of Shame erhalten wird, und wir laufen ins Bild, dämlich singend. Dann rufen uns die Redakteure zu: »Wollt ihr ins Fernsehen?« Und wir brüllen: »Ja!!!« Warum sind wir wohl sonst hier?

WAS MAN VIELLEICHT WISSEN SOLLTE:
Sehr wichtig: Bevor man irgendetwas unterschreibt, ganz genau durchlesen, welche Rechte man den Fernsehhyänen abtritt.

Lieder, die man besonders gut performen kann:
- Village People: *YMCA*
- George Michael: *Careless Whisper*
- alles von den Atzen

UND WARUM MAN ES TUN SOLLTE:
An einer Castingshow teilzunehmen ist das Nonplusultra für unsere Generation. Später gilt es als hochpeinliche Jugendsünde. Aber scheiß drauf, das ganze Drumherum ist die Anreise wert!

28. KAPITEL
SICH VON DER MUSE KÜSSEN LASSEN

Nimm dir Zeit und verlier dich zunächst in der hohen Kunst des Müßiggangs. Tu nur, wonach dir gerade ist, und vergiss alle Effektivität. Nix mit genussarbeiten, ein fauler Tunichtgut sollst du sein, der sich mit einem Weizenhalm im Mundwinkel auf die Wiese am Fluss legt und den Mühlrädern beim Rotieren zusieht. Und dann lass deine Kreativität zum Vorschein kommen und gib dich den wilden Künsten hin. Du könntest zum Beispiel …

- … eine Staffelei besorgen und ein Gemälde malen.
- … eigenartige Metaphern erfinden.
- … mit Knetmasse, Ton und Wachs hantieren.
- … kunstvolle Sandburgen bauen.
- … Gipsabdrücke anfertigen.
- … Seifenblasen machen.
- … dich in Origami ausprobieren.
- … einen Drachen steigen lassen.

Wenn wir ganz ehrlich sind, haben doch die wenigsten in unserem Alter einen Plan, wohin sie die eigenen Fähigkeiten mal bringen sollen. Gegen diese Orientierungslosigkeit hilft in allererster Linie, sich auszuprobieren, zu tüfteln, einfach aus der Leere heraus etwas zu formen, die eigenen Gedanken in Worte zu fassen.

Da wir selbst große Liebhaber der Schriftstellerei sind, hat ein spezielles Projekt unsere Begeisterung entfacht. Nachdem wir es im Internet ausfindig gemacht hatten, wurden wir zu begeisterten Lesern des *myp-Magazine*. Das Konzept ist so einfach wie genial: »Das Magazin bietet jungen und jung gebliebenen Kreativen aus den verschiedensten Kunstbereichen die Möglichkeit und den Platz, sich auf einigen Doppelseiten mit Bild und selbst verfasstem Text der Öffentlichkeit zu präsentieren. Jede Ausgabe steht dabei unter einem bestimmten Thema, zu dem die Autoren ihre Gedanken niederschreiben und ein entsprechendes Foto einreichen.« Im Klartext: Jeder kann dem *myp-Magazine* schreiben und dort seine Fotografie, Malerei, Lyrik oder Prosa veröffentlichen.

Genauso charismatisch wie das Magazin ist auch sein Erfinder Jonas Meyer. Als wir zusammensitzen, sprechen wir ein bisschen über sein Baby, das ein wunderbares Beispiel dafür ist, wie sehr der Kuss der Muse das Leben bereichern kann. »Unser Magazin ist aus einer tiefen Sehnsucht heraus entstanden. Das klingt zwar im ersten Moment etwas kitschig und abstrakt, wird aber verständlicher, wenn man unsere Ausgangsbedingungen näher betrachtet. Lukas, der andere Erfinder, und ich stammen aus einer idyllischen Kleinstadt, die allerlei Annehmlichkeiten bietet wie gutes Wasser, tolle Luft und viel Wald. Aber wie das bei Kleinstädten leider nun mal so ist: Als kreativ oder künstlerisch arbeitender Mensch ist es schwer, ausreichend kreativen Input zu erhalten, beispielsweise durch den Austausch mit Gleichgesinnten. Das liegt schlicht und ergreifend daran, dass es diese Menschen in der Provinz nur vereinzelt oder gar nicht gibt. Aber genau diesen Kontakt sucht man, um sich kreativ und künstlerisch weiterzuentwickeln. Wir haben also überlegt, wie wir mit ähnlich denkenden Menschen auf der ganzen Welt in Verbindung treten können, die vielleicht auch von denselben Sehnsüchten getrieben sind wie wir. Ein Onlinemagazin erschien uns als das ideale Kommunikationsmedium, nicht zuletzt weil sich dadurch die Fotografie von Lukas mit meinem Kreativbereich – Grafik und Design – gut kombinieren lässt. Also haben wir angefangen zu überlegen, wie das Ding aussehen könnte. Die Muse hatte uns geküsst.«

Ausbruchsgedanken, die kennen wir natürlich. So wunderschön die bayrische Provinz auch ist: Unser Schreiben hat uns gelegentlich in undurchschaubare, gefährliche und deshalb aufregendere Gebiete fliehen lassen. Die Zeit, die wir zunächst, so schien es, mit »Nichtstun« verbracht haben, war im Nachhinein also wertvoller als das ganze Büffeln in der Schule.

»Es gibt viele Print- und Onlinemagazine, die uns interessieren und inspirieren. Allerdings sind die Texte, die die einzelnen Autoren in unserem Magazin der Öffentlichkeit präsentieren, meistens sehr persönlich, sehr tief. So entsteht eine bestimmte Relevanz. Viele unserer Leser finden sich in den einzelnen Beiträgen oder Interviews wieder und merken: Ich bin nicht alleine mit meinen Wünschen, Träumen, Sehnsüchten, Ängsten oder Sorgen. Anderen Menschen – ob berühmt oder unbekannt – geht es ähnlich, sie fühlen wie ich. Was unser Magazin darüber hinaus von anderen Magazinen unterscheidet, ist die Tatsache, dass es einerseits nicht-kommerziell und werbefrei und andererseits kostenlos ist. Werbung kann oftmals die Ästhetik stören – und in unserem Fall auch den Inhalt. Klassische Werbung würde der Tiefe der Texte nicht gerecht werden und den Inhalt in gewisser Weise relativieren. Uns ist aber wichtig, dass die persönlichen, teils fast intimen Gedanken unserer Autoren ihre Ernsthaftigkeit behalten und würdevoll präsentiert werden.«

Es passt zu Jonas, dass er Max Prosa (der übrigens mit einem großartigen Interview im myp Nr. 5 ist) und Clueso mag, den Hip-Hop-Indie-Club, in dem wir gerade sind, jedoch bald fluchtartig verlässt. Wir geleiten ihn nach draußen und philosophieren dabei noch ein bisschen über die Bedeutung von Kreativität für ein erfülltes Leben. »Ich glaube, dass, sich kreativ ausprobieren zu können, eine Grundvoraussetzung für ein glückliches Leben ist. Die Muse füttert dein Herz, treibt dich an, motiviert dich, gibt dir Sinn. Manchmal fügt sie dir auch Schmerzen zu, spielt mit dir, raubt dir die letzte Kraft und treibt dich fast in den Wahnsinn. Aber das ist wichtig, denn nur in solchen Situationen merkst du, dass dich deine Arbeit fordert und jede Faser deines Körpers und deiner Seele beansprucht. Das macht es schließlich aus.«

WAS MAN VIELLEICHT WISSEN SOLLTE:
Wer sich in einer federleichten Stunde von der Muse geküsst fühlt, der kann es mal beim myp-Magazine (www.myp-magazine.com) versuchen. Das Magazin bietet Kreativen aus verschiedenen Kunstbereichen die Möglichkeit, sich auf einer Doppelseite mit einem Bild und einem selbst verfassten Text der Öffentlichkeit zu präsentieren. Einfach eine E-Mail mit dem vollständigen Namen, Wohnort, Alter und der Tätigkeit an me@myp-magazine.com schicken.

UND WARUM MAN ES TUN SOLLTE:
Etwas aus sich selbst heraus, aus der eigenen Fantasie zu erschaffen ist eine unfassbar schöne Erfahrung – egal, ob das Ergebnis ein Papierhut oder ein Meisterwerk ist.

29. KAPITEL
ALLEIN INS UNGEWISSE AUFBRECHEN

Nur die wenigsten haben das Glück, ihr ganzes Leben lang von Freunden und Familie umgeben zu sein. Irgendwann ist jeder mal völlig allein. Sich in einem solchen Fall selbst behaupten zu können und mit der Stille fertig zu werden fällt manchen schwerer als anderen, leicht ist es aber für niemanden. Umso sinnvoller ist es, sich bereits als Teenager im Alleinsein auszuprobieren und ins Ungewisse aufzubrechen.

MARIE ÜBER EIN JAHR IN AUSTRALIEN:
Unsere Welt ist durch die Globalisierung in den letzten Jahren kleiner geworden, sogar in ihrem hintersten Eckchen findet man inzwischen einen McDonald's, man kann sich problemlos Schuhe in Mexico bestellen und das Internet ermöglicht es, selbst mit Menschen in Timbuktu zu sprechen. Trotzdem saß ich 2010 plötzlich an einem Flughafen in Australien und wusste: Jetzt kann mir meine Mama nicht mehr helfen und ich kann auch nicht mal eben so zum Chillen bei Kathi vorbeischauen.

Alles, was ich tun konnte, war, das Beste aus der Situation zu machen, und mit offenem Herzen die Fremde zu erobern. Reisen helfen nicht nur beim Aneignen einer Sprache, sie helfen einem auch zu wachsen. So wird man zum Beispiel liberaler, wenn man viel herumkommt. Man lernt so viele neue, verrückte oder langweilige Menschen und abgedrehte Kulturen kennen, dass man gar nicht mehr vorurteilsbehaftet sein kann. Ist ja auch logisch, wie soll man in der Ferne klarkommen, wenn man allen schiefe Blicke schenkt, weil sie nicht der Vorstellung einer Traumbekanntschaft entsprechen?

Außerdem kann es sein, dass der Typ aus Texas trotz seiner Vorliebe für große Autos, Rick Santorum und dicke Knarren die Schwäche für die Rolling Stones teilt. Generell sinkt die Zahl der voreiligen Schlüsse, wenn die Auslandserfahrungen zahlreicher werden. Kurz gesagt: Reisen ist die beste Erfahrung, das gefährlichste Abenteuer, die sinnvollste Übung und beschert einem wirklich wichtige Erkenntnisse.

Als ich in Australien ankam, lernte ich recht schnell die Eigenarten meiner Gastfamilie kennen. Beide Elternteile arbeiteten als Mechaniker und waren sehr gläubige Menschen. Alles an ihrem Haus war selbstgebaut und so sah es auch aus – ganz speziell individuell. Ich erfuhr schnell, dass sie einen sehr geregelten Tagesablauf hatten, der so akkurat eingehalten wurde, dass sich die Deutsche Bahn daran ein Beispiel nehmen sollte. Am Wochenende trafen sie sich mit Freunden aus der Kirche und gingen zu Konzerten oder besuchten den Rest des Clans in Townsville oder Brisbane. Bei jedem Problem wurde Gott um Hilfe gebeten, selbst wenn das Autoradio kaputtging – und das schien zu helfen, nach einem Stoßgebet dudelte sogar das Ding wieder. Meine Gasteltern waren strikt gegen berauschende Mittelchen und konnten meine Nikotinsucht nicht verstehen, genauso wenig wie Körperkunst. Für mich war das eine gewöhnungsbedürftige neue Lebenssituation.

Aber: Solche liebenswerten Menschen hatte ich bisher noch nicht getroffen. Mein Gastvater sang gern deutsche Opern, während er das Geschirr abtrocknete, und meine Gastmutter half mir immer und überall, egal, was ich angestellt hatte. Meine Gasteltern machten es mir leicht, mich in der neuen Umgebung einzuleben. Wahrscheinlich waren sie auch schuld daran, dass ich kein großes Heimweh hatte.

In Australien wurde ich aber nicht nur unabhängiger von meiner eigenen Familie, ich lernte auch, meine eigenen Wege zu gehen. So machte ich eine kleine Tour von Brisbane über Sydney und Melbourne bis nach Canberra, auf der ich die wunderschöne Landschaft des Landes bewundern konnte. Denn abgesehen von den Städten, die unseren Großstädten in nichts nachstehen, gibt es in Australien wunderschöne Natur. Das Outback, das Great Barrier Reef, die Blue Mountains und Co. machen das Land erst so richtig interessant. Es dauert knapp 45 Minuten vom Zentrum Sydneys bis raus in die frische Luft der Blue Mountains. Hier befindet sich der älteste Regenwald der Welt, in dem man erst vor Kurzem eine Nadelbaumart aus dem Zeitalter der Dinosaurier entdeckt hat. Heute sind die Blue Mountains mit ihren steilen Sandsteinhängen, in die sich Flüsse und Bäche gefressen haben, ein Kletterparadies. Und die natürlichen Wildwasserbahnen lassen das Adrenalin nur so durch den Körper schießen. Aber Vorsicht, die wilde Fahrt ist nicht ungefährlich, man kann dabei Gliedmaßen verlieren – ist eben unberührte Natur, die einen da kräftig durchschüttelt.

Ich reise aber nicht nur nach unten in den kalten Süden, sondern auch nach oben in den heißen, schwülen Norden Australiens. Mein Cousin besuchte mich kurzerhand und mietete ein Auto, in dessen Kofferraum wir ein Zelt schmissen und mit dem wir dann nach Cairns fuhren. In den zwei Wochen unserer Fahrt ernährten wir uns ausschließlich von Burgern, Eiern und Mangos. Unser Besteck war aus Plastik und unsere Teller bestanden aus Pappe. 14 Tage lang waren wir frei, konnten wir spüren, wie sich ein Backpacker-Leben anfühlt. In einem kleinen Dorf namens Mission Beach trafen wir auf fünf Bauarbeiter aus Mittelaustralien. Sie saßen in einer Bar, die ganz stark an eine Kneipe im abgelegensten Teil Bayerns erinnerte – es lief jedenfalls dieselbe Musik. Während wir zu Hause wahrscheinlich nie mit 25-jährigen Bauarbeitern herumgehangen hätten, erlebten wir hier einen sehr ausgelassenen Abend mit ihnen. Ich hatte großen Spaß und war froh, sie kennenlernen zu können – zumindest bis einer von ihnen sein Glas genau auf meinen Zeh fallen ließ. Und mein Geldbeutel von Fremden gestohlen wurde.

Während meines Australienjahres habe ich so einige Herausforderungen gemeistert – Herausforderungen, die in meiner Heimat zum Teil wohl nicht auf mich zugekommen wären. So erlebte ich einen schweren Sturm, vor dem wir mehr oder weniger flüchten mussten. Zudem musste ich mich mit einem anderen Schulsystem – und schlimmer noch – mit einer anderen Esskultur abfinden. Es war ein aufregendes Jahr und ich hab sehr viel gelernt. Zum Beispiel Englisch und wie schwer es ist, den blöden deutschen Akzent zu vertuschen – das habe ich leider bis zum Ende nicht hinbekommen, jeder konnte mich sofort als Europäerin identifizieren. Außerdem habe ich gelernt, dass sich die australische Jugendkultur von der deutschen unterscheidet, dass man aber mit beiden gleich viel Spaß haben kann, aber vor allem, dass ich nicht für immer in Australien leben möchte. Australien ist wunderschön, aber Bayern ist eben *Dahoam*.

WAS MAN VIELLEICHT WISSEN SOLLTE:
Wer sich nicht traut, auf eigene Faust aufzubrechen, der sollte sich die Angebote von Austauschorganisationen und Work-and-Travel-Veranstaltern ansehen, zum Beispiel unter www.afs.de oder www.work-and-travel.de. In verschiedenen Foren kann man sich zudem mit erfahrenen oder baldigen Work-and-Travelern austauschen.

UND WARUM MAN ES TUN SOLLTE:
Am schnellsten lernt man die Lektionen des Lebens, wenn man sich allein auf das Unbekannte einlässt.

30. KAPITEL

DAS EIGENE LEBEN IM KINO HINTER SICH LASSEN

Das Kino ist seit den Zwanzigerjahren eine eiserne Konstante im Leben von Jugendlichen. Es ist Treffpunkt, Gesprächsthema und Mittel gegen Langeweile. Und das ist kein Wunder, immerhin geben uns Filme die Möglichkeit, uns aus dem Provinznest herauszuträumen und in die weite Welt zu blicken. Auf gewisse Weise helfen sie uns auch, unseren Horizont zu erweitern. Und gleichzeitig können wir ganz in dem Traum auf der Riesenleinwand versinken. Wir versetzen uns in die Protagonisten und fühlen mit ihnen, wir können uns sogar in sie verknallen, es gibt keine Grenzen. Genau dieses Sich-fallen-lassen-Können macht das Kinoerlebnis so besonders. Es ist fast, als hätte das eigene Leben einen Filmriss, für 120 Minuten zählt allein das, was auf der Leinwand passiert.

Natürlich muss man den passenden Film auswählen, um aus dem Kinosessel fortfliegen zu können. Das Tragische ist nur, dass man sich den zumeist ausschließlich allein oder mit dem besten Freund anschauen kann. Denn irgendwie ist es doch ziemlich peinlich, den ganzen Schmerz der Protagonisten nachzuempfinden und vor der Leinwand in Tränen zu zerfließen. *Titanic* ist ein Klassiker, bei dem das für gewöhnlich passiert. Mädchen werden in diesem Oscar-prämierten Meisterwerk zu Rose, verlieben sich unsterblich in Jack, ja weinen sogar, als er mit letzter Kraft haucht: »Versprich mir, dass du weiterleben wirst. Versprich es mir!«

Man könnte jetzt sagen: Alle anderen Filme, ja all die schlechte Filme, sind wertlos und sollten verschwinden. Die

Welt braucht nur die Filme, die uns ganz intensiv fühlen lassen. Wir sagen: Das stimmt nicht ganz. Denn bei einem Film mit stumpfem Plot oder Spezialeffekten statt Handlung können wir zumindest mal wieder abschalten, uns berieseln lassen und am Ende glücklich nach Hause gehen, weil sich doch noch alle gekriegt haben und der Bösewicht zerlasert wurde.

Und das ist nicht das Einzige, wozu sich Trashfilme wirklich gut eignen. Sie eignen sich auch dazu, sein eigenes kleines Abenteuer zu erleben – und zwar in möglichst großer Runde. Denn wo, wenn nicht im Kino, hat man so ein großes Publikum, um seine Parodie des schrägen Protagonisten zum Besten zu geben, oder so viel Platz, um an seiner Popcorn-Weitwurftechnik zu feilen? Die anderen Kinobesucher, die den Film ernsthaft »genießen« wollen, sind bei einer solchen Invasion im Kinosaal zwar schlecht dran, aber wer hart im Nehmen ist, erträgt auch ihre bösen Blicke und »Pssst«-Rufe.

Lange Rede, kurzer Sinn: Wir sind uns sicher, dass man beides mal erlebt haben muss: die Party während eines Trashfilms und die eigenen Gefühle während eines wirklich überwältigenden Schauspiels. Denn nirgendwo sonst kann man das eigene Leben so leicht hinter sich lassen wie im Kino.

WAS MAN VIELLEICHT WISSEN SOLLTE:
Unsere Filmtipps:
- Zum Sich-fallen-Lassen: *Titanic 3D*. Da hat man dann auch nicht das Problem, irgendeinen potenziellen Kinobegleiter abwimmeln zu müssen, denn den will sowieso kein männliches Wesen sehen.
- Zum Aufdrehen: *Cowboys & Aliens*. Der klischeehafteste Film, der jemals gedreht wurde, mit dem sinnlosesten Geschehen, das je gesehen wurde, und den dümmsten Kommentaren, die je verfasst wurden. Das perfekte Gruppenerlebnis ist vorprogrammiert!

UND WARUM MAN ES TUN SOLLTE:
Fernsehen kann jeder, aber einen Film auf mehreren Ebenen so richtig auszukosten – ob mit Freunden oder allein –, das ist eine ganz andere Sache.

31. KAPITEL
UNTER DEM STERNENHIMMEL PHILOSOPHIEREN

Zu später Stunde, wenn der Geist so offen und weit wie das glitzernde Dunkel über uns scheint, werden wir alle zu Philosophen. Es wird gelacht, gezweifelt und gestritten – meist ein Rotweinglas in der Hand schwenkend und nach besonders wichtigen Erkenntnissen Rauch aushauchend. Im Angesicht des nachtschwarzen, sternenüberzogenen Firmaments reden wir in einer Runde von Freunden oder anregenden Gesprächspartnern über die ganz großen Fragen. Über Abgründe, Ängste, Träume von der Ergreifung der Weltherrschaft, Hoffnungen, Eroberungspläne, Überzeugungen. Über Sartres Existenzialismus, die Sex- und Schlussszene aus *Eiskalte Engel*, Osama und Obama, Jesus Christus und das Gebot »Seid lieb!«, über Drogen, Prinzipien, Demokratie, den Wert der Wahrheit und natürlich die Wahrheit der Liebe. Und das nicht kurz, logisch und effizient, sondern wunderbar ausschweifend, komplex, manchmal schwafelnd und oft unterhaltsam sinnlos! Stundenlang rasen wir durch verworrene Dialoge – denn so viel Zeit werden wir nie wieder haben.

WAS MAN VIELLEICHT WISSEN SOLLTE:
Man braucht: Nur ein bequemes Plätzchen mit Blick auf den Sternenhimmel. Wer will, kann außerdem für Kerzenschein und schweren Rotwein sorgen. In manchen Fällen ist auch ein Kräuterbaguette zu empfehlen.

Philosophen zum Drüber-Philosophieren:
- Martha Nussbaum
- Albert Camus
- Robert Spaemann
- Hans Jonas
- Simone de Beauvoir

UND WARUM MAN ES TUN SOLLTE:
Man kann die wildesten Fantasien austauschen und verrücktesten Theorien erfinden – und auf einmal die gesamte Welt verstehen.

32. KAPITEL
EINE EINMAL-UND-NIE-WIEDER-HAUSPARTY FEIERN

Oft sind es nicht die Kneipentouren und Clubnächte, die sich für immer und ewig einen Ehrenplatz in unserer Erinnerung sichern. Die Augenblicke, welche uns für den Rest unseres Lebens begleiten, erleben wir zumeist auf Hauspartys. Und die lassen sich in zwei Sorten unterteilen: das gemütliche, intime Freundeskreisbesäufnis, samt Pizza und DVDs (> Punkt 1: Eine Pyjamaparty feiern), und das herrlich anarchistische Großevent, auch Einmal-und-nie-wieder-Hausparty genannt.

Aus gutem Grund ist die Einmal-und-nie-wieder-Hausparty meistens ein einmaliges Fest. In fast allen Fällen illegal veranstaltet (»Deine Eltern sind auf einem Tennisturnier ...«), läuft sie so gut wie immer aus dem Ruder. Am allermeisten genießt man deshalb auch die Hauspartys, die man nur als Gast besucht. Auf denen kann man nämlich fröhlich beobachten, wie sich das Geschehen auf das immer gleiche Unheil für das Mobiliar zubewegt.

KATHARINA ÜBER EINMALIGE FEIERN, DIE SICH WIEDERHOLEN:
Ich gehöre zu den wenigen Menschen, die auch aus gestohlenen Kloschüsseln oder bis zur Unkenntlichkeit entstellten Teppichen nichts lernen. Ich bin eine Wiederholungstäterin. Denn ich liebe das Chaos und wenn sich alles darin verliert, bekomme ich eine Ahnung davon, wie das Paradies aussieht ...

Der Tag, bevor meine Eltern mir Hauspartys endgültig verbieten, ist der Tag meiner »Weihnachtshausparty«. Ich und ein paar Freunde dekorieren das gesamte Obergeschoss mit Lametta, Nippes und Postern. Der Aufwand, den wir betreiben, ist enorm. Alle haben Plätzchen und kleine Geschenke mitgebracht. Ich selbst habe knapp fünfzig kleine Päckchen gepackt, meist befinden sich Plüschhandschellen darin, Kamasutrawürfel und andere Kuriositäten, die sich im Ein-Euro-Laden finden lassen.

Und dann ist es so weit. Übermäßig in Schale geworfen, warte ich auf die ersten Gäste. Alle sollen kostümiert kommen.

Ich gehe als Stern, mit funkelndem Discokugel-Haarreif und Spitzenstrapsen, die unter dem teuren Glitzersternkleid hervorschauen. Wer denkt, das sei schon gewagt, der hat die Outfits meiner Gäste nicht gesehen: Sexy Weihnachtsfrauen, Zimtsterne und Zuckerstangen zum Anbeißen und ein halb nacktes Rentier, bauchfrei und in halterlosen Strümpfen, finden sich nach und nach im Haus meiner Eltern ein. Die Jungs tragen zu meinem Bedauern etwas mehr. Es herrscht Friede und Freude. Es ist zwar schon eng, aber noch sind keine Katastrophen zu verzeichnen.

Und dann steht plötzlich eine Handvoll Gäste vor der Tür, die zwar halbwegs bekannt, aber nicht erwünscht sind. Anfangs habe ich echtes Mitleid, deshalb bin ich zunächst sehr nett und will sie füttern und integrieren. Doch dann fangen die Ungebetenen an, verrückt zu spielen. Hauspartyrisiko. Während ich hektisch versuche, das Übel abzuwenden, bricht an allen Ecken die Hölle los. Auf einmal pissen mehrere Leute von unserem Balkon, irgendjemand plündert die Geschenkkörbe unter dem Christbaum und ein paar Freunde kommen auf die Idee, in meinem Zimmer eine Kuchenschlacht zu veranstalten.

Nachdem wir die ursprünglichen Unruhestifter aus dem Haus gescheucht haben, ist alles egal. Ich gebe es auf, die Feierlichkeiten kontrollieren zu wollen. Jetzt sind nur noch Freunde da. Und denen erlaube ich es, meine DVD-Sammlung durcheinanderzubringen, das Bett zu versauen und mit Essen um sich zu schmeißen. Im Bad stapeln sich die leeren Flaschen, doch daran denke ich gar nicht. Das große Aufräumen hat Zeit bis zum nächsten Tag.

Ein paar Szenen aus dieser Nacht: ein dicker Mexikaner, der die Goldfische im Gartenteich mit einem Bauchklatscher zu Tode erschreckt, ein Bombardement aus Pappbällen, geformt aus Daddys Tageszeitungen, die kollektive Plünderung des Kühlschranks mit anschließender Kochorgie, bis alles qualmt, ein Irrer mit Gitarre unter dem aufgedrehten Duschhahn, dicht gedrängt an vier weitere Irre, die *Style & das Geld* brüllen, und ein Typ, der mit dem Kopf in einer geschrotteten Schlagzeugtrommel schläft.

Bei Hauspartys kommt es immer anders, als man denkt – das sollte einem klar sein, bevor man eine veranstaltet. Denn sonst kann es ganz schön unangenehm werden, wenn man nach Monaten jemanden wiedertrifft, der einen um Vergebung bittet: »Hey, ich war wenigstens einer von denen, die *nicht* ins Wohnzimmer gepisst haben!«

WAS MAN VIELLEICHT WISSEN SOLLTE:
Die wichtigsten Grundregeln für eine Einmal-und-nie-wieder-Hausparty:
- Wer nicht will, dass die Bude nach Rauch stinkt, sollte nur im Sommer feiern. Denn egal, wie streng man auch ist, irgendwann schleppen sich die Leute nicht mehr in die Kälte raus, um dort zu rauchen.
- Es wird Stress mit den Eltern geben. Das ist ein Naturgesetz. Also irgendwie wappnen!
- Keine öffentlichen Netzwerke nutzen, um die Party anzukündigen. Wir haben auf diesem Weg mal 200 Leute zu einer Klassenparty eingeladen – 400 sind zu der Party mitten im Wohngebiet gekommen. Das erfreute uns zwar, die Anwohner schockierte es jedoch.

UND WARUM MAN ES TUN SOLLTE:
Die Zerstörung des eigenen Hauses und den darauffolgenden jahrelangen Hausarrest würde man wahrscheinlich lieber umgehen, aber es ist unmöglich, auf dieses fulminante Fest zu verzichten.

33. KAPITEL
MÄUSE AUS DEM BAUMARKT BEFREIEN

Jährlich werden unzählige Mäuse von brutalen Schlangenbesitzern beziehungsweise deren listigen Lieblingen kaltblütig ermordet. Die armen Tierchen werden noch lebendig in das Terrarium geworfen, einem armen Verurteilten im alten Rom gleich, der den Löwen zum Fraß vorgeworfen wird.

Weiß man um dieses Schicksal und blickt, während man an den Schaukästen im Baumarkt oder in der Zoohandlung vorbeispaziert, nur einmal in die kleinen roten, vor Lebensfreude sprühenden Äuglein oder sieht zu, wie die Tierchen verzweifelt aus der Gefangenschaft ausbrechen wollen, fühlt man sich augenblicklich schuldig. Man will sofort alle Nager befreien und ihnen ein neues Zuhause oder zumindest eine Chance auf Freiheit geben.

Denn Bernhard und Bianca, Feivel und all die anderen gehören ebenso zu Gottes wundersamer Schöpfung wie der Mensch. Wenn sie in freier Wildbahn den Kürzeren ziehen, ist das eine Sache. Werden sie aber in Glaskäfigen aufgezogen und für knappe zwei Euro an einen potenziellen Tierquäler verkauft, dann ist das nicht gerecht. (Wir kennen Leute, die sich nur Hamster, Ratten oder Mäuse aus dem Baumarkt geholt haben, um zu beobachten, wie lange sie überleben, wenn man sie ins Kühlregal setzt oder in eine Vase wirft.)

Natürlich haben wir, als wir im Baumarkt stehen, nicht die Eier, wie geplant alle Käfige aufzureißen oder umzustoßen. Stattdessen retten wir zwei der liebenswerten Nager auf ganz legalem Wege: Wir kaufen sie. Und nennen sie Kathy und Mary und kraulen sie ausgiebig hinter den Öhrchen. Zumindest haben wir damit zwei Mäuschen ein besseres Leben geschenkt.

WAS MAN VIELLEICHT WISSEN SOLLTE:
Mäuse sind nicht so recht als Haustiere geeignet. Mit ihnen zu kuscheln oder ihnen das Apportieren beizubringen ist nahezu unmöglich.

UND WARUM MAN ES TUN SOLLTE:
Dass man Leben für zwei Euro im Baumarkt kaufen kann, ist äußerst bedenklich. Man sollte zumindest versuchen, etwas dagegen zu tun.

34. KAPITEL
DIE FASHION WEEK BESUCHEN

Die Fashion Week ist eine Woche voller überbewerteter, oberflächlicher Reiche-Leute-nehmen-Koks-Events, die von dämlichen Models in eigenartigen Kreationen und mediengeilen Pseudo-Hipstern bevölkert werden – so lauteten die Vorurteile, die unsere Freunde über die zweimal im Jahr stattfindende Modewoche hatten. Wir, die armen Irren von Dienst, dachten aber: Da müssen wir hin – schließlich haben wir bisher noch kein Abenteuer gescheut und wollen auch nicht damit anfangen! Es muss doch auch möglich sein, ohne Modelmaße, Haute Couture am Körper und High-Society-Freundeskreis Spaß auf der Fashion Week zu haben!

KATHARINA ÜBER DIE MODEWOCHE IN BERLIN:

Mit Quirin und Dani, zwei Freunden, reisen wir zu Beginn der Fashion Week nach Berlin. Anstatt »fashionable« auszusehen, kleiden wir uns möglichst lustig, mit Tiermasken und Lackpolizeimütze – wir haben keine andere Chance. Immerhin sind wir keine Models und auch nicht berühmt. Nicht jedem gefällt unser Aufzug. Auf dem Weg zu einem Showroom (Designer stellen dort ihre Kollektion in einem möglichst neutralen Raum aus. Oft dabei: Gratissekt!) blickt uns der Mann auf dem U-Bahn-Sitz neben uns entnervt an und nuschelt in sein Telefon: »Ick komm nich so schnell durch, is ja grad wieder Fashion Week hier, wa. Die janzen Idioten rennen wieder hin wie verrückt!« – »Jetzt sind wir also Fashion-Week-Idioten, yeah!«, freut sich Quirin, als hätte er im Lotto gewonnen.

Bei der ersten Veranstaltung angekommen, stellen wir fest, dass die Leute hinter dem Modemythos gar nicht so abgehoben sind, wie wir gedacht haben. Im Gegenteil, die meisten sind umgänglich und bodenständig. Klar, man redet nicht jeden Tag mit erwachsenen Menschen, die mit leuchtenden Augen von Comicmustern auf Cocktailkleidern schwärmen, aber wir finden sie irgendwie sympathisch. Besser als ständig »Und wie läuft's in der Schule?« gefragt zu werden. Besonders ans Herz wächst uns die Designerin Antje Pugnat. In ihrem Ausstellungsraum präsentiert sie ein Strickuniversum, das uns auf Anhieb begeistert. Mit klugen Worten beschreibt sie die Liebe und die Arbeit, die in einer solchen Kollektion stecken. Nachdem sie für Wolfgang Joops Label Wunderkind einen Mantel designt hat, ist die Popularität von Pugnat schnell gewachsen. Ihre Entwürfe sind aber auch traumhaft. »Sophisticated knitwear« nennt sich im Fachjargon, was wir als weiblich-opulent und doch klassisch-federleicht beschreiben würden.

Nach unserer Begegnung mit Antje Pugnat schauen wir bei einem Bloggertreffen vorbei. Unsere Gruppe verliert sich unterdessen und plötzlich finde ich mich mit Quirin in der Nähe des Potsdamer Platzes wieder. Dort will ich meinen Freund Alvan, ein männliches Model, besuchen. Der arbeitet gerade noch auf der Party der Fetisch-und-Lifestyle-Marke SchwarzerReiter. Weil wir ohnehin überzeugt sind, dass wir nicht durch den Einlass kommen, weil wir keine Luxusdildokäufer oder heiße Models sind, versuchen wir es gar nicht erst. Stattdessen warten wir vor der Tür auf Alvan. Aber nicht lange. Es dauert nur etwa zehn Sekunden, bis uns ein Wunder widerfährt: Ein modelmäßiger Typ hält uns zwei schwarze Masken (Eintrittskarten) unter die Nase. »Wie viel?«, will ich wissen. Der Typ lacht nur und drückt mir die Masken in die Hand. »Ihr wollt doch eh rein!?«, sagt er und deutet auf meine Lackpolizeimütze vom letzten Kinderfasching.

Aufgeregt strahlen wir durch das Labyrinth des Clubs, der sich Cookies nennt. Quirin ist glücklich und gibt sich der Musik hin. Ich bin zuerst etwas deprimiert, weil alle Mädels hier aus der *Vogue* stammen könnten und ich neben ihnen wie ein Gartengnom wirke. Aber als ich erfahre, dass auf dieser Party alle, wirklich alle Drinks umsonst sind, hebt sich meine Stimmung wieder. Und plötzlich taucht Alvan in der Menge auf. »Die Drinks interessieren die hier eh nicht«, lacht er und zeigt auf die vornehme Gesellschaft, die uns umgibt. »Die koksen alle nur!« Unsere Vorurteile bestätigen sich nun also doch. Ich muss an den T-Shirt-Spruch denken: »Kokain ist Gottes Weg, dir zu sagen, dass du zu viel Geld hast.«

Je weiter die Nacht fortschreitet, desto mehr wird mir klar, dass doch nicht alle anwesenden Frauen überirdisch gut aussehen. Die meisten sind relativ normal. Der Eindruck, ausschließlich unter Elfen zu sein, entsteht nur, weil die Models 15-Zentimeter-Absätze tragen und himmelhoch auftoupierte Haare haben. Als mich dann auch noch ein paar schnuckelige Endzwanziger anflirten, ist mein Selbstvertrauen wiederhergestellt. Ich flüchte allerdings schnell vor ihnen – man weiß ja nie, wer von denen hier wirklich auf Bondage steht. Quirin und ich spacken lieber zum krassen Sound ab und beobachten einen kleinwüchsigen Tanzteufel neben uns, der wie ein Hobbit auf Acid abgeht.

Plötzlich versucht eine niedliche Polin, über den Lärm hinweg mit mir zu kommunizieren. Ihr Englisch ist sehr gebrochen, deshalb glaube ich lange Zeit nicht, dass sie wirklich das meint, was sie mir gerade ins Ohr schreit. Als sie jedoch nach zehn Minuten immer noch die Worte »hotel«, »boyfriend« und »gang bang« aneinanderstrickt, wird mir klar, dass ich aus dieser Sache raus muss. Sie hat mir gerade tatsächlich einen Dreier mit ihrem hünenhaften Schrankfreund vorgeschlagen. Und dazu dieses unschuldige Grinsen. Ich überlege mir eine möglichst nette Strategie, um dem zu entgehen. Quirin chillt nur wenige Meter entfernt auf einem Sessel. Wenn ich jetzt behaupten würde, dass er mein fester Freund wäre, dann käme wahrscheinlich nur die Aufforderung, ihn mitzubringen. Also rufe ich nur kurz und schmerzlos: »Sorry, I only like girls!«, und verschwinde dann eilig in der Menschenmasse. Ist eh schon viel zu spät. Wir gehen schlafen.

Der nächste Termin erwartet Marie und mich am nächsten Morgen, wir machen mal wieder Fotos mit Anouk Jans, unserer Lieblingsbildkünstlerin aus Hamburg. »Für mich ist die Fashion Week in Berlin eine Veranstaltung, auf der alle zusammenkommen. Die Kreativen, die Modeverliebten und die Menschen auf der Suche nach Ästhetik in all ihren Formen. Ich bin immer mittendrin, um alles mit der Kamera einzufangen und später davon auf meinem Blog zu berichten!« Anouk ist eine alte Seele in einem jungen Körper und von ihrer Professionalität können wir uns alle eine Scheibe abschneiden. Beim Shooting ist sie nämlich topfit und überhaupt nicht verkatert. Ich dagegen muss erst einmal stark geschminkt werden, um wieder halbwegs menschlich auszusehen.

Am Tag darauf – wir sind endlich mal wieder ausgeschlafen – treffen wir die Designerinnen Hanna Janzen und Inga Stichling. Von Berlin bis München sind die beiden 20-Jährigen mittlerweile als Mitverbreiter des Jutebeuteltrends bekannt. Fast jeder hat schon mal eine Tasche aus ihrem Shop gesehen. Die populärsten Sprüche sind wahrscheinlich: »George, Gina und deine Mudder«, »NY hates you«, »My other bag is Chanel«, »Lieber doof als Jürgen heißen«, »Deine Rede – kurzer Sinn« und »Schwerkraft? Nein danke!«. In ihrer gemeinsamen WG am Kotti dürfen wir uns ausbreiten und den Abend mit ein paar Fragen zu ihrem Projekt beginnen. Spannenderweise war es auch bei den beiden Hannoveranerinnen der Ausbruchsgedanke, der sie antrieb. Wenn man wie Marie und ich aus einem bescheidenen Kleinstädtchen in der bayrischen Provinz kommt, klingt Hannover ja erst einmal nach Big City Life. Aber von wegen. »Die Menschen auf unserer Schule waren total beschränkt. Da war man ein Alien, wenn man fliederfarbene Haare hatte!«, erzählt Inga und fährt sich über den momentan türkisblauen Schopf. »Wir wollten die ganze Zeit nur weg.« Für die beiden war, anders als für viele andere, der Umzug nach Berlin deshalb auch kein Aufbruch ins Ungewisse, sondern eher ein lang erwartetes Ankommen. »Wir kannten hier schon total viele Leute, die über die Jahre zu engen Freunden geworden sind. Und die meinten schon immer: Wann kommt ihr endlich her? Packt eure Koffer. Wir können's kaum erwarten!«

Die Geschichte, wie die Jutebeutel mit den amüsanten Aufdrucken entstanden sind, ist schnell erzählt: Hanna ließ in ausgelassener Stimmung den Spruch »George, Gina und deine Mudder« los, um sich über die Schickimicki-Taschen des Labels George, Gina und Lucy lustig zu machen. Da die beiden jungen Frauen seit jeher selbst an ihren Klamotten herumbastelten, dauerte es nicht lange, bis auch Hannas Spruch auf einem ihrer Accessoires landete, in diesem Fall auf einem schlichten Jutebeutel. Als Inga damit in einem Designer-Outlet in Berlin unterwegs war, entdeckte sie ein Händler des High-Fashion-Stores F95. Er bestellte die ersten Stücke, die von den beiden jungen Frauen mit Filzstift und in Handarbeit hergestellt wurden. Mittlerweile haben Inga und Hanna eine Firma gegründet und ihren Blog *wemakethecake.com* besuchen täglich Hunderte Mode- und Lifestyle-Begeisterte. Im Winter 2011/12 hatten sie zudem zum ersten Mal einen Stand auf der renommierten Modemesse Bread & Butter.

Wer jetzt denkt, die beiden seien abgehobene Modeextremistinnen, die nur ein Thema kennen, der liegt falsch. Inga, deren eigentliche Leidenschaft die Musik ist, studiert Russisch und kann richtig schön berlinern. Hanna, der unermüdliche kreative Motor, findet immer wieder Antrieb im Nachtleben und stellt sich öfter mal mit Blumenbeet im Haar in die Schlange vor dem Berghain. Es ist schwer, die beiden nicht sympathisch zu finden. Wir können uns nur schwer von ihnen trennen.

Doch wir müssen noch weiter und ein paar Ausstellungen abklappern. Und das Model Nicolai Lübbers über seine Arbeit auf der Fashion Week ausfragen. Gegen Mitternacht kommt er mit frischem Kussmund auf der Wange von einem Shooting. Wir erfahren, dass die Berliner Fashion Week für Männer nicht besonders ergiebig ist, trotzdem hat er den größtmöglichen Job abgesahnt: Er wird für Michael Michalsky laufen. Der Name des Berliner Designers steht für das exklusivste Event der Fashion Week. Die StyleNite versammelt geladenes Fachpublikum, um ihm unter einem speziellen Thema – diesmal lautet es »Lust« – die neue Michalsky-Kollektion zu präsentieren. Eingebettet wird die Show in ein aufregendes Unterhaltungsprogramm aus Konzerten, Kunst und Glamour. »Es ist eine Ehre, für Michalsky zu laufen«, erzählt uns Nicolai. Was ihn an seinem momentanen Beruf so fasziniert, beschreibt er folgendermaßen: »Beim Modeln bin ich komplett ich selbst. Klar ist man manchmal aufgeregt und macht sich vorher Sorgen, ob man die Choreografie hinbekommt. Aber wenn man dann erst einmal auf dem Laufsteg ist, sind alle Probleme wie weggeblasen und ich lebe einfach.«

Nicolai ist seit knapp zwei Jahren im Geschäft, war für diverse Aufträge sogar schon in der Modemetropole New York unterwegs. Im Modeln sieht er seinen Beruf für die nächsten Jahre oder sogar Jahrzehnte. Dass er nur über seine Oberfläche definiert wird, ist ihm bewusst. Den Körper gut zu behandeln nimmt einen ganz anderen Stellenwert ein, wenn Sixpack und porentief reine Haut zu den Hauptqualifikationen gehören. Nix da mit Sex, Drugs and Rock 'n' Roll! »Ich bin ruhiger geworden«, erzählt er uns. »Wenn man auf viele Partys gehen muss, einfach um präsent zu sein und Kontakte zu schließen, dann verliert das Feiern in Berlin an Faszination!«

Nachdem wir ihn lange genug von seinem wohlverdienten Schönheitsschlaf abgehalten haben, verabschieden wir sexy Nico und stürzen uns gegen 2 Uhr nachts in unser letztes Fashion-Week-Abenteuer. Hanna Janzen hat uns eine Party in der Malzfabrik empfohlen. Diese erfüllt unsere Erwartungen.

Am nächsten Tag lesen wir auf Hannas und Ingas Blog: »Nach kurzer DJ Pause folgte das letzte High Light des Abends: dOp live. Habe ich zwar schon oft erlebt, aber gestern war es – sagen wir – noch intensiver als sonst. Es ging heiß her. So viel darf man wohl verraten. Denn dass der wodkatrinkende ›Jaw‹ aka Jonathan ein Blondinenaufreißer ist, wissen mittlerweile wohl alle.« Tja, Blondie-Marie und ich haben das bis gestern Nacht noch nicht gewusst … (> Punkt 54: Groupie sein).

WAS MAN VIELLEICHT WISSEN SOLLTE:
Vorher auschecken, welche Events öffentlich zugänglich sind. Da gibt's eine ganze Menge. Und keine Sorgen wegen des eigenen Aussehens machen. Uns hat auch niemand rausgeschmissen.

UND WARUM MAN ES TUN SOLLTE:
Nirgendwo sonst kann man sich so leicht von Glamour und Schönheit verführen lassen.

35. KAPITEL

EIN PAAR BEIM SEX ERWISCHEN

Irgendwann geschieht es einfach. Unfreiwillig überrascht man Eltern, Geschwister oder andere enge Verwandte beim Bienchen-und-Blümchen-Spiel. Oder man ignoriert auf einer Hausparty den Cowboyhut an der Türklinke oder das »Bitte nicht stören!«-Schild und landet dadurch unverhofft in einem Liebesnest. Es gibt auch Fälle, in denen man einfach unschuldig träumend vor sich hin schlendert und plötzlich ist da dieses Stöhnen.

Vor allem Hotels und Hostels sind ein Mekka für Gelegenheitsvoyeure. Ein kurzer Blick durch das Balkonfenster ins gegenüberliegende Zimmer reicht aus und schon verfolgt man für den Rest des Abends mit offenem Mund und geweiteten Äuglein das Real-Life-Erwachsenenprogramm. Das kann lustig, schockierend, lehrreich oder einfach nur extrem seltsam sein. Diskret wegschauen, wie es sich eigentlich gehört, ist aber nichts für Jugendliche. Wer die Vorhänge nicht zuzieht oder ein allzu öffentliches Plätzchen für die Stunden zu zweit (oder dritt) wählt, der muss damit rechnen, von kichernden Teenagern bespannt zu werden.

Man könnte jetzt fragen, warum man ausgerechnet das mal erlebt haben sollte. Die Antwort ist: Es ist die Exklusivität des Gesehenen, der Reiz des Verbotenen, den wir erleben, wenn wir andere beim Austausch von Intimitäten beobachten. Nur deshalb sind wir an solchen Dingen interessiert. Weil sie unseren Augen normalerweise verborgen bleiben. Und egal, was andere sagen: Spannen macht Spaß, ganz gleich, ob da gerade ein Ekelfilm oder eine Romanze läuft.

WAS MAN VIELLEICHT WISSEN SOLLTE:
In der Nähe von Toiletten, Besenkammern und Abstellräumen herumtreiben, auf Hauspartys einfach nur die Schlafzimmer aufsuchen. Auch wer in Thermen oder anderen Badeanstalten mal untertaucht, kann Pikantes entdecken. Oder an einem heißen Sommertag bei Dämmerung sämtliche Gebüsche am Strand oder Seeufer absuchen.

UND WARUM MAN ES TUN SOLLTE:
Junge Forscher können sich zumeist rausreden, wenn sie erwischt werden, wie sie zwei Menschentiere in freier Wildbahn bei der Fortpflanzung beobachten. Erwachsene werden dagegen gleich als Spanner beschimpft – und womöglich angezeigt.

36. KAPITEL

DIE FREIHEIT AUF DEM CHRISTOPHER STREET DAY FEIERN

1969 wurde die New Yorker Christopher Street zum Schauplatz eines großen Aufstandes von Homosexuellen. In Gedenken an dieses Ereignis werden Veranstaltungen, auf denen Schwule, Lesben, Transsexuelle und Bisexuelle friedlich gegen ihre Diskriminierung demonstrieren und sich ihrer bereits erkämpften Rechte erfreuen, heute Christopher Street Day genannt.

Ganz gleich, wo der CSD stattfindet, er ist zumeist eine große bunte Party, die nicht nur Spaß verspricht, sondern auch anregende Diskussionen. Jeder sollte mal dabei sein, wenn für die Rechte unserer homo-/bi-/transsexuellen Freunde gekämpft wird. Und sich nebenbei am Anblick der Akteure ergötzen. Es ist, als wäre man Teil von etwas Wichtigem, als stecke man mitten in der 68er-Bewegung.

MARIE ÜBER DEN CSD IN HAMBURG: Brav zum Techno-Beat wippend sehen wir uns die Szenerie am Jungfernstieg an: lila-schwarz besprayte VW-Busse, Monstertrucks, Studenten, die Flyer der Piraten-Partei verteilen, ältere Semester vom Bündnis 90/Die Grünen, die uns freudig »Gut zu vögeln«-Sticker ankleben, feiernde halb nackte Männer mit Flügeln oder in Neon-Unterwäsche, Glitzer und Fell und überall grell geschminkte Erscheinungen.

Als wir entdecken, wie ein Wagen hinter einem Zaun verschwindet, nimmt Kathi mich an der Hand. Hinter der Absperrung erhebt sich ein drei Meter hoher Turm, auf dessen Spitze ein DJ thront, neben ihm schwingt ein unverkennbar alkoholisierter Tänzer die Hüften. Kathi zerrt mich mit sich, sie will sich in der abgesperrten Straße genauer umsehen. Aber ich will hierbleiben. Mein Blick wandert erneut zum Turm, während mein Körper zur Musik zuckt. Der DJ beginnt, mir zuzuwinken und Kussmünder zuzuwerfen. Ich bin hin und weg. »Der DJ hat uns zugezwinkert«, schreie ich aufgeregt, was niemanden, nicht mal Kathi, interessiert. Die ist nämlich plötzlich verschwunden.

Ich suche sie am Alsterufer, hoffe, dass sie sich dort mit einem heißen Typen über Alain Delon unterhält. Doch es kommt besser: Kathi gleitet gerade ins Wasser. An ihrer Seite ein Typ, der sich Prinzessin Markus nennt und eine Hochsteckfrisur hat, die, wenn sie blau wäre, der von Marge Simpson verdächtig ähnlich sehen würde. Kathis Blick hat sich verändert, sie sieht nicht mehr müde und geschafft aus, als ob sie die letzten beiden Tage nicht geschlafen hätte. Jetzt hat sie Tatendrang in den Augen, er springt mir förmlich ins Gesicht. Der Dreck, die Zigarettenstummel und das ungesund aussehende schlammgrüne Wasser umgeben sie und ihren Begleiter wie ein alter, hässlicher Rahmen ein funkelndes Bild.

Ich schreie: »Wooohooo, schwimmt Mädels, schwimmt!«, und sie drehen sich um und kämpfen sich Zug für Zug durch die Brühe. Ich beobachte, wie sich am gegenüberliegenden Ufer eine Menschentraube bildet, die beide dann mit Hilfe eines leicht verärgerten Polizisten aus dem dreckigen Wasser hievt. Das schwule Pärchen neben mir stellt mir Anja vor und fragt gefühlte fünfzigmal, ob ich mit Kathi zusammen bin. Ich verneine und beteuere, ich sei – leider Gottes – hetero, was sie zum Stöhnen und Grübeln bringt.

Als Kathi nach einer Dreiviertelstunde klitschnass wieder auftaucht, sieht sie leicht gehetzt aus. Sie schwört mir, dass sie noch nie zuvor so viele Dates wie in der letzten halben Stunde hätte klarmachen können. Leider nur mit Frauen, zu schade.

Wir feiern weiter, landen irgendwann mit anderen CSD-Besuchern im Bahnhof, wo sich Kathi und eine weitere männliche Bekanntschaft im Douglas nachschminken. Irgendwann verliert sich unsere Erinnerung, aber nicht das, worum es uns an diesem Tag ging: Born Gay Follow the Ray – Born Straight Refuse to Hate!

WAS MAN VIELLEICHT WISSEN SOLLTE:
Mit möglichst vielen schwulen Singles anfreunden oder die eigene Handynummer einem/einer Homosexuellen zustecken. Die wissen nämlich seltsamerweise immer, wo die beste Party läuft. Warum das so ist? Wir sind uns ganz sicher: Gott liebt Homosexuelle einfach!

UND WARUM MAN ES TUN SOLLTE:
Liebe zeigen, tolerant sein, für die Rechte anderer kämpfen – und dabei Spaß haben. Der CSD ist einfach das Ereignis des Jahres.

37. KAPITEL

AUF EINEN BAUM KLETTERN UND DORT BLEIBEN

Wenn einen mal wieder der Zweifel am Sinn des Lebens überkommt, einem klar wird, dass wir alle in einer Scheinwelt leben, und einen das eigene Unvermögen, diese Welt zu verändern, ein weiteres Mal fast zu Tode erschreckt, dann ist es Zeit, sich auf einen Baum zu setzen. So wie es Pierre Anthon aus Janne Tellers Jugendroman *Nichts* tut: »Pierre Anthon verließ an dem Tag die Schule, als er herausfand, dass nichts etwas bedeutete und es sich deshalb nicht lohnte, irgendwas zu tun.«

Gnadenlos und fesselnd erzählt der Roman von Nihilismus und davon, wozu er führen kann. Pierre Anthon führt seinen Mitschülern durch seine totale Verweigerung die Sinnlosigkeit ihres Bestrebens vor, »etwas« oder »jemand« zu werden. Sie versuchen natürlich, ihm zu beweisen, dass es etwas gibt, für das es sich zu leben lohnt, und sammeln deshalb alles, was für sie Bedeutung hat. Jeder muss abgeben, was ihm am liebsten ist. Ole seine Boxhandschuhe, Hans sein Rennrad, Hussein den Gebetsteppich. Doch was harmlos beginnt, eskaliert bald. Auf einmal soll der Gitarre spielende Johann seinen Zeigefinger opfern und Sophie ihre Unschuld. Und Pierre Anthon sieht von seinem Baum auf den »Berg der Bedeutung« herab und lacht.

Doch in eine Blätterkrone zu klettern kann auch etwas anderes heißen, als sich von der Welt abzuwenden. Im Gegenteil, in der Höhe kann man wunderbar nachdenken, was einem die Welt wirklich bedeutet. Was hat wirklich Wert für einen?

Auch aus den meisten von uns soll mal jemand werden, wir wollen Geld und Luxus, wir wollen zur Oberschicht gehören, die wir gleich mit einem perfekten, sorglosen Leben assoziieren. Aber ist sorglos gleich perfekt? Wollen wir nicht einfach nur leben, extrem lieben und leiden? Uns immer weiterentwickeln und nie stehen bleiben? Das hat nichts mit teuren Kleidern und erstklassiger Wohnungseinrichtung zu tun und auch nichts mit Geld. Erst, wenn man alles verloren hat, hat man die Freiheit, alles zu tun, kann sich selbst entdecken und die Welt, wie sie wirklich ist. Aber wer hat schon den Mut, alles Materielle abzuwerfen?

Und auf diesem Baum, von dem man gerade seine Beine baumeln lässt, wird einem vielleicht auch klar, dass Pierre Anton recht hat, wenn er sagt: »Alles fängt nur an, um aufzuhören.« Die Schulden und das Geld, um das sich alles dreht, sind nichts, der neue iPod ist nichts, ebenso wie der neue Teeniestar nichts ist. Stattdessen ist von Bedeutung, was man nicht anfassen kann: Freiheit, die Freude, Selbstlosigkeit, Liebe. Und was von Bedeutung ist, kann man nicht bekämpfen oder erzwingen. Man muss es sich verdienen. Und darüber denkt ihr jetzt schön von einer Baumkrone aus nach!

WAS MAN VIELLEICHT WISSEN SOLLTE:
Aus eigener Erfahrung empfehlen wir, ein Handy mit auf den Baum zu nehmen. Sehr hilfreich, falls man allein nicht mehr herunterkommt.

UND WARUM MAN ES TUN SOLLTE:
Nur hoch oben in der Baumkrone kann man seine Gedanken bis zu den Wolken schweifen lassen.

38. KAPITEL

SICH RAUSSCHLEICHEN

Eingänge zu benutzen ist etwas vollkommen Gewöhnliches. Eigentlich sogar etwas unglaublich Langweiliges. Jeden Tag ziehen wir uns unsere Schuhe an, zerren die Jacke vom Haken und schlurfen aus der Tür, die wir meist geräuschvoll hinter uns ins Schloss fallen lassen. Das ist alltäglich und kaum erinnerungswürdig. Ganz anders fühlt sich ein Abgang allerdings an, wenn man ihn heimlich machen will. Und zwar weil einer geilen Partynacht oder einem Rendezvous das Ausgangsverbot der Eltern im Weg steht. Es gibt drei Varianten des Sich-möglichst-unauffällig-aus-dem-Staub-Machens:

1. Wer seine Räumlichkeiten im Erdgeschoss hat, kann von der einfachsten Variante Gebrauch machen und durch ein Fenster nach draußen huschen.

2. Schwieriger gestaltet sich die Flucht durch den Haupteingang. Schon bei der Kleiderwahl muss darauf geachtet werden, nichts Klirrendes oder Schepperndes anzuziehen – Ketten und Pailletten machen viel zu viel Krach. Das Handy sollte einem den Weg über knarrende Treppen und verrutschende Teppiche leuchten und dabei helfen, sich möglichst unbemerkt bis zum Flur vorzuarbeiten. Dort können vorsichtig die Jacke vom Haken genommen und die Schuhe unter den Arm geklemmt werden. Die größte Hürde kommt zum Schluss: die Haustür, die oft quietscht und auf deren Geräusche Eltern förmlich zu lauschen scheinen. Nun hat man den kritischen Punkt erreicht, ab jetzt kann man sich, wenn man erwischt wird, nicht mehr damit rausreden, nur mal eben schnell was aus der Küche holen zu wollen. Also in Zeitlupe die Klinke herunterdrücken, die Tür zu sich heranziehen, hinausschleichen. Die Tür mit immer noch gedrückter Klinke sanft in den Türrahmen zurückpressen. Die Klinke langsam loslassen, ein Stück wegrennen und schließlich Jacke und Schuhe anziehen.

3. Die Königsdisziplin ist der Fluchtversuch über den Außenbereich im ersten (oder gar zweiten) Stock. Ob Blitzableiter, Blumengitter, Balkongeländer oder eine zuvor bereitgestellte Leiter – irgendwas muss vorhanden sein, um sich daran herunterzuhangeln. Die Höhe gibt einem einen zusätzlichen Kick – heroisch, wie man da sein Leben für die Freiheit riskiert!

WAS MAN VIELLEICHT WISSEN SOLLTE:
Sich erst rausschleichen und dann mit dem Taxi (falls keine Busse mehr fahren) zur Party – teuer, aber lohnenswert!

UND WARUM MAN ES TUN SOLLTE:
Wenn dir Mami und Papi mal wieder den Ausgang ins lokale Jugendzentrum verbieten, wird es Zeit zu rebellieren. Schleich dich raus und dann wieder rein, der Abend wird genial sein – und deine Eltern werden nichts mitbekommen.

39. KAPITEL

SICH REINSCHLEICHEN

Mutig ist schon, wer sich ans Rausschleichen wagt. Noch heldenhafter ist nur, wer den umgekehrten Weg geht. Ob in den Backstagebereich, zu einem Event mit limitierter Gästezahl oder bei einer Veranstaltung mit Altersbegrenzung – eines Tages ist es so weit, dass wir Jugendlichen unbemerkt irgendwo reinwollen, wo man uns nicht reinlassen will. Aber Not macht zum Glück erfinderisch – und das schon seit Generationen. Wir haben getestet, wie man sich seinen Weg möglichst unbemerkt bahnt:

- *Die Kletter-Methode:* Jeder Veranstaltungsort mit Außenbereich hat einen Schwachpunkt. Meist sind es dornige Büsche und Hecken oder Mauern und Zäune ohne Stacheldraht. Falls nicht unverhältnismäßig viel Geld für Sicherheitsmaßnahmen oder Securitys ausgegeben wurde, kann man es mit Klettern versuchen. Die Abendgarderobe überlebt nicht immer, oft landet man auf der anderen Seite im Dreck. Wahrscheinlichkeit, dass man damit durchkommt: 35 Prozent.
- *Die Labello-Methode:* Labello einpacken und jemanden suchen, der einem seinen möglichst frischen Eintrittsstempel »überdrückt«. Dazu einfach Lippenbalsam auf die bereits gestempelte Hautpartie tupfen und auf die zu stempelnde Stelle (meistens am Handgelenk oder -rücken) pressen. Wahrscheinlichkeit, dass man damit durchkommt: 85 Prozent.
- *Die Felix-Brummer-Methode:* Das mit dem Stempelabdruck sei ja schön und gut, aber es ginge noch besser, meinte Kraftklub-Felix mal zu uns und ließ uns mit den darauffolgenden Erläuterungen wie Amateure aussehen: »Bei der Labello-Methode ist der Stempel spiegelverkehrt. Die wirklichen Profis machen das

so: Sie pressen Tesafilm auf den frischen Stempel, anschließend malen sie den Stempel mit Fineliner auf dem Tesafilm nach und drücken den Streifen auf die saubere Hand. Wenn man sich beim Nachzeichnen zusammenreißt, entsteht ein wahres Meisterstück!« Wahrscheinlichkeit, dass man damit durchkommt (ein bisschen künstlerisches Talent vorausgesetzt): 98 Prozent.

- *Die Hintertürchen-Methode:* Wenn man einen Lieferanteneingang findet und sich die Angestellten (meist Küchenjungs und Kellnerinnen in der Raucherpause) mit Flirten oder – falls sonst gar nichts geht – mit Geld gefügig machen lassen, kommt man sicher und unbeschadet am Ort seiner Träume an. Wahrscheinlichkeit, dass man damit durchkommt: 65 Prozent.
- *Die Bändchen-Methode:* Wenn man erst spät anreist, wollen die Ersten schon wieder heim. Falls es Eintrittsbändchen gibt, die Gehenden einfach lieb danach fragen und sich das Teil selbst ans Handgelenk binden. Wahrscheinlichkeit, dass man damit durchkommt: 90 Prozent.
- *Die Fake-ID-Methode:* Ist nicht erlaubt, dafür aber todsicher. Ausweis einer Person mitnehmen, die einem möglichst ähnlich sieht und über 18 ist. Oder am PC mit Photoshop einen ausländischen Studentenausweis zusammenbasteln und den Türsteher auf Englisch bequatschen. Wahrscheinlichkeit, dass man damit durchkommt: 98 Prozent.
- *Das Ablenkungsmanöver:* Wenn man einen Komplizen hat, der die Bewacher des Einlasses ablenkt, kann man schnell rein rennen. Oft denkt man jedoch schon, man hat es geschafft, und plötzlich kommt doch eine grobe Hand und befördert einen zähnebleckend wieder nach draußen. »*Du nicht!*« Wahrscheinlichkeit, dass man damit durchkommt: 10 Prozent.

WAS MAN VIELLEICHT WISSEN SOLLTE:

Immer damit rechnen, dass eine Methode nicht klappt, und im Hinterkopf bereits eine Alternative haben.

UND WARUM MAN ES TUN SOLLTE:

Bloß weil das Jugendschutzgesetz etwas vorschreibt, müssen wir uns noch lange nicht daran halten.

40. KAPITEL
AN EINER JUGENDFAHRT TEILNEHMEN

Ob im Hostel in Prag oder in einer von Nonnen geführten Hütte am Arsch der Welt – eine Gruppenreise mit der Schule, dem Verein, der Kirche ist absolut unverzichtbar. Ort und Tagesprogramm (Museen, Bergbesteigungen, Stadtrundfahrten) sind dabei zweitrangig. Wichtig ist das Gruppenerlebnis, die Gemeinschaft – auch wenn das bedeuten kann, dass schon nach wenigen Tagen der Lagerkoller einsetzt und alle Formen der Auseinandersetzung von Ghettozickenkrieg bis Todesschweigen stattfinden. Endlich wird mal auf privaterer Ebene kommuniziert!

KATHARINA ÜBER IHRE ABSCHLUSSFAHRT:

Noch einmal die Pubertät zelebrieren und die nervtötenden Lehrer in Action erleben – so in etwa habe ich mir meine letzte Schulfahrt vor dem Abi vorgestellt. Mit lauter Mädchen geht es nach Italien, was logisch ist, da ich ja auf einer katholischen Mädchenschule bin.

Das Hotel ist genial, aufgrund diverser Fehler in der Planung hat uns der Reiseveranstalter upgegradet. An einem Tag schleppen wir uns den Vesuv hoch, um enttäuscht festzustellen, dass da nichts brodelt und blubbert und eigentlich überhaupt nichts spannend ist – es sei denn, man ist wie der begleitende Pädagoge Erdkundelehrer oder Vulkanologe. In Pompei besuchen wir zudem die antiken Freudenhäuser und Orte bacchischer Festgelage, an denen leider schon seit 2.000 Jahren keiner mehr Spaß hatte. Tja, ein paar Jahre zu spät geboren und schon verpasst man die Orgie des Jahrtausends! Die anderen Tage verbringen wir mit Fahrten an die Amalfiküste und nach Capri. Zwischendrin ein paar Führungen, ein Museum und jede Menge altrömische Deko. Viel wichtiger als die Lehrveranstaltungen sind uns allerdings die Nächte, zuerst feiern wir in Bars, ab zwölf dann auf unserem Zimmer mit Balkon. Ausgangssperren sind lästig (und wer sie brechen will, kann das auch tun), aber wir entscheiden uns diesmal dazu, sie nicht zu umgehen. Denn auch Zimmerpartys können krank abgehen und unerwartetes in Klassenkameraden heraufbeschwören. Da kommt die Splatterfilm-Vorliebe einer zarten Seele ans Tageslicht, klassische Beziehungsmädchen pfeifen plötzlich Jungs auf der Straße hinterher und vermeintlich Zugeknöpfte sehen nach einem Umstyling wie Heidi Klum aus. Über Bord mit den Vorurteilen! Was für eine wichtige Lektion fürs Leben: Man kann immer noch etwas über seine Mitmenschen lernen – vor allem auf Klassenfahrten.

WAS MAN VIELLEICHT WISSEN SOLLTE:

Die Aufsichtsperson wird immer damit drohen, dich nach Hause zu schicken. Deshalb den größten Unsinn für den letzten Abend aufheben, dann ist die Drohung nämlich sinnlos!

UND WARUM MAN ES TUN SOLLTE:

Reisen mit Autoritätspersonen machen Lust auf den großen Aufstand und lassen einen so manch verborgene Seite an vermeintlich öden Zeitgenossen erkennen.

41. KAPITEL
GEHEIMAGENT SPIELEN

Neugier ist eine der wundervollsten und, okay, auch nervigsten Eigenschaften. Die meisten Menschen von uns kommen mit ihr auf die Welt und trainieren sie sich im Laufe der Zeit mühsam ab. Dabei ist es so unglaublich lehrreich, Geheimagent zu spielen und seine Nase ganz tief in die Angelegenheiten anderer Leute zu stecken. Und den Satz »Das geht dich nichts an!« zu akzeptieren ist einfach viel zu schwer, um es zu tun. Zum Glück müssen sich nur Erwachsene daran halten! Wenn wir die Tagebücher unserer Geschwister lesen und frappante Dialoge auf dem Klo belauschen (> Punkt 78), kann man es uns fast nicht übel nehmen. Unter dem Deckmäntelchen der Minderjährigkeit können wir uns so unreif benehmen, wie es uns beliebt, und dabei auch tief in die Agentenkiste greifen.

Zum Beispiel überwachen wir das Geschehen systematisch: Je älter man wird, desto mehr lernt man, wie wohltuend Überraschungen sein können. Mit 9 kann man das aber noch nicht wirklich begreifen und sucht sich vor Weihnachten und Geburtstagen regelmäßig dumm und dämlich. Die besonders Cleveren legen sich jedes Mal auf die Lauer, wenn Mama einkaufen war, und kontrollieren die Kassenzettel. Alle verdächtigen Objekte, die ins Haus getragen werden, werden einer strengen, aber unauffälligen Kontrolle unterzogen. Wenn man dann das XXL-Paket mit der tollen Riesenschleife hinter Papas Aktenordnern entdeckt hat, kann man sich bis Heiligabend darauf freuen. Dumm nur, wenn es dann jemand anderem überreicht wird.

Ebenso interessant sind Verfolgungsjagden: Man muss sich nur einen Nachmittag freinehmen, eine Runde Walky Talkys an die Mitspione (Nachbarsjungen unter 12 Jahre stehen besonders drauf) verteilen, einen Dresscode (ganz in Schwarz oder Tarnfleck) ausmachen und sich ein spannendes menschliches Objekt zur Beobachtung suchen. Den Rest des Tages diese Person observieren, Ferngläser sind dabei hilfreich. Datenerfassung und Indiziensammlung sind ebenso wichtig. Das Ganze funktioniert am besten in Fußgängerzonen. Das Gruppenmitglied, welches am Ende die meisten Infos gesammelt hat und nicht erwischt worden ist, bekommt den 007-Status!

WAS MAN VIELLEICHT WISSEN SOLLTE:
Alles, was man wissen muss, kann man unter *www.detektiv-ermittlung.de* finden.

UND WARUM MAN ES TUN SOLLTE:
Wer will nicht mal informierter sein als der Rest?

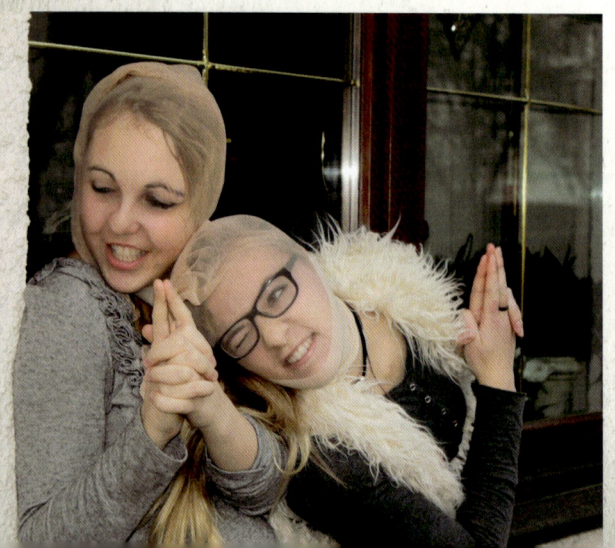

42. KAPITEL
TRIPSITTER SEIN

Babys sind hilflos, eingeschränkt entscheidungsfähig und oft nicht in der Lage, ihre Bedürfnisse sinnvoll zu artikulieren. Deshalb brauchen sie einen Babysitter. Betrunkene sind ebenfalls hilflos, eingeschränkt entscheidungsfähig und oft nicht in der Lage, ihre Bedürfnisse sinnvoll zu artikulieren. Deshalb brauchen auch sie einen Aufpasser, einen Tripsitter. Diese Aufgabe fällt in den allermeisten Fällen einem Unschuldigen zu, der aufgrund freundschaftlicher Fürsorgepflicht keinen Einspruch erheben kann.

Der Tripsitter muss klar im Kopf bleiben, um seine Schäfchen davon abzuhalten, auf der Dachterrasse Superman zu spielen oder die Polizisten aus Spaß »Darf ich bitte mal blasen?« zu fragen. Für gewöhnlich ist er deshalb nüchtern. Aus diesem Grund bemerkt er, dass viele mitternächtliche Witze überhaupt nicht so gut sind, wie es das schallende Gelächter vermuten lässt, dass viele Beats stumpf und noch mehr Gesichter einfach nur leer sind. Er betrachtet staunend und nachdenklich das Geschehen auf der Party oder im Club und stellt fest, dass es auf eine seltsame Art hohl aussieht, was die anderen da treiben. Als Tripsitter hat man also des Öfteren auch etwas zu kichern.

Und man kann testen, wie verantwortungsbewusst man ist. Besitzt man schon jetzt genug Wissen, um sich um einen Menschen zu kümmern, der auf einen angewiesen ist? Wenn der Schützling seinen Heimatplaneten nicht mehr nennen kann, muss er nämlich besonders intensiv betreut und zaghaft ins Diesseits zurückgeholt werden. Die Haare aus dem Gesicht zu halten, Körperflüssigkeiten wegzuwischen, den Klammergriff zu beherrschen, bei sinnlosen emotionalen Zusammenbrüchen zu trösten und Sätze wie »Ich fühl mich so eins mit der Natur, wenn ich so schwer bin wie ein Stück Stein« zu ertragen, sind die Grundanforderungen an einen Tripsitter. Zudem muss er sich sprachlich auf die Ebene seines Druffis begeben können. Logik ist da fehl am Platz. Stattdessen sollte er große lilafarbene Marsmännchen oder Pandabären mit Brille in seine Erzählungen einbauen, damit ein verständiges Lächeln über das Gesicht des Schutzbefohlenen huscht. »Nein, es ist jetzt keine gute Idee, auf den Tresen zu steigen und zum Luftgitarren-Contest aufzurufen. Lass uns lieber schnell aufs Klo gehen, ich glaub, da hab ich vorhin David Hasselhoff mit einem großen pinken Lolli gesehen!«

Zum Glück wird der Tripsitter für seine Mühe belohnt. Er kann während seiner Arbeit wertvolle Studien am lebendigen Objekt durchführen. Und den Hilflosen ein klein wenig mobben. Er darf Sabberfotos mit der Handykamera schießen, die Kitzeligkeit des Reglosen austesten und nach Lust und Laune sein Gesicht bepinseln.

WAS MAN VIELLEICHT WISSEN SOLLTE:
Ein Bier ist okay. Danach läuft man jedoch Gefahr, seine Aufgaben zu vernachlässigen. Und wirklich wichtig: Vorher checken, auf welche Symptome man achten sollte, damit man weiß, ab wann Fachpersonal zur Betreuung des Betrunkenen oder anderweitig Berauschten nötig ist.

UND WARUM MAN ES TUN SOLLTE:
Ständig betrunken zu sein ist ja gut und schön, aber mal den anderen dabei zuzusehen, wie sie immer betrunkener werden und irgendwann nur noch dummes Zeug reden, ist zur Abwechslung auch mal spannend – und in der Jugend ist man davon zum Glück noch nicht so peinlich berührt wie als Erwachsener.

43. KAPITEL

EIN SURVIVALTRAINING ABSOLVIEREN

Wenn Amerika morgen pleitegeht und die ganze Welt in eine tiefe Krise zieht, dann sind die Supermärkte vielleicht bald leer. Wer dann überleben will, muss wohl oder übel in den Wald. Da ist es gut, sich vorab schon einmal darauf vorzubereiten.

KATHARINA ÜBER DAS ÜBERLEBEN IM WALD:

Mit vier Freunden, dem Survivaltrainer Heiko Gärtner und seinem Assistenten Tobi üben wir schon mal für den Ernstfall – in den wilden, gefährlichen Wäldern in der Nähe unseres Heimatdörfchens.

»In der Wildnis von Kanada würde ich einem Durchschnittsmenschen ohne besondere Fähigkeiten maximal drei Tage geben. Die psychische Belastung führt zu unüberlegten Handlungen, die wiederum zum Tod führen können. Angst ist der Wegbereiter der Unachtsamkeit«, erklärt uns Heiko zu Beginn.

Danach lernen wir, was Indianerkinder schon im Alter von 2 Jahren wissen: Milch macht Cellulites – weshalb man sie tunlichst meiden sollte –, aus Wurzeln kann man prima Schnürsenkel basteln und aus Schnürsenkeln prima Feuerbögen. Nachdem wir uns durch das Klee- und – leider kein Scherz – Heuschreckensortiment genascht haben, suchen wir uns ein geschütztes Plätzchen im Dickicht, um eine Mooshütte zu bauen. Die Jungs dürfen sägen und hämmern, wir Mädchen gehen angeln – leider erfolglos. Heimlich kaufen wir ein paar Fische in einer nicht allzu weit entfernten Fischzucht.

Zurück in unserem Lager, zeigen wir der Gruppe stolz unseren »Fang«, der munter in einem großen Kübel umherschwimmt. Zugegeben, dass wir die Tiere gekauft und nicht gejagt haben, widerspricht den Regeln. Aber wen interessieren schon die Regeln, wenn es ums nackte Überleben geht?!

Insgeheim habe ich ein paar Dosen Ravioli mit ins Camp geschmuggelt. Aber mein Angebot, statt meiner neuen nassen Freunde doch lieber das Fertigessen zu verzehren, wird mit den Worten »Bevor ich die Scheißravioli esse, gebe ich mir lieber noch 'n paar Schnecken!« abgeschmettert. Den Grausamkeiten, die nun folgen, entziehe ich mich mit schlechtem Gewissen. Die armen Fischchen werden geopfert und ausgenommen. Mein Kumpel Ferdi tröstet mich: »Es ist hart, aber sie stehen nun mal in der Nahrungskette unter uns«, und macht sich sogleich über die Gedärme der Tierchen her. Als sich die Seelen der Wasserkreaturen längst im Fischhimmel tummeln, verspeisen wir vor dem Lagerfeuer ihre Überreste.

Je später die Nacht, desto rarer werden auch die gerösteten Schnecken und abenteuerlicher Heiko Gärtners Erzählungen: Er hat das legendäre Burning-Man-Festival nüchtern überstanden, ist auf der Toilette vom Grizzly überrascht worden, hat des Nachts einen kleinen Feldhasen kennengelernt. »Als ich während meines Steinzeitprojekts in den Fellschlafsack gekrochen bin, kam nach einer halben Stunde ein Feldhase angehoppelt, legte sich zu mir und schlief bei mir ein. Erst am nächsten Morgen verließ er mein warmes Kuschelfell wieder und hoppelte davon!« Die spannendste seiner Geschichten ist jedoch die, als er dem Tod bei -35 Grad ins Auge geblickt hat: »Ich war in Polen bei einem Wintercamp und hatte mich mit einem Drei-Jahreszeiten-Schlafsack bewaffnet, der mich bis -5 Grad vor dem Erfrieren schützen sollte. Allerdings waren es -35 Grad, also zog ich all meine Klamotten an und quetschte mich in meinen Schlafsack. Der hielt das jedoch nicht lange aus. Der Reißverschluss platzte auf und ich lag plötzlich ohne Kälteschutz im Freien. Mit meinen angefrorenen Fingern, die unendlich schmerzten, konnte ich gerade noch ein rettendes Feuer entzünden. Noch Wochen später taten meine Zehen und Finger weh.« Zudem erfahren wir von dem Survivalexperten, dass Masturbation der beste Weg zur Kräftemobilisierung ist, wenn man kurz vor dem Kältetod steht.

Man merkt Heiko zwar an, dass das Mann-allein-im-Wald-Ding sogar ihm manchmal auf die Eier geht, aber sein Enthusiasmus ist dennoch unerschütterlich. »Mein größter Lebenstraum ist es, mit einem Expeditionsmobil für zwanzig Jahre um die Welt zu reisen und als Friedensstifter und Naturmedizinkundiger Menschen zu helfen. Im Endeffekt will ich alle Naturvölker besuchen und von ihnen lernen. Außerdem will ich durch meine Dokumentationen Menschen für die Natur begeistern und durch Bücher zum Denken anregen.«

Die Stimmung ist ausgelassen, als sich Heiko und Tobi in eine andere Ecke des Waldes verziehen, um zu schlafen. Wir versuchen, das Feuer am Leben zu erhalten, indem wir Sinnvolles unternehmen – Reisig sammeln, pusten – und später immer verzweifeltere Aktionen starten – Whiskey darüber kippen, Kippenglut darauf werfen. Es hilft alles nichts, wir ziehen uns in die Dunkelheit unserer Mooshütte zurück und pennen dicht aneinandergekuschelt ein, um einander zu wärmen. Kein Regen dringt in unser Haus, nur ein paar Mücken wollen mitkuscheln. Am nächsten Morgen gelangen wir zu der Erkenntnis, dass es zumindest im Sommer wenig Schöneres als eine freie Nacht in der Wildnis gibt.

WAS MAN VIELLEICHT WISSEN SOLLTE:
Unser Survivaltrainer ist unter *www.heikogaertner.de* buchbar. Überlebenstrainings gibt's aber nahezu überall, im Internet sind sie zumeist leicht zu finden. Vorab unbedingt ein Taschenmesser zulegen!

UND WARUM MAN ES TUN SOLLTE:
Wenn die Welt den Bach runtergeht, dann sitzt du mitten im Wald in deiner selbstgebauten Hütte und knabberst zufrieden ein paar Heuschrecken.

44. KAPITEL

RENTNERN

Menschen am Anfang ihres Lebens haben einiges mit Menschen gemeinsam, die ihren Lebensabend bereits erreicht haben. Beide haben viel Zeit und wenige Verpflichtungen, sind aber auf gewisse Weise (Minderjährigkeit/Alterskrankheit) eingeschränkt und von anderen abhängig. Beide neigen zu Starrsinn und Unvernunft und häufig sind sich beide ihrer Sache sehr sicher.

Doch während die Jugend noch stürmt und drängt und missionieren will, ist das Alter oft leiser, vielleicht sogar toleranter. Denn ein reifer Mensch hat schon einiges hinter sich gebracht, unzählige Eindrücke gesammelt, ebenso wie Millionen von Nervenzellen verknüpft und Millionen von Informationen abgespeichert. Nichtigkeiten sind längst vergessen oder spielen längst keine Rolle mehr. Und das Schönste ist: Wenn man noch jung ist, wollen einen immer alle überreden und belehren. Ist man erst einmal alt, hat man immer recht und jeder lässt einem seinen Willen und zweifelt nicht an den (un-)sinnigen Thesen, die man aufstellt. Stattdessen kann man schwafeln, so viel man will, und sich im Bus die besten Plätze schnappen. Überhaupt hat man neben den ganzen miesen Verschleißerscheinungen als Rentner auch eine Menge Vorteile:

- Man darf Hansi Hinterseer und Florian Silbereisen endlich geil finden.
- Von den Beiträgen, die man der Krankenkasse gezahlt hat, bekommt man endlich mal was zurück.
- Niemand begrapscht einen mehr und wenn man selbst grapscht, wird es einem meistens nachgesehen.
- Mit Einkaufsnetz oder Gehstock kann man sich überall durchprügeln.
- Keine unbequeme Reizunterwäsche mehr, dafür Trainingsanzüge.
- Man kann endlich sein ganzes Geld verprassen.

Es kann sich also lohnen, jetzt schon einmal einen kleinen Blick in die Zukunft zu wagen und für einige Zeit vor sich hin zu rentnern. Am besten eignet sich ein attraktiver Kurort mit seniorenfreundlichen Angeboten und gefühlten 90 Prozent »Golden-Agern«.

In Bad Wörishofen, einem ebensolchen Ort, haben wir es nicht schwer, uns dem Altsein hinzugeben. Eine Woche lang mischen wir uns, ganz in Beige gekleidet, unter die Schnabeltassenfraktion. Wir schunkeln auf dem Kurkonzert, bestellen im Restaurant die Seniorenportion, planschen in der Therme mit Opa Herbert. Und nebenbei lernen wir viel über die Krankheiten, die einen menschlichen Körper im Laufe des Alterungsprozesses zersetzen können. Gruselig. Aber er ist auch irgendwie idyllisch, der Lebensabend auf der Veranda im Haus am See. Erst mal runterkommen, alles ruhig angehen, die Hektik verbannen und alle Ärgernisse gnädig ignorieren.

WAS MAN VIELLEICHT WISSEN SOLLTE:
Städte mit einem »Bad« vor dem eigentlichen Ortsnamen eignen sich zumeist hervorragend, um sich im Rentnern auszuprobieren.

UND WARUM MAN ES TUN SOLLTE:
Altwerden finden immer alle doof. Aber wenn man sich einmal das All-inklusive-Rentner-Programm gönnt, wird einem klar, dass man davor keine Angst haben muss.

45. KAPITEL

MEHR LIEBE IN DIE WELT BRINGEN

Ich gegen den Rest der Welt – solche Gedanken treiben einen um, in jenen Stunden des Selbstmitleids, in denen man sich einbildet, als einziger Mensch weit und breit so intensiv zu fühlen, ja zu leiden. Weil wir Streit mit Eltern oder Freunden, in der Schule versagt oder einen Korb bekommen haben, verkriechen wir uns, drehen die Lautsprecher in unserem Zimmer auf und boxen auf Sandsäcke ein oder heulen das James-Dean-Poster an der Wand an. Was wir brauchen, um aus dem Jammertal herauszufinden, ist meist nur ein kleines Zeichen. Ein Zeichen von Liebe. Wenn wir wissen, dass es irgendwo irgendjemanden gibt, der an uns denkt, und dass wir nicht allein mit unseren Sehnsüchten sind, reicht das manchmal schon.

Aber vor allem in der grauen Großstadt gibt es diese Zeichen oft nicht. Wenn man als einer von drei Millionen durch die Straßen schlurft, scheint die eigene Anonymität oft erdrückend. Alle wuseln umher und konsumieren, um ihre Bedürfnisse zu befriedigen. Aber man selbst kann das gerade nicht, weil man sich Innigkeit und Geborgenheit nicht kaufen kann.

Keiner von uns ist in der Lage, alle zu retten oder die Einsamkeit für immer von der Welt zu vertreiben. Aber wir können für eine überschaubare Anzahl von Menschen das Zeichen sein, dass es auch wieder bessere Zeiten geben wird. Klingt kitschig, ist es auch, stimmt aber. Wenn wir unsere Freunde nicht danach aussuchen, für was wir sie mal benötigen könnten, sondern was wir ihnen bringen können, dann sind wir schon auf dem besten Weg, ein guter Mensch zu werden. Auch wenn der Typ auf der Party, den du eigentlich aufreißen wolltest, jetzt mit Whiskey-Atem und Bambiaugen von seiner Exfreundin erzählt, auf die er immer noch steht, oder das fremde Mädchen, mit dem du tanzen wolltest, nun an deiner Schulter heult, weil es Stress mit seiner besten Freundin hat, solltest du nicht die Flucht ergreifen. Stattdessen solltest du die Party sausen lassen und für ein paar Stunden einfach nur Verständnis zeigen. Denn das Große liegt in den kleinen Gesten. Im Zuhören, Aufmuntern, Ablenken.

Zusätzlich kannst du auch die Stadt mit Liebe beschenken. Einfach ein Din-A4-Blatt mit Herzen oder irgendwas anderem Friedlich-Freundlichen versehen, groß »Liebe« draufpinseln und das untere Ende so einschneiden, dass Streifen zum Abreißen entstehen. Auf diese »Liebe zum Mitnehmen« schreiben. Dann alles mit Klebestreifen an Wände, Pfeiler und Laternenmaste kleben. Ob auf kahle Flecken oder an Sammelstellen für Zettel mit Nachhilfeangeboten und Babysitternummern ist ganz egal. Hauptsache, jeder kann sich jetzt ein Stück deiner Liebe in die Tasche stecken!

WAS MAN VIELLEICHT WISSEN SOLLTE:
Man braucht nur ein bisschen Papier, eine Schere und Tesa. Und falls man gaaanz viel Liebe in die Welt bringen will: einen Drucker zur Vervielfältigung.

UND WARUM MAN ES TUN SOLLTE:
Lieben und Geliebtwerden – darum geht es im Leben. Trag dazu bei, dass sich mehr Menschen gut fühlen.

46. KAPITEL

SICH VEREWIGEN

Egal, wie jung wir sind, irgendwann erinnern wir uns an die Vergänglichkeit des Lebens und das bereitet unserer Sehnsucht den Weg, etwas festhalten zu wollen, das eigentlich nicht festzuhalten ist. Der Wunsch nach Heldentaten ist seit Jahrtausenden ein zutiefst menschlicher, wir wollen Spuren hinterlassen. Ganz besonders im Leben der Menschen, die wir mögen. Aber auch Freundschaften und Liebe sind Blüten, die viel zu schnell verwelken. Deshalb sollten wir sie genießen und sie darüber hinaus festhalten – in Form von Fotos, Worten und – besser noch – in Form von etwas, das für alle sichtbar ist. So wie in Bäume eingeritzte Herzen, Zitate auf Klowänden, großflächige Graffiti in U-Bahn-Schächten.

Auch wir haben schon so manches Mal unsere Handschrift hinterlassen – vor allem während unserer Studienfahrt nach Italien. So haben wir uns in den Ausgrabungsstätten von Pompeji neben vielen anderen Kritzeleien verewigt – und was auch immer mit uns geschieht, unsere Worte werden nicht so schnell verschwinden. An der Milvischen Brücke haben wir mit einem kleinen Schloss, dessen Schlüssel der Tiber verschlungen hat, eine Romanze besiegelt. Und in den Clubs von Rom, in denen wir aufregende Nächte verbracht haben, zieren nun Betrunkenenpoesie und Feierweisheiten die Klotüren. Und auch wenn wir einander vergessen, Italien wird es dank unserer Hinterlassenschaften nicht so schnell tun.

WAS MAN VIELLEICHT WISSEN SOLLTE:
Immer achtsam sein! Wer erwischt wird, hat ein Problem (> Punkt 22: Vor der Polizei flüchten).

Auch wenn kahle Flecken (Brandenburger Tor) zweifelsohne einen großen Reiz ausüben, gerade die Schriftmosaike an Bahnhöfen und öffentlichen WCs tragen dazu bei, dass das Taggen so viel Spaß macht. Hier finden sich Diskussionen in Stichworten, die Gefühle Unbekannter festgehalten in kurzen Worten. Genau dort, wo man selbst gerade seine Zeit vergammelt (Bahnhof), oder an dem Ort, der einen zu Höhenflügen verleitet (WC im Uebel & Gefährlich).

UND WARUM MAN ES TUN SOLLTE:
Das Leben ist viel zu vergänglich, da muss man sich schon etwas ins Zeug legen, um für immer zu bestehen.

47. KAPITEL
ETWAS ÜBER SEX, DRUGS AND ROCK 'N' ROLL LERNEN

Es ist unsere größte, strahlendste Stunde, in der wir wie ein Feuerwerk aus unserer unscheinbaren Hülle schießen, glorreich verbrennen und dann als glitzerndes Nichts herunterrieseln. Wir sparen uns nichts mehr auf, denn das Leben ist da, um verschwendet zu werden. Genauso wie wir unser Geld verschwenden müssen, weil wir am Ende nichts davon mitnehmen können. Nach uns die Sintflut, nur das Jetzt zählt, der Rest ist egal.

Die Formel für die Stunden, in denen wir uns so frei und sorglos fühlen, besteht seit Menschengedenken. Nur ihr Klang hat sich über die Jahrhunderte hinweg verändert – von »Wein, Weib und Gesang« zu »Sex, Drugs and Rock 'n' Roll«.

Wenn man noch zur Schule geht, reden immer alle vom Rock-'n'-Roll-Lifestyle, davon, ohne Langeweile, Routine und Verpflichtungen durch die Welt zu spazieren und nie etwas zu bereuen. Aber so ganz lässt sich dann meist keiner darauf ein. Der Wunsch nach Sicherheit und Ruhe ist bei den meisten eben doch größer als die Sehnsucht nach einem Leben in Saus und Braus.

Die wenigen aber, die standhaft bleiben und ihre wilde, ungezähmte Leidenschaft leben und mit Musik zum Ausdruck bringen, die verehren wir. Weil sie es für uns durchziehen. Wer könnte sich also besser eignen, uns etwas über Sex, Drugs and Rock 'n' Roll beizubringen, als ebendiese Antihelden und Vorbilder?

KATHARINA ÜBER EINE LEHRSTUNDE BEI JENNIFER ROSTOCK

Die Rolling Stones werden längst legal von Privatärzten mit Medikamenten gegen Rheuma und andere Alterserscheinungen behandelt, ehemalige Hardcore-Hairbands wie Bon Jovie lassen heute höchstens noch ihre Ehefrauen ins Hotelbettchen und Brit-Popper wie Oasis haben auch schon lange keine teuren Einrichtungsgegenstände mehr dem Erdboden gleichgemacht. Die Zeit der ungezähmten Rockstars scheint vorbei.

Doch es gibt Licht am Horizont: die deutsche Band Jennifer Rostock. Seit 2007 reisen sie durch das Land und geben Gigs, bei denen der Schweiß von der Decke tropft und die Gesichter im Publikum vor Erregung glänzen. Auch ich bin eine derjenigen, die sich gern in der ersten Reihe Schlagsahne und Jack Daniel's über das Dekolleté kippen lassen oder den Jungs beim shirtlosen Circlepit zusehen. Verschwitzte, halb nackte Männerkörper, gibt es Schöneres? Crowdsurfen vielleicht, welches bei Jennifer Rostock – anders als bei unzähligen anderen Veranstaltungen, vor allem bei Festivals – nicht mit Rausschmiss bestraft wird. Stattdessen darf derjenige, der bei *Der Kapitän* das große Los zieht und auf die Bühne geholt wird, das Lied mit Flasche in der Hand und Kapitänsmütze auf dem Kopf genießen, während er über die Menge getragen wird. Und natürlich gibt es auch eine Möglichkeit, seine Dessous loszuwerden. Wenn *Du willst mir an die Wäsche* erklingt, hat Wäsche-Werner seinen großen Auftritt. Irgendwann aus einer Tonne gezogen, fristet der Kleiderständer seither ein munteres Dasein als BH-Sammler. Marie und ich hatten uns immer gefragt, warum man sich während eines Konzertes seiner Reizwäsche entledigt, bis wir schließlich selbst BH-los herumjubelten und Wäsche-Werner um zwei Prachtstücke bereicherten.

Aber die exzessiven Konzerte sind nicht der einzige Grund, warum wir Jennifer Rostock lieben. Sie schreiben Texte, die intelligent und dennoch für jeden zugänglich sind. Komponieren Musik, die sich nicht in ein strenges Schema (Indie, Rock, Punk oder Pop) einordnen lassen will, dafür aber oft genau ins Schwarze trifft, wenn es darum geht, Situationen zu erfassen, die man kaum beschreiben kann.

Als wir uns aufmachen, um Jennifer Rostock zum Gespräch zu treffen, hoffen wir zwar das Beste, erwarten aber vorsorglich lieber das Schlimmste: einen sterilen Raum mit Neonröhren, Salzstangenbechern und harten Stühlen, darauf sitzend die Bandmitglieder, die Gesundheitsdrinks schlürfen und gerade noch so den Yogaratgeber zur Seite legen. Hinter ihnen, finster in der Gegend umherstarrend, ein Manager oder Presseberater, der bei jeder zweiten Frage »Kein Kommentar!« einwirft und das Interview irgendwann für beendet erklärt. Diese Sorgen hätten wir uns jedoch sparen können. Der Manager grinst zur Begrüßung und führt uns dann in den Tourbus. Bei schummriger Beleuchtung nehmen wir auf der tiefen Ledercouch Platz und hören gespannt zu. Zunächst bitten wir die einzelnen Bandmitglieder darum, einander zu charakterisieren. Sie antworten bereitwillig:

- Alex, Gitarre: »Kippe im Mund, hübsch anzusehen, schläft ganz viel, blabla Galerie blabla.«
- Joe, Keyboard: »Klug, versoffen, schizophren. So könnte man meinen, er ist ein ganz netter Typ. Oh, der kleine Joe, der ist so süß und er grinst. Aber kommt in zwei Stunden noch mal wieder und es geht ab, dann schreit er: ›Wixxer, Fotzen, Arschlecker!‹«
- Kotze (Wahlname)/Bronko/Aule, wurde eigentlich Chris getauft und ist als Baku bekannt, Schlagzeug: »Entspricht nicht dem Schlagzeugerklischee, weil er nicht fett und hässlich ist. Ist immer nett zu allen und mag alle. Hat den besten trockenen Humor und Musikgeschmack.«
- Jennifer, Gesang: »Kann gut andere Leute und Dialekte nachmachen, ehrlich, extrovertiert. Ist für ein Mädchen ganz okay!«
- Chris, Bass: »Urheber des Jennifer-Rostock-Humors, hat 'nen Riesenschwanz, clever, seine Kabine stinkt.«

Die nächsten zwei Stunden verbringen wir damit, Überraschungseier zu verteilen, unsere mitgebrachte *Bravo* und das *Prinzessinnenmagazin* zu verschenken (und uns an der beiliegenden Glitzerkamera zu erfreuen), Prosecco aus Riesenbechern zu schlürfen, den Tourbus zuzuqualmen und über Religion (Chris: »Jeder soll glauben, was er denkt, und dabei die Schnauze halten.«) zu philosophieren. Hier, was wir dabei gelernt haben über ...

... SEX:

»Ich bau dir ein Haus. Ich steck dir einen Baum. Und du machst mir ein Kind dafür. Mit meinem Stil. Und deinem Sexappeal. Ich will ein Kind von dir.« *(Kind von dir)*

Kathi: »Es gibt ja so 'nen Mythos, dass Jennifer und Alex ganz am Anfang immer mit den Fans in der ersten Reihe rumgemacht haben.«

Joe: »Ist ein cooler Mythos, stimmt!«

Marie: »Bei wem würdet ihr denn gern mal Groupie spielen?«

Chris: »Groupie im Sinne von richtig …?«

Marie: »Keine halben Sachen!«

Joe: »Ich steh auf Robbie Williams, seit ich ein kleines Mädchen war.«

Alex: »Christoph Deckert wäre mein Favorit, aber der ist unerreichbar, habe ich gehört.«

Marie (zu Jennifer): »Und bei dir?«

Jennifer: »Ja, erst mal die Mädels hier! Dave Grohl würde ich gern mal kennenlernen.«

... DRUGS:

»Wie ein Chamäleon auf LSD. Doch wir kennen den Weg und es ist schon okay. Die Zeit dreht am Rad. Wir wollen uns nicht daran gewöhnen. Die Welt um uns wird alt. Aber wir bleiben jung und schön.« *(Jung und schön)*

Kathi: »Lebt man als Rockstar wirklich so nah am Abgrund?«

Joe: »Das kommt ganz auf die Person an.«

Kathi: »Wie ist es denn bei euch?«

Joe: »Wir trinken schon zu viel, auf jeden Fall.«

Chris: »Es kommt auch in der Band immer auf die Person an. Joe übernimmt sich zum Beispiel immer.«

Jennifer: »Joe schafft es seit Jahren, ganz beschissene Sachen zu machen und am nächsten Tag zu sagen ›Echt? Davon weiß ich gar nichts mehr, kann mich gar nicht mehr erinnern, tut mir total leid!‹«

Alex (mit Glitzerkamera in der Hand): »Wow, schau mal da durch, Schneewittchen und so. Das ist krasser als LSD!«

... ROCK 'N' ROLL:

»In meiner Bude liegen Leute rum, ich glaub, hier wurd' gefeiert. Kleine Brocken im Aquarium – wer hat denn hier gereihert? Im Klo riecht's nach Benzin und alle Wände sind beschmiert. Die Küche steht unter Wasser – Scheiße, was'n hier passiert?« *(Glühwein)*

Chris: »Die neue Angst, die ich habe: Ich trau mich im Bad nicht mehr, die Dusche abzuschließen, weil ich Angst habe, dass ich in der Dusche sterbe und mich keiner findet. Und dieses komische Herzrasen, das ich manchmal habe, das kommt jetzt nicht mehr alle zwei Monate, sondern alle zwei Tage!«

Joe: »Ja, grundsätzlich haben wir ja keinen Job, der morgens losgeht und bei dem man irgendwann Feierabend hat. Unseren Job macht man ja quasi immer. Auch, weil er immer Spaß macht.«

Jennifer: »Und wir machen ihn, weil wir nichts anderes können.«

Joe: »Es ist genau das, was wir eigentlich immer wollten: rumfahren, uns einen reinstellen, auf die Bühne gehen, Konzerte geben, im Studio arbeiten.«

WAS MAN VIELLEICHT WISSEN SOLLTE:
Der *Vice Guide to Sex and Drugs and Rock and Roll* ersetzt uns bereits die Bibel, also wird er auch dir helfen können.
Ausreden wie »Ich reagiere allergisch auf meine neue Kontaktlinsenflüssigkeit, deshalb sind meine Augen so rot« können die Situation retten, wenn dich jemand fragt, ob du gerade völlig breit bist, oder was?!

UND WARUM MAN ES TUN SOLLTE:
Rock 'n' Roll ist Rebellion – und Rebellion ist ein Privileg der Jugend.

48. KAPITEL
PAINTBALL SPIELEN

Einerseits hassen wir Krieg und sind überzeugte Pazifisten. Wir würden keiner Fliege etwas zuleide tun. Erinnern wir uns nur mal an das Survivaltraining (> Punkt 43) und daran, wie Kathi die sterbenden Fische bis zur letzten Sekunde in den Tod streichelte. Andererseits lieben wir Streifen, in denen gemeuchelt und gemetzelt wird, Streifen wie *Pulp Fiction*, *True Romance* oder *Der blutige Pfad Gottes*. Wir können also nicht leugnen, dass uns Mord und Totschlag irgendwie doch faszinieren. Warum also nicht einmal so tun, als ob wir echte Krieger wären?

MARIE ÜBER EINEN GESPIELTEN KRIEG:
Ich war schon immer für den Rückzug der deutschen Truppen aus Afghanistan und mein allergrößter Wunsch ist, mal abgesehen davon, den jungen Johnny Depp als Lover zu haben, der Weltfrieden. Wie die meisten Menschen fand ich Kriegspielen deshalb auch immer bescheuert. Zumindest bis zur Pubertät, denn mit der kamen die Aggressionen.

Klar, in meinen Gewaltfantasien fliegen keine Hochhäuser in die Luft und ich bringe auch niemanden ums Leben. Trotzdem stehe ich manchmal, ganz manchmal darauf, mir Typen mit dicken Knüppeln und Knarren anzusehen. Vielleicht ist es die Lässigkeit und Coolness der Action-Helden, wenn sie mit der Zigarette im Mund in die Ferne blicken, die mich fasziniert. Einmal so schauen können. Hach! So als wüsste man genau, dass das Schlimmste noch nicht überwunden ist, die Haare sind vom Kampf zerzaust und die Waffe liegt schwer in den Händen, als Schutz oder Trophäe.

Und tatsächlich: Das alles kann man auch haben, ohne seine Seele dem Teufel zu übergeben und Angst und Schrecken zu verbreiten. Lasst die Finger von Afghanistan und greift lieber zum Paintball-Gewehr! Schießt lieber mit mit Lebensmittelfarbe gefüllten Gelatinebällen, die beim Aufprall zerplatzen, als mit scharfer Munition!

So wie wir. Rein in die Anlage, Männerklamotten an, Visier runter und raus in die Schlacht. Wir stehen im Lager, es fallen ständig und unerbittlich Schüsse, ich sehe grüne Helme mit roten Streifen aufblitzen. Ich ziele einmal, zweimal, doch das Adrenalin macht mir das Treffen zunächst unmöglich. Es steigt mir zu Kopf, rast durch meinen Körper, bringt meine Hände zum Zittern und zerstreut meine Gedanken. Ich kann mich nicht konzentrieren. Boom, Headshot. Ich falle, wische mir die rote Farbe vom Visier und höre den Abpfiff. Verdammt! Erste Runde und schon game over.

Aber im Gegensatz zum echten Krieg bekommt man hier so viele Leben, wie man will. Also ran an die nächsten Gegner: Sie sind zu siebt und alle fast zwei Meter groß, jeder Einzelne von ihnen wiegt bestimmt 90 Kilo, 630 Kilo pure Muskelmasse. Ihre Witze sind nicht gerade lustig, dafür umso frauenfeindlicher, sie blicken uns mit grimmiger Miene entgegen. Wir sind zu viert, Schüler der 11. Klasse, klein und schmächtig. Neben den Muskelmonstern sehen wir aus wie magersüchtige Zwerge. Aber David hat ja auch gegen Goliath gewonnen, oder?!

Ich knie mich hinter einen Busch, mein Körper ist eins mit dem Gewehr und meine Gedanken sind rasend schnell und präzise. Ich höre Samuel L. Jacksons Stimme in meinem Kopf, wie er in *Pulp Fiction* aus der Bibel zitiert: »Der Pfad der

Gerechten ist auf beiden Seiten gesäumt mit Freveleien der Selbstsüchtigen und der Tyrannei böser Männer. Gesegnet sei der, der im Namen der Barmherzigkeit und des guten Willens die Schwachen durch das Tal der Dunkelheit geleitet. Denn er ist der wahre Hüter seines Bruders und der Retter der verlorenen Kinder. Und ich will große Rachetaten an denen vollführen, die da versuchen, meine Brüder zu vergiften und zu vernichten, und mit Grimm werde ich sie strafen, dass sie erfahren sollen: Ich sei der Herr, wenn ich meine Rache an ihnen vollstreckt habe.«

Ich ziele und mein Finger betätigt genau im richtigen Moment den Auslöser, die Kugel schießt aus dem Lauf – und trifft. Ein schmerzverzerrter Aufschrei. Mein Kumpel Dan sinkt zu Boden, seine Rückseite ist gelb wie eine Sonnenblume. Ich habe einen eigenen Mann erledigt. Verdammt! Ich nutze die allgemeine Verwirrung und renne hinter einen umgekippten Truck. Eine eindrucksvolle Zahl Kugeln folgt mir und donnert auf das Blech. Der Schweiß tropft von meiner Stirn. Ich blicke in die Ferne, wohl wissend, dass das Schlimmste noch nicht überstanden ist, mein Gewehr als Schutz und Trophäe vor meiner Brust, meine Haare zerzaust vom Kampf und blau tropft es von meinen Kleidern. Doch es ist keine Zeit zum Ausruhen, der Feind wartet und lauert. Ich laufe los, schieße und hoffe, dass ich mich außerhalb dieses Geländes nie wieder so fühlen muss.

WAS MAN VIELLEICHT WISSEN SOLLTE:
Eigentlich muss man volljährig sein, aber wir kennen ja Mittel und Wege (> Punkt 39: Sich reinschleichen).

UND WARUM MAN ES TUN SOLLTE:
Krieg ist kein Spiel, aber Paintball schon – koste es aus! Sag Nein zu Afghanistan und Ja zu Paintball!

49. KAPITEL

TRÄUMEN

»Mit sechzehn sagte ich still,
ich will, will groß sein, will siegen,
will froh sein, nie lügen,
mit sechzehn sagte ich still,
ich will, will alles, oder nichts.
Für mich soll's rote Rosen regnen,
mir sollten sämtliche Wunder begegnen.
Die Welt sollte sich umgestalten
und ihre Sorgen für sich behalten.«
(*Für mich soll's rote Rosen regnen* –
Hildegard Knef)

Schließ die Augen und stell dir vor, was noch alles Wunderbares passieren könnte. Welche erstaunlichen Dinge dir widerfahren könnten, welche aufregenden Länder du bereisen könntest, welche Superstars dir ihre Liebe gestehen könnten!

Mit 13, 15, 17 hat man noch Träume und zwar so viele, dass es einen manchmal taumeln lässt. Aber das ist nicht schlimm, denn manche Träume können wahr werden, wenn man es wirklich will, mutig genug ist und das Glück auf seiner Seite hat. Dann wird es vielleicht auch rote Rosen regnen.

WAS MAN VIELLEICHT WISSEN SOLLTE:
Damit man nie wieder brutal aus einem Traum gerissen wird: Wohlfühlwecker anschaffen!

UND WARUM MAN ES TUN SOLLTE:
Geheimrezept für ein glückliches Leben: So früh wie möglich mit dem Träumen beginnen – und nie damit aufhören.

50. KAPITEL

DIE SCHULE SCHWÄNZEN

Jeder hat es schon getan, wirklich jeder. Außer vielleicht der eine Oberstreber im Jahrgang, den eh keiner mag, weil er nie abschreiben lässt, immer »Pssst!« ruft, wenn es laut wird, und wenn man eine Frage an ihn richtet, grundsätzlich »keine Ahnung« hat, dann aber trotzdem die beste Arbeit abliefert.

Marie hat noch ein Schuljahr vor sich, Kathi hat das Abitur bereits abgelegt. Sie kann daher ganz offen ein paar wertvolle Tipps geben, wie man seinen Master im Schuleschwänzen macht.

KATHARINA ÜBER MITTEL UND WEGE, SICH MEHR FREIZEIT ZU VERSCHAFFEN:
Es ist wunderbar, dass wir unseren Horizont in deutschen Bildungsinstitutionen erweitern dürfen und so zu mündigen Bundesbürgern heranreifen können. Das wäre die Antwort gewesen, die ich meinen Lehrern in die Ohren gesäuselt hätte, wenn sie mich nach meinem Befinden im Unterricht befragt hätten. Und ganz im Ernst: Schule kann echt ganz interessant sein. Ohne meinen Biolehrer hätte ich möglicherweise nie erfahren, dass so gut wie kein Säugetier (mal abgesehen von der Präriewühlmaus), nicht mal der Mensch, zur Monogamie geschaffen ist. Und ohne die Deutschstunden, in denen wir nicht nur Schiller und Goethe, sondern auch das Leben an sich analysiert haben, wäre ich wahrscheinlich viel stumpfsinniger. Trotzdem gab es natürlich auch etliche Momente in meiner Schulzeit, in denen meine Augen glasig wurden und meine Gedanken abdrifteten, weil der Unterricht so langweilig war, dass mir nichts anderes übrig blieb, als meine eigenen Schattenseiten zu erforschen. Wenn man damit aber erst einmal durch ist und außerdem ein süßer Junge mit Vespa vor dem Schultor wartet, muss man sich entscheiden: leiden oder abzischen und die eigene Abwesenheit vertuschen?

Wenn man nicht bereits zur Oberstufe zählt, deren größtes Privileg darin besteht, sich übers Internet krankmelden zu können, dann müssen andere Strategien herhalten, um sich mehr Freiräume zu schaffen. Einfach nicht zum Unterricht zu gehen ist eine davon – die wohl am häufigsten genutzte. Wendet man sie an, ist das Risiko zwar relativ groß, enttarnt zu werden, der Aufwand aber sehr gering. Und was man alles Schönes tun kann, in so einer freien Stunde: im Oberstufenzimmer quatschen, den Computerraum belagern und dort Gedichte von Rainer Maria Rilke ausdrucken, an Dr. Sommer schreiben. Wird man erwischt, helfen manchmal Notlügen: »Mir wurde auf einmal schlecht« oder »Ich war im Ruheraum und bin plötzlich eingeschlafen und erst Stunden später wieder aufgewacht.« Von Vorteil ist es auch, einen Freund zu beauftragen, in den ersten Unterrichtsminuten darauf zu achten, ob der Lehrkraft auffällt, dass man nicht da ist. Tritt dieser Fall ein, kann der Beauftragte umgehend eine SMS schicken, sodass man anschließend »außer Atem« durch die Tür stolpern und sich für die Verspätung entschuldigen kann. So gibt es keinen Ärger, dafür aber Unterricht. Man kann eben nicht alles haben.

Falls die Eltern nicht gerade gut mit der Sekretärin befreundet sind, kann man sich am Telefon auch gut als Erziehungsberechtigter ausgeben und eine plötzliche Erkrankung bekannt geben.

Der sicherste, aber aufwendigste Weg ist, sich offiziell befreien zu lassen. Mit einem leicht gefälschten Zettel von »Mutti« Tage zuvor zum zuständigen Lehrer gehen und was von Onkel Werners 70. Geburtstag oder der Taufe einer Cousine labern und man bekommt einen freien Tag geschenkt. Das ist hilfreich, falls man einen Termin wahrnehmen will, der bereits in der Schulzeit stattfindet, zum Beispiel ein Festival.

Man kann auch die Guerillataktik anwenden, um möglichst viel Unterricht zu versäumen: Einfach in jeder Stunde zehn Minuten »aufs Klo gehen«. Macht bei sechs Schulstunden eine Stunde freie Zeit …

WAS MAN VIELLEICHT WISSEN SOLLTE:
Sich bei der Sekretärin einzuschleimen (Blumen oder Pralinen zu Ostern und Weihnachten) kann Wunder bewirken!

UND WARUM MAN ES TUN SOLLTE:
Die Schule ist die Konstante im Leben von Jugendlichen, aber Jugendliche mögen keine Konstanten. Es liegt also in unserer Natur zu schwänzen. Dagegen kann man nichts tun, da hilft nicht mal Ritalin.

51. KAPITEL
KÜCHENKRÄUTER RAUCHEN

Es gibt einen Haufen Drogen, aber wer denkt, dass die allermeisten illegal sind, der irrt. Aztekisches Traumkraut, Goldmohn, Muskatnuss oder Katzenminze können auch als Rauschmittel verwendet werden und sind nahezu überall erhältlich. Dass diese Pflanzen giftig sind und ihr Genuss nicht sonderlich spaßig, sollte man allerdings bedenken.

Wir kennen einen Haufen Leute, die mit 14 auf die Idee gekommen sind, den Kopf über einen Benzinkanister zu hängen oder aus Post-its und Gewürzen Joints zu drehen, um sich die Zeit zu vertreiben. Insbesondere das, ja okay, eigentlich vollkommen sinnlose Kiffen von Küchenkräutern ist beliebt. Ob Curry, Zimt oder teuflische Chilischoten – einfach einrollen, zukleben und anzünden! Kann ganz atmosphärisch sein. Einige schwören zudem Stein und Bein, dass Earl Grey eine ähnliche Wirkung wie Marihuana hervorruft.

WAS MAN VIELLEICHT WISSEN SOLLTE:
Wer nicht selbst drehen will, der kann sich auch Kräuterzigaretten aus der Apotheke besorgen. Die riechen nach dem Anzünden auch wie eine brennende Wiese.

UND WARUM MAN ES TUN SOLLTE:
Klingt erst mal dumm, ist aber gar nicht so schlimm. Man weiß zwar nie so genau, was man sich da gerade durch die Lunge zieht, aber wahrscheinlich ist es sogar gesünder als normale Zigaretten und abenteuerlicher erst recht!

52. KAPITEL
EHRENAMTLICH ARBEITEN

Ehrenamtliches Engagement klingt nach einem Haufen zusätzlicher Arbeit, die vollkommen spaßfrei ist und als freizeitfressendes Monster in Erscheinung tritt. Warum du dich dennoch engagieren solltest, ist dir wahrscheinlich klar. Deshalb ersparen wir dir eine Moralpredigt, die du wahrscheinlich eh nur überfliegen würdest. Stattdessen wollen wir dir aus erster Hand davon berichten, dass es auch Spaß (also, so richtigen) machen kann, sich in den Dienst der Gemeinschaft zu stellen.

KATHARINA ÜBERS ARBEITEN MIT ALTEN MENSCHEN:

Besuche in Seniorenheimen (oder bei der grauen Lady von nebenan) können aufregend, unfreiwillig komisch und in jeder Hinsicht bereichernd sein. Denn keiner kann so gute Sexwitze erzählen wie Rollstuhlschwerenöter jenseits der 80, die zwar schon lange nicht mehr können, aber genug Zeit haben, sich unzählige zweideutige Sprüche einfallen zu lassen. Zudem kann man etwas von alten Menschen lernen, das wirklich wichtig ist: nämlich gute Erinnerungen wertzuschätzen. »Schöne Erinnerungen sind das Lächeln der Vergangenheit«, besagt die eingerahmte Notiz im Zimmer von Opi Arno, der stattliche 101 Jahre Zeit hatte, um weit mehr als 100 tolle Dinge zu erleben.

Worauf man allerdings gefasst sein sollte, wenn man freiwillig als Ersatzenkel einspringt: Man wird in der Gegenwart von alten Menschen sehr leicht mit Melancholie angesteckt. Wenn sich die ältere Dame mit den verschleierten Bambiaugen die Hand quetscht oder denkt, man sei ihre Tochter, die sie endlich heimbringen wird, dann verdrückt man schon mal heimlich ein paar Tränen.

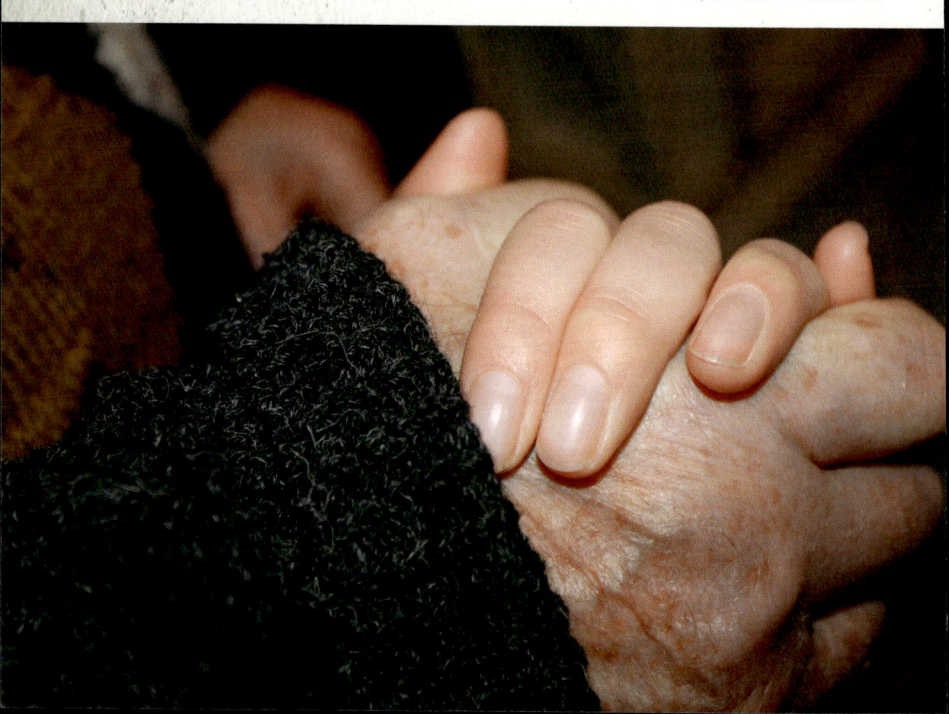

Wer denkt, dass das Chillen mit Opa und Oma nichts für ihn ist, der sollte sich nicht vorschnell für die ehrenamtliche Arbeit mit kleinen Kindern entscheiden. Ich bin noch heute dank eines 5-Jährigen namens Paul schwer traumatisiert. Denn obwohl Kinder und alte Menschen viel gemeinsam haben – sie schlafen an den eigenartigsten Orten ein, teilen anderen mit: »Ich muss Groß!«, trällern selbstverfundenes Liedgut, haben vor den normalsten Dingen Angst und können sich an scheinbar langweiligen Dingen stundenlang erfreuen –, sind sie sehr unterschiedlich. Und nur weil du es gut mit einem Kind meinst, meint das Kind es noch lange nicht gut mit dir!

Je nach Interesse kann man auch als Mitarbeiter kirchlicher Organisationen eine gute Zeit haben oder sich der Freiwilligen Feuerwehr oder ähnlichen gemeinnützigen Organisationen anschließen. Wer sich erst einmal darauf einlässt, ehrenamtlich zu arbeiten, kann über die Jahre viele spannende Aktionen und bierselige Abende erleben und wahrscheinlich auch gute Freunde finden.

WAS MAN VIELLEICHT WISSEN SOLLTE:
Man muss nicht gleich seine gesamte Freizeit opfern und sich auf Jahre festlegen. Oft kann man bei Vereinen und Organisationen auch erst mal reinschnuppern.

UND WARUM MAN ES TUN SOLLTE:
Auch wenn das nach Moralapostel klingt: Manchmal ist es wirklich toll, anderen zu helfen! Es ist zwar nicht immer mühelos, aber die Freude, die man gibt, bekommt man zurück. Und alle ehrenamtlichen Tätigkeiten machen sich darüber hinaus ganz hervorragend im Lebenslauf.

53. KAPITEL
BEI EINEM FREMDEN ÜBERNACHTEN

Nein, damit meinen wir nicht, dass du mit irgendwelchen zwielichtigen Gestalten nach Hause gehen sollst, die ihren Fußfetisch an dir ausleben wollen. Denn ein Abenteuer wie das unserer Freundinnen wollen wir dir gern ersparen: Als eines schönen Tages die Polizei eines unserer Feste beendete und sich daraufhin die Feiergemeinde in alle Himmelsrichtungen verstreute, blieben zwei Mädchen übrig. Sie hatten komplett den Anschluss verloren, waren hundemüde und legten sich zur Rast an den Wegesrand. Plötzlich bog ein BMW um die Ecke, aus dem ein junger Mann stieg, der große Ähnlichkeit mit *Bob der Baumeister* hatte. Bob lief auf die beiden zu und fing mir nichts, dir nichts an, die dreckigen Füße des einen Mädchens zu massieren. Als dieses erwachte, bot er grinsend an, ihm und seiner Freundin einen Platz auf der Couch herzurichten. Erschöpfung, Müdigkeit und Tequila brachten die beiden Freundinnen dazu, in den BMW zu steigen. Bob hatte allerdings vergessen zu erwähnen, dass die Couch in seinem Schlafzimmer direkt neben seinem Bett stand. Nach ein paar Versuchen, sich den Füßen der Mädchen erneut zu nähern, gab er zum Glück auf und schnarchte sich in selige Fußträume. Trotzdem taten unsere Freundinnen die ganze Nacht über kein Auge zu.

Dennoch: Jeder sollte in seinem Leben einmal bei einer fremden Person übernachtet haben. Dabei muss er allerdings auf Nummer sicher gehen. Am gefahrlosesten ist es, wenn die unbekannte Person aus einem bekannten Freundeskreis stammt und man nicht allein bei ihr bleibt. Hat man ein, zwei Freunde dabei, ist es auch kein riesengroßes Wagnis, nach Clubschluss zur Aftershowparty zu einem völlig Fremden zu gehen, der sich über mehrere Stunden

Small Talk hinweg anständig verhalten hat.

Der Reiz des »Fremdschlafens« liegt darin, den Abend auf eine vollkommen unverhoffte Art ausklingen lassen zu können. Eine neue Wohnung ist zudem immer ein spannendes Forschungsfeld. Anhand der Einrichtungsgegenstände, Bilder und Andenken kann man auf die Persönlichkeit der Person schließen, die man gerade erst kennengelernt hat. Besonders aufschlussreich sind neben Sauberkeit und Ordnung der Räume auch alle erdenklichen Sammlungen, die Auswahl der Bücher und DVDs, der Terminkalender, das Altpapierfach und das Kosmetik- beziehungsweise Medizinschränkchen.

Interessant kann es auch sein, wenn man den Gastgeber an seinen Entdeckungen und den daraus resultierenden Vermutungen über seine Person teilhaben lässt. Schon klar, zu stöbern gehört sich eigentlich nicht. Aber es macht viel zu viel Spaß, um es sein zu lassen. Ein paar Tabus gibt es trotzdem: Vor allem Tagebücher, Rechnungen und Unterwäsche dürfen nicht angefasst werden. Wer dabei ertappt wird, wie er den Schlüpfer des Gastgebers eingehender betrachtet, muss damit rechnen, als perverser Freak abgestempelt und augenblicklich rausgekickt zu werden!

Lustig sind auch die Szenen am Tag danach, wenn man (im Idealfall mit einer Tasse Kaffee) von dem »Fremden« geweckt wird und schlaftrunken, wie man ist, überhaupt nicht peilt, wo und bei wem man gelandet ist!

WAS MAN VIELLEICHT WISSEN SOLLTE:
Falls man doch allein irgendwohin geht, unbedingt jemandem die Adresse per SMS zukommen lassen! Aber nicht gerade den Eltern.

UND WARUM MAN ES TUN SOLLTE:
Wer liebt nicht das Abenteuer, bei einer neuen Bekanntschaft zu übernachten und sie anhand ihrer Einrichtung zu analysieren?

54. KAPITEL
GROUPIE SEIN

Was wären Ruhm und Reichtum ohne die Heerscharen von Verehrern und Verehrerinnen, die bei jedem Hüftschwung des Mannes am Mikrofon kreischen, als ginge es um ihr nacktes Überleben. Gut, das ist jetzt eher ein Mädchen-Ding, aber wenn die Herrenfraktion genug Charme beweist, dann sind auch Rocksängerinnen nicht abgeneigt, sich auf ein Tête-à-Tête einzulassen.

MARIE ÜBER ANNÄHERUNGSVERSUCHE: Begeisterte, treue Groupies sind das wild schlagende Herz der Livemusik. Fans, die ihren Star so sehr verehren, dass sie ihm alles schenken möchten, ihm ganz nah sein und ihn mit ekstatischer Liebe überschütten wollen. Sie warten stundenlang an roten Teppichen, campen vor Konzerthallen und verbringen einen beachtlichen Teil ihrer Freizeit damit herauszufinden, wo der Rockstar absteigen wird. Alles, um einmal ein »Don't make a fuss, just get on the bus« von Frank Zappa oder ein »If I ever get back to New York, I'm gonna make you scream all night« von Mick Jagger ins Ohr geflüstert zu bekommen. Und da wir gerade beim Thema sind: Keiner hatte wohl so viele Groupies wie Mick Jagger und Keith Richards. Aber auch wir Deutschen haben eine Groupie-Kultur. So dichtete Udo Lindenberg passend: »Bei jedem Konzert sieht man dieses wilde Kind und dann zeigt sie den Stars, wo die erogenen Zonen sind.«

Wir erleben unseren ersten Groupie-Moment bei einem Aftershow-Treffen mit Tim Bendzko. Beim Fanfotosschießen fühlt er sich ernsthaft bedrängt. Zunächst drücke ich ihm nur einen zarten Kuss auf die Wange. Nachdem Kathis Hand aber frivol an seinem Oberkörper heruntergeglitten ist und zielsicher unter seiner Gürtellinie landet, sind Worte für ein paar Sekündlein wahrlich nicht seine Sprache. Stattdessen grinst er halb stolz, halb pikiert in die Kamera, bis er, durch die »Arrrgh«-Rufe der 12-jährigen Fans um uns, aufgeschreckt an sich herunter sieht und haucht: »Nicht anfassen!« Das mit dem Hotelzimmer wird danach leider nichts, aber wir werden nicht so schnell aufgeben.

Manchmal bekommt man aber auch ganz unerwartet die Chance, sich einem Star an den Hals zu werfen (> Punkt 34: Die Fashion Week besuchen): Bei einem Konzert des französischen Trios dOP stecken wir beide plötzlich (und teilweise eher unfreiwillig) in einer wilden Kussorgie mit dem Sänger. Ein zweifelhaftes Vergnügen, aber da wir irgendwie Teil der Performance sind, machen wir dennoch mit.

Überhaupt ergeben sich im Laufe unserer Recherche für dieses Projekt einige prickelnde Momente mit heißen Musikern, charismatischen Nachwuchsschauspielern und leicht dämlichen Models. Vor allem Kathi begibt sich gern in Situationen, in denen sie kurz vor dem Ziel dann doch den Schwanz einzieht. Egal, auch wenn wir noch unzählige Male scheitern werden, so schnell werden uns die interessanten Jungs nicht los. Dafür würden wir einfach zu gern auch mal sagen: »I'm with the band«!

WAS MAN VIELLEICHT WISSEN SOLLTE: In großen Städten buchen die Plattenlabels ihre Künstler meist in dasselbe Hotel ein. Also im Voraus die Geheimtipps einholen, um dann zur richtigen Zeit am richtigen Ort zu sein.

Musik zur Einstimmung:
- Rolling Stones: *Ruby Tuesday, Rip This Joint, Starfucker*
- Tony Joe White: *Groupie Girl*
- King Crimson: *Ladies of the Road*
- Snoop Dogg: *Groupie*
- Kiss: *Plaster Caster*
- Kate Nash: *Mansion Song*
- AC/DC: *Whole Lotta Rosie*
- Udo Lindenberg: *Angelika*
- Frank Zappa: *Crew Slut*

UND WARUM MAN ES TUN SOLLTE: Wir bewundern Künstler, so gehört sich das, denn sie bewahren unseren Zeitgeist für die Nachwelt. Klar, dass man manchen von ihnen ganz besonders nahekommen will ...

55. KAPITEL
EINEN FIGHT CLUB GRÜNDEN

Sich zu prügeln ist eine Jungssache, jedenfalls haben uns das die Erwachsenen immer weismachen wollen. Aber selbst unter Männern wird es immer mehr zum gesellschaftlichen No-Go, die Fäuste sprechen zu lassen. Und das ist ja auch gut so. Denn würden alle ihre Streitigkeiten mit Gewalt lösen, dann würde ein Mord-und-Totschlag-Klima in den Städten herrschen. Und wer wünscht sich das schon?

Trotzdem finden alle Jungs, die wir nach Ideen für dieses Buch gefragt haben, dass eine ordentliche Schlägerei zur Teeniezeit dazugehört. Denn trotz unserer guten Manieren und unserem großen Harmoniebedürfnis brauchen wir diese körperliche Grenzerfahrung irgendwann. Denn ob es uns nun gefällt oder nicht: Obwohl uns Gewalt zumeist abstößt, zieht sie uns bisweilen auch an. Chuck Palahniuk hat das in seinem Bestseller *Fight Club* eindrücklich aufgezeigt. Ein Karrieretyp lernt den Draufgänger Tyler Durden kennen, gründet mit ihm einen Kampfzirkel und lernt von ihm: »Alles, was du hast, hat irgendwann dich. Erst wenn du alles verloren hast, hast du die Freiheit, alles zu tun.« Vor allem unsere Kumpels lieben *Fight Club*. Denn niemand trinkt, raucht und vögelt so cool wie Tyler Durden und behält dabei den Durchblick. Tyler ist ein moderner Held, der für seine Untugenden verehrt wird und unsere Gesellschaft als materialistisch, oberflächlich, verirrt, ja krank enttarnt. Und einander zu verprügeln ist ein Schlag ins Gesicht dieser Gesellschaft. Voyeurismus und Machtbesessenheit kommen zum Vorschein. Sadismus und Masochismus. Wenn man so will, zeigt sich die menschliche Natur. *Fight Club* ist nicht gewaltverherrlichend, dieses Buch geht der Frage nach, wie es zu Gewalt inmitten unserer zivilisierten Welt kommt – und warum es befreiend sein kann, einander einvernehmlich eine reinzuhauen.

Auch wir wollen verstehen, warum sich so viele unserer Kumpels hin und wieder zum Spaß prügeln. Ist es der Aufprall der eigenen Faust? Oder die Sekunde, in der man völlig erstarrt, bevor man erneut ausholt? Ist es der Adrenalinrausch, der alle anderen Gedanken vertreibt? Oder doch der brennende Schmerz, der einen fühlen lässt, dass man lebendig ist?

In Tyler Durdens Fight Club gibt es einige Regeln, die auch für unseren Kampfzirkel gelten sollen. Sie lauten:

»1. Regel: Ihr verliert kein Wort über den Fight Club.

2. Regel: Ihr verliert *kein Wort* über den Fight Club.

3. Regel: Wenn jemand »Stopp!« ruft, schlappmacht, abklopft, ist der Kampf vorbei.

4. Regel: Es kämpfen jeweils nur zwei.

5. Regel: Nur ein Kampf auf einmal.

6. Regel: Keine Hemden, keine Schuhe.

7. Regel: Die Kämpfe dauern genau so lange, wie sie dauern müssen.

8. und letzte Regel: Wer neu ist im Fight Club, muss kämpfen.«

So viel zur Theorie, aber in der Praxis sind wir dann doch kleine Feiglinge, die nicht auf ihre einigermaßen geraden Nasen und die mit Zahnspangen mühsam gerichteten Zähne verzichten wollen. Nachdem wir todernst die Regeln verlesen haben, traut sich deshalb auch keiner zuzuschlagen. Also rüsten wir uns besser aus: Helm auf den Kopf, Knie- und Ellenbogenschoner umschnallen und extraweiche Kissen mit Klebeband am Körper fixieren.

Die Sekunde vor dem Kampf ist etwas sehr Intimes, fast so intim wie ein Kuss, das Herz setzt irgendwie aus. Kathi gegen Marie. Es geht richtig los. Der erste Stoß. Wir rammen und rempeln einander an, ringen und versuchen, einander auszuknocken. Mehrere Runden lang malträtieren wir einander mit richtig miesen linken und rechten Haken. Für alle Fehler, die der andere im Laufe unserer innigen Freundschaft gemacht hat, muss er nun bezahlen. Befreiend ist es, als wir unsere Körper aufeinanderprallen lassen und alles geben, um den anderen zu vermöbeln. Es fühlt sich gut an, den Aggressionen freien Lauf zu lassen und gleichzeitig zu wissen, dass doch niemand ernsthaft dabei zu Schaden kommen wird.

Schließlich holen wir beide mit einem gruseligen Schlachtruf auf den Lippen aus – und fallen mit einem schmerzerstickten Fiepen zu Boden. Unsere Fäuste haben sich in der Luft getroffen und dabei böse geknackst. Was sind wir nur für ein Pussy Fight Club!

WAS MAN VIELLEICHT WISSEN SOLLTE:
Sinnvoller, aber auch zeitaufwendiger als eine Einmal-Prügelei ist es, einen Kampfsport zu erlernen. Das schult bekanntermaßen nicht nur die Muskeln, sondern auch den Geist!

UND WARUM MAN ES TUN SOLLTE:
Wer lebt, behält Narben zurück – und diese Narben sind Narben von Helden.

56. KAPITEL

DER HELD EINER FOTO-LOVESTORY SEIN

Jeder liest sie mit 12, verleugnet es mit 15 und feiert sie mit 17 erneut: Die *Bravo* ist und bleibt ein Kulturgut, weil sie zu den wenigen Medien gehört, die verstehen, warum wir uns in manchen Lebensphasen nichts sehnlicher wünschen, als einen lebensgroßen Justin-Bieber-Starschnitt zu besitzen! Zudem erfährt man in der *Bravo* nicht nur alles über die Affären und Ausrutscher der Stars, sondern auch allerhand über zwischenmenschliche Beziehungen und die Anatomie des anderen Geschlechts. Wer ein Problem hat, egal welches, dem steht Dr. Sommer mit Rat und Tat zur Seite. Und wer eine Extraportion Romantik braucht, der blättert einfach bis zur Foto-Lovestory – oder besser noch: macht bei ihr mit.

MARIE ÜBER DEN ROMANTISCHSTEN TAG IHRES LEBENS:

Tief in einem jeden von uns schlummert die Sehnsucht nach wahrhaft kitschiger und vollkommen unschuldiger Liebe. Die Zeit belehrt uns aber oft eines Besseren: Solch eine Liebe gibt es nicht – oder zumindest nur sehr selten. Dennoch können wir zumindest einen Tag lang richtig verknallt sein – oder zumindest können wir so tun als ob.

Gemeinsam mit Nachwuchs-Deutsch-Popper Pat Wind und seinem Gitarristen Andy (übrigens talentiertes Mitglied der Combo Manix & The Big Band Theory) machen Kathi und ich uns auf den Weg in eine andere Welt, in der es wirklich nur ums Küssen und Händchenhalten geht und kein Typ lieber auf der Halfpipe chillt, als sein Traumgirl auf Händen zu tragen. Wir werden Teil einer Foto-Lovestory. Und auch wenn man schon gehört hat, dass Leute sich nur für die *Bravo* haben fotografieren lassen, um sich Fame oder Geld zu verdienen: Wir tun es aus Heldenmut und Überzeugung. Die Shootinglocation gleicht einem Paradies. Wir befinden uns in der Hütte des Universalgenies Dany Rohe, die die Foto-Lovestorys produziert. An der einen Wand hängt ein halbes Auto, es gibt einen pinken Schminkraum, der wie in meinen Kleinmädchenträumen aussieht, und außerdem Themennischen: die Taxi-Ecke, das Route-66-Abteil, einen Kino-Dachboden und als Höhepunkt eine Hawaii-Insel inklusive Hairumpf. In dieser malerischen Kulisse lesen wir uns das Skript durch und schlüpfen gleich darauf in ein anderes Leben – das Leben von hoffnungslos Verliebten!

Wir standen inzwischen ja schon öfter mehr oder weniger erfolgreich vor der Kamera. Aber während wir sonst immer ermahnt wurden, nicht zu lachen und Model-like zu blicken, dürfen wir vor Danys Linse unsere Emotionen überschäumen lassen. Hach, Hand an die Brust und die Augen gen Himmel rollen. Liebe ist so kompliziert – vor allem wenn man dabei gut aussehen muss, was gerade bei einer Kusszene gar nicht so einfach ist. Wie man weiß, wenn man mal zwei einander heftigst verschlingende Menschen im Club angestarrt hat, sehen Knutschende meist nicht besonders appetitlich aus. Deshalb muss der *Bravo*-Kuss ganz sanft, beim richtigen Licht und in einer vorteilhaften Perspektive aufgenommen werden.

Doch vor dem Kuss zuerst die Geschichte: Der Sänger Tyler, der von Pat gespielt wird, befindet sich in einer verzwickten Situation. Er hat Liebeskummer wegen seiner Ex und schreibt deshalb so schön melancholische Lieder, dass in den Augen seiner Managerin und guten Freundin Sophie, dargestellt von Kathi, bereits Dollarzeichen aufleuchten. Sie wünscht sich, dass er für immer der »Lonely

Boy« bleibt und dadurch seinen (und ihren) Traum verwirklicht: ein berühmter Popstar zu werden, der nur mit seiner Musik verheiratet ist. Als Tyler mit seinem Kumpel Ben, gespielt von Andy, und Sophie auf dem Weihnachtsmarkt spielt, begegnet er seiner Traumfrau Marie, die von ihm genauso angetan ist wie er von ihr und deshalb einen Zettel mit ihrer Handynummer in seinen Hut wirft. Sophie betrachtet diese Szene mit Argwohn und wirft sich Pat pseudomäßig an den Hals, um Marie zu verschrecken. So ist das halt in dem Business: Singles verkaufen mehr Platten! Tyler und Marie treffen sich dennoch zu einem romantischen Winterspaziergang. Und weil er ihr so ein wunderschönes Herz in den Schnee malt, küssen sie sich und sind natürlich sogleich schwer verliebt. Am nächsten Tag will Sophie neue Lieder von Tyler hören, der kann aber nur an Marie denken und klimpert doof und abwesend grinsend auf seiner Gitarre herum. Sophie nutzt ihr helles Köpfchen und tut es ihren *Gossip Girl*-Vorbildern nach: Sie intrigiert und löscht Maries neueste SMS und ihre Handynummer aus Tylers Handy. Der ist todunglücklich, weil er nun keine Chance hat, sein Traumgirl wiederzufinden. Marie ist genauso betrübt wie Tyler, immerhin antwortet er ihr nicht mehr. Sie stößt im Internet jedoch auf sein neuestes Video und erkennt im Songtext sofort den romantischen Winterspaziergang wieder. Lange Rede, kurzer Sinn: Sie ruft ihn an, er ist überglücklich, schreibt ein Hammerlied. Ben lädt Sophie zu einer Silvesterparty ein, auf der Tyler ihr Marie vorstellt. Die Mädchen vertragen sich miteinander. Und weil an Silvester keiner ungeküsst bleiben soll, flirten auch noch Ben und Sophie heftig. Die Geschichte endet natürlich mit einem Kuss von Marie und Tyler unter dem vom Feuerwerk beleuchteten Himmel. Und wenn sie nicht gestorben sind, dann kann man sie noch heute in der *Bravo*-Silvesterausgabe 2011 bewundern.

WAS MAN VIELLEICHT WISSEN SOLLTE: Einfach mal an *online@bravo.de* schreiben und als Betreff »Foto-Lovestory« angeben, dann hat man gute Chancen dabei zu sein. Dazu noch Fragen an Dr. Sommer? Dann auch noch eine Mail an *drsommerteam@bravo.de* hinterherschicken. Und Infos zum Musiker aus unserer Story findest du unter www.patwindmusic.de.

UND WARUM MAN ES TUN SOLLTE: Noch einmal mit der Unschuld schmachten, die man besaß, als man seine erste *Bravo* am Kiosk erstanden hat – wo geht das besser als in einer Foto-Lovestory?

57. KAPITEL

MIT EINER BAND TOUREN

Wer erfolgreich etwas über Sex, Drugs and Rock 'n' Roll gelernt (> Punkt 47) und Gefallen am Groupie-Dasein (> Punkt 54) gefunden hat, der ist bereit für ein weiteres Abenteuer, bereit, um mit einer Band zu touren. Davon träumt so ziemlich jeder irgendwann mal, doch die meisten verwerfen diesen Wunsch gleich wieder, weil sie nur an unerreichbare Bands denken, die sie begleiten wollen. Klar, Oasis und Co. können teure Hotelzimmer verwüsten, weil sie Geld haben. Und man bekommt im Flugzeug von Tokio nach New York mal Abwechslung vom miefenden Tourbus. Aber wenn man mal intensiv darüber nachdenkt: Wahrscheinlich schonen die wirklich Großen in Wirklichkeit ihre Gesundheit, um die Tour durchziehen zu können. Und richtiges Clubbing geht mit ihnen auch nicht. Denn wegen ihres Berühmtheitsgrads können sie es sich nicht mehr leisten, ordentlich zu feiern, da sonst alle gleich ihre Handykameras zücken und die Videos des Absturzes am nächsten Morgen auf YouTube stehen. Was wiederum bedeutet, dass der um seine Seriosität besorgte Werbepartner die Zusammenarbeit beendet.

Gut. Wir versuchen hier wahrscheinlich ziemlich erfolglos, dir einzureden, dass eine Tour mit den echten Stars keinen Spaß macht. Ehrlich gesagt, sind unsere Erfahrungen diesbezüglich auch nur begrenzt. Dafür können wir dir versichern, dass auch Bands, die noch keinen Plattendeal klargemacht haben, ein wildes und hemmungsloses Tourleben führen. Wir haben uns die Indie-Alt-Psych-Rock-Band eines Kumpels ausgesucht, um dem Roadie-Dasein näherzukommen: Marla. Bestehend aus dem Sänger und Bassisten Bo, dem Allroundgenie Korbi, das Gitarre und Klavier (und manchmal auch Ziehharmonizka) spielt, den Synthesizer bedient und die Hintergrundstimme gibt, und dem neuen Gott am Drummerhimmel, Q, seines Zeichens für den hochbrillanten, treibenden Rhythmus von Marla verantwortlich. Während ihrer Tour jubeln wir ihnen aus der ersten Reihe zu, verrauchen mit ihnen die Nächte und durchstreifen die Straßen. Wir erleben den kreativen Prozess hautnah mit, lernen dabei auch, dass es viel harte Arbeit kostet, total easy nach Rock 'n' Roll auszusehen. Oder weniger kryptisch ausgedrückt: Wir haben verdammt viel Spaß und können dabei einen exklusiven Blick hinter die Kulissen ergattern. Deshalb: Lerne selbst, eine Band zu lieben – und zwar so sehr, dass du bei ihr sein willst. Dann kannst du dir sicher sein, später die ein oder andere Anekdote aus deiner wilden Jugend parat zu haben.

WAS MAN VIELLEICHT WISSEN SOLLTE:
Um eine geeignete Band zu finden, einfach die Jugendzentren der Umgebung abklappern! Und für die Musik von Marla *www.soundcloud.com/quirin-andre-nemo-nebas* oder *www.myspace.com/marlamakesmemad* besuchen.

UND WARUM MAN ES TUN SOLLTE:
Im Tourbus ereignen sich die wildesten Dinge, die Aftershowpartys sind der absolute Hammer und die Musik könnte man eh den ganzen Tag rauf und runter hören.

58. KAPITEL
EINEN GANZEN TAG IM ZUG VERBRINGEN

Die Deutsche Bahn bringt Pendler jeden Tag zur Arbeit, Schulkinder zur Schule und Touristen zum Schloss Neuschwanstein. Man nimmt sie, wenn man irgendwie von A nach B kommen muss und kein Auto besitzt. Und während man im Zug sitzt, wartet man eigentlich nur darauf, wieder aussteigen zu können. Aber eigentlich sollte der Weg doch das Ziel sein, oder?!

MARIE ÜBER EINE REISE:
Ein Mensch, der reich an Liebe ist, hat tiefe Heimatwurzeln und Fernweh gleichermaßen. Aber nicht immer ist es möglich, Flugmeilen zu sammeln und für ein paar Tage in einer Metropole abzutauchen. Die Rettung naht in Form der Deutschen Bahn, die sich zur Abwechslung mal als besonders hilfreich hervortut, wenn man Fernweh hat, aber nur einen Tag Zeit. Dann kann man sich nämlich mit einem Ticket, das im ganzen Bundesland gilt, in den nächsten Zug setzen und einfach davonfahren.

Das haben wir getan. Ohne zu wissen, wohin wir wollen, fahren wir durch Bayern. Alle Orte – Augsburg, Nürnberg, München – sind diesmal nur kurze Haltestellen. Ausgestattet mit Reiseproviant, etwas Kleingeld, einem guten Buch, einer Kamera und Musik lassen wir die Zeit an uns vorüberziehen. Wir sitzen nur da und tun nichts, als aus dem Fenster zu sehen und die Landschaft zu bewundern, nachzudenken oder ein Schläfchen zu halten. Zugfahren ist so eine entspannende Reisemöglichkeit, man hat genug Platz, um sich breitzumachen (meistens jedenfalls), muss sich nicht anschnallen, es gibt keine Turbulenzen, es ist nicht sonderlich laut und wenn der Schaffner nicht hinsieht, kann man sogar die Beine hochlegen.

Ganz ohne Endstation einfach einen Tag lang herumzufahren, ist aber dennoch eine Herausforderung. Nach ein paar Stunden stellt sich Ungeduld ein und wir denken ernsthaft darüber nach, irgendwo auszusteigen und einen Shoppingtrip zu machen. Aber zum Glück beruhigt uns die vorbeiziehende Landschaft kurze Zeit später wieder, sogar Kathi kommt runter. Eine Stunde lang schweigen wir friedlich vor uns hin. Bis wir auf dem Weg nach München einen rüstigen Rentner kennenlernen, der mit seinem schwarzen Labrador Lila unterwegs ist, um seine Frau im Krankenhaus zu besuchen. Wir bieten ihm Gummibärchen an und ich darf im Gegenzug seinen Hund streicheln. Und später, auf dem Weg nach Augsburg, unterhalten wir uns eine Weile mit einer jungen Mutter, deren Kind erst wie am Spieß plärrt und dann die Finger nicht mehr von Kathis Handyhülle lassen kann.

Der Zug von Augsburg nach Nürnberg hat zwanzig Minuten Verspätung. Aber wir sind total entspannt, niemand wartet auf uns, wir müssen nicht pünktlich sein, wir haben alle Zeit der Welt – Zeit für einen kleinen Snack beim Bäcker im Bahnhofsgebäude, einen kleinen Plausch mit einem Landstreicher, eine Kippe mit der Hopper-Crew. Wir freuen uns, mit so vielen unterschiedlichen Menschen reden zu können, dass die Wartezeit wie im Flug vergeht. Es ist wahr: Der Bahnhof ist ein Ort, an dem alle zusammenkommen. Weil jeder die Deutsche Bahn nutzt, egal wie arm oder reich, dick oder dünn, alt oder jung.

Im Zug nach Nürnberg lernen wir den Songtext von *Born to Die* von Lana del Rey auswendig. Trotz unseres miserablen Gesangs bekommen wir immer wieder Besuch. Je später der Abend, desto jünger die Reisenden.

Um 22 Uhr machen wir uns auf die Heimreise, die letzte Regionalbahn in unser Dörfchen fährt um Mitternacht und wir wollen endlich nach Hause. Da steigt er plötzlich ein, ein Mädchentraum mit Intellektuellenblick, Knabenlachen und Notizbuch. Wir ignorieren, dass er uns erzählt, dass er auf dem Weg zu seiner Freundin ist, und schmachten ihn an, als er uns mit ein paar Randnotizen aus seinem Tagebuch unfreiwillig betört. »Ich höre nachts die Lokomotiven pfeifen, sehnsüchtig schreit die Ferne, und ich drehe mich im Bett herum und denke: ›Reisen …‹«, liest er uns vor. »Von Kurt Tucholsky, *Die fünf Sinne*.« Und plötzlich wissen wir wieder, warum wir seit Stunden hier sitzen, auf einem Zugsitz, der wahrlich schon bessere Zeiten erlebt hat …

WAS MAN VIELLEICHT WISSEN SOLLTE:
Mutprobe: Wer hält es länger aus, dem grimmigen Kontrolleur vorzuspielen, er hätte eine Karte, finde die aber gerade nicht?

UND WARUM MAN ES TUN SOLLTE:
Wer die Dörfer und Städte der Heimat an sich vorbeiziehen lässt, kann Kraft tanken, seine Geduld testen und interessante Menschen kennenlernen.

59. KAPITEL
GANZ VIEL KÜSSEN

Es ist nicht leicht, in ein paar Zeilen zu beschreiben, was selbst auf Tausenden von Romanseiten kaum zu erklären ist: die Magie eines Kusses.

Die meisten Erwachsenen haben die Herrlichkeit des unbeschwerten, unverbindlichen Küssens fast vergessen. Klar, der Partner wird hinter verschlossenen Türen gelegentlich mit Zärtlichkeiten bedacht. Aber in der Öffentlichkeit sieht man nur eilig aufgedrückte Bussis. Zum Glück. Wer will schon die eigenen Lehrer oder gar Eltern beim Austauschen feuchter, schlabbriger Zungenküsse begutachten?

Dass Erwachsene nicht mehr wild rumknutschen, hat auch damit zu tun, dass Küsse mit fortschreitendem Alter nicht nur an Qualität, sondern auch an Bedeutung zunehmen. Ein Kuss ist nicht mehr unschuldig (falls es überhaupt möglich ist, dass Küsse unschuldig sind), er ist ein Schritt auf dem Weg zum Sex. Die dreißigsekündigen Discoknutschereien werden daher immer seltener, bis Small Talk und Dinnereinladungen völlig an ihre Stelle treten.

Deshalb müssen wir ganz viel knutschen, solange wir jung sind – aus Neugier und weil wir es können. Flüchtige Küsse für Fremde und lange Küsse für die, die wir lieben – auf ewig oder nur für einen kurzen Moment.

WAS MAN VIELLEICHT WISSEN SOLLTE:
Beim Knutschen auf gar keinen Fall versuchen, irgendwelche Tipps zu befolgen, die du gelesen hast. Einfach machen!

UND WARUM MAN ES TUN SOLLTE:
Worte können nicht dieselbe Begeisterung ausdrücken wie Küsse. Also küsse lieber.

60. KAPITEL
EINEN POETRY-SLAM BESTREITEN

»Manchmal wünsch ich mir, es würde eine dunkle Seite geben / sehn Sie, manchmal wünsch ich mir, Franz Joseph Strauß würde noch leben, / damit ich endlich wieder wüsste, wofür und wogegen ich noch kämpfen soll, / wenn doch alle Pfade längst betreten sind, / wenn alle Bibeln längst gesegnet sind. / Alle Ideale sind doch morsch und falsch geworden, / alle charismatischen Gestalten längst debil oder verstorben. / Alles, was uns bleibt, ist mediengesteuerte Demagogie, / ein Haufen Müll für die Zukunft, sowie pragmatische Lethargie. / Unser Flugzeug stürzt ab und keinen interessiert's, / weil die Sitze sind ja so bequem. / Und mit Sitzheizung und gutem Service da ist doch auch 'n Absturz angenehm.«

Moritz Kienemann, der junge Schöpfer des Slam-Textes *In Oktaven*, rüttelt und schüttelt sich, er lallt, lacht, empört sich, gibt eine Vorstellung, die man im Theater erwarten würde. Die Stimmung ist gelöst. Während er brüllt und flüstert, sind alle Anwesenden aufmerksam und gespannt, sie klatschen und johlen, wie bei einem Konzert. Das ist die Magie des Poetry-Slams, die Kunst der Barden in neuzeitlichem Gewand. Klar, nicht jeder ist mit so einem Talent wie Moritz Kienemann gesegnet. Dennoch lohnt es sich für nahezu jeden, einmal im Dichterwettstreit anzutreten.

KATHARINA ÜBER UNVERHOFFTES GLÜCK:

Da steht mein Name. Mit einem fetten Filzstift hat ihn jemand ganz unten auf das Blatt geschmiert, das mit »Teilnehmer am Poetry-Slam« überschrieben ist. Ich bin es nicht gewesen.

Ehe ich ihn streichen kann, wandert die Liste in die Hände des Moderators, der mich freudig angrinst. Die Blicke meiner Freunde wandern unschuldig durch den Raum, ich verharre einen Moment lang in einer Schockstarre, erst dann versuche ich, mich rauszuquatschen: »Ich war das nicht, ich will da nicht mitmachen! Ich hab keinen Text!«

Es scheint aber keine Rolle zu spielen, dass ich keine Lust habe, mich auf der Bühne komplett zu blamieren – auch für meine vermeintlichen Freunde nicht. Irgendwie bringen sie mich dazu, eine halbe Stunde vor Poetry-Slam-Beginn mit dem Texten anzufangen. (»Du sagst doch immer, man soll sich keiner Erfahrung verschließen. Mensch, jetzt sei doch mal spontan!«) Zum Glück erinnert mich keiner daran, dass der normale Poetry-Slam-Teilnehmer mehrere Tage, manchmal sogar Monate an seiner Präsentation feilt. Also reime ich munter drauflos.

Nebenbei zwinge ich noch einen Kumpel, der wesentlich mehr Talent hat, sich ebenfalls zu beteiligen. Während er seinen Text schreibt und immer wieder laut probt, ahne ich, dass ich nur lyrischen Sondermüll fabriziere. Und jetzt wird mir klar: Das wird so richtig peinlich. Ich besitze plötzlich die Gewissheit, die absolute Gewissheit, dass ich versagen werde – aber seltsamerweise macht es mir das irgendwie leichter.

Ich muss zuerst ins Scheinwerferlicht treten. Beschwingt springe ich auf die Bühne. Und lese wild gestikulierend vor. Viel zu schnell und viel zu grinsend brülle ich meine Reime hinaus und kann plötzlich verstehen, warum sich manche Menschen so gern in Castingshows blamieren! Wenn man keine Chance hat zu gewinnen, dann kann man wirklich Spaß an der Sache haben. Man muss sich keine Ausreden für den Fall ausdenken, dass man nicht ankommt. Einer muss der Vollhorst sein und es gehört zum Erwachsenwerden dazu, diese Rolle zumindest einmal zu spielen.

Bei meinem ersten Poetry-Slam werde ich Sechste. Von sechs Teilnehmern. Trotzdem, so beschließe ich, sind Poetry-Slams eine gute Sache. Wenn man wirklich dichten kann, dann kann man sich hier kreativ ausleben und Bestätigung erhalten. Kann man dagegen nur mittelmäßig reimen, dann kann man zumindest seine Ausdrucksfähigkeit testen und sein Auftreten verbessern. Gerade wenn der Text mies ist, muss man Mut beweisen und sich nach getaner Arbeit selber auf die Schulter klopfen. Und anders als bei Rap-Battles oder Castingshows lacht einen keiner aus, wenn man total versagt. Die Zuschauer und Mitdichter sind nicht daran interessiert, jemanden mit bösen Blicken und hämischem Grinsen zum Einknicken zu bringen. Jedem, der sich hinstellt und seinen Beitrag loswird, wird Respekt entgegengebracht.

WAS MAN VIELLEICHT WISSEN SOLLTE:
Wer sich nicht allein traut teilzunehmen: Bei vielen Slams darf man auch als Team antreten!

UND WARUM MAN ES TUN SOLLTE:
Wir sind das Volk der Dichter und Denker. Talent hin oder her – was zählt ist der Mut, seine Gedanken vor Publikum in Worte zu fassen.

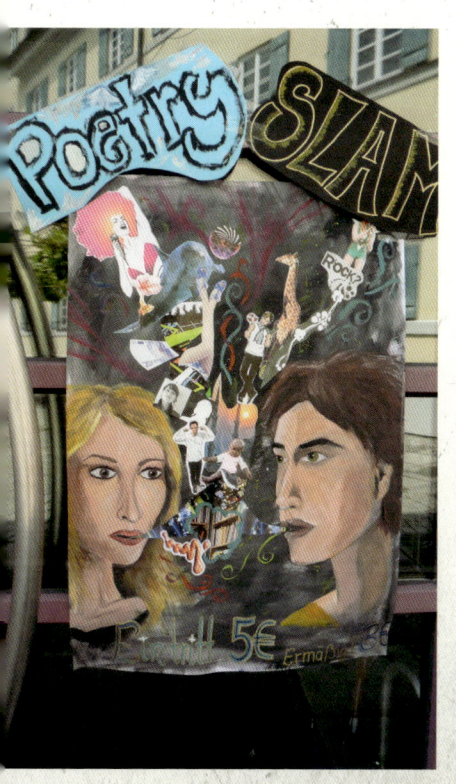

61. KAPITEL
WETTEN

Wenn Erwachsene wetten, geht es meist um Geld. Wir Jugendlichen aber wetten um Ruhm und Ehre und um uns selbst zu beweisen, wie heldenhaft wir sind.

Wetten kann man in verschiedene Kategorien einteilen, eine davon ist die Mutprobe. Sie gehört seit jeher zum Erwachsenwerden dazu und beginnt meist damit, dass jemand sagt: »Ich wette, dass du nicht …« Da es in der Vergangenheit immer wieder Leute gab, die es übertrieben haben, haftet der Mutprobe ein schlechtes Image an. Und zugegeben: Es gibt wahrlich dumme Mutproben, sie sind jedoch leicht als solche zu erkennen: Wenn du nach der Aktion physisch geschädigt oder inexistent sein oder für lange Zeit im Gefängnis sitzen könntest, dann ist die Mutprobe sehr sehr sehr dumm. Und du solltest dich lieber nicht auf sie einlassen. Andere Wettarten sind: der direkte Vergleich (»Ich wette mit dir, dass ich mehr Burger essen kann als du!«) und Wetten ums Recht (»Ich wette mit dir, dass du es keine drei Monate mit dem Typen/Mädchen aushältst!«).

Ein ganz großartiger Wetteinsatz ist das Facebook-Profil. Der Unterlegene muss sich eine Woche lang einen unglaublich schlimmen Nickname verpassen, jeden Tag mindestens einen Song einer verpönten Band posten und lobpreisen oder – für die ganz Harten – gleich sein ganzes Profil löschen.

Wetten versüßen uns die Zeit des Nichtstuns. Wer seine Leidenschaft dafür in der Jugend entdeckt, der wird noch bis ins hohe Alter viel Spaß mit kuriosen Wetten und Einsätzen haben. Wetten, dass …?

WAS MAN VIELLEICHT WISSEN SOLLTE:
Wettschulden sind Ehrenschulden. Auch wenn das mit dem Facebook-Profil ganz schön peinlich war …

UND WARUM MAN ES TUN SOLLTE:
Aus einem unerfindlichen Grund beschert es einem Hochgefühle, um alles und nichts zu wetten. Der Nervenkitzel und das Gefühl, gesiegt zu haben, sind unvergleichlich.

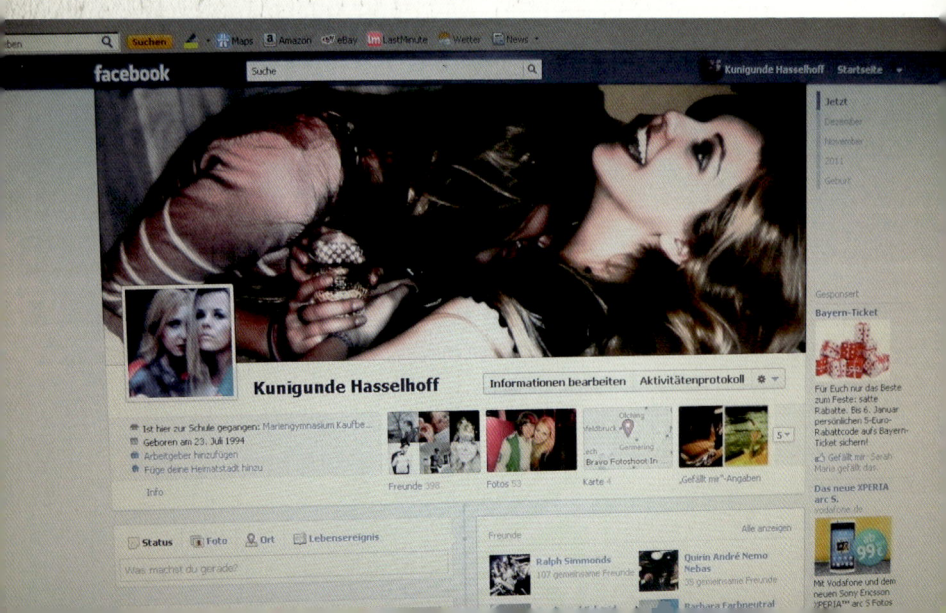

62. KAPITEL
FÜR DAS GUTE KÄMPFEN

Das Gute – was ist das schon? Eine hundertprozentige Antwort darauf gibt es nicht und kann es auch nicht geben. Denn unsere moralischen Vorstellungen sind mit der Zeit und der Umgebung verknüpft, in der wir leben. Dennoch sollten wir uns intensive Gedanken darüber machen, was gut ist, denn vielleicht lautet die zentrale Frage des Erwachsenwerdens oder überhaupt des Menschseins nicht: »Wie werde ich glücklich?«, sondern: »Wie werde ich ein guter Mensch?«.

Keiner von uns vermag es, allen Schmerz aus der Welt zu verbannen, trotzdem sollte zumindest der Versuch ein Teil unseres Alltags sein. Und am Anfang steht natürlich die Reflexion – jedem sollte im Laufe der Jugend klar werden, was er für richtig hält und was für falsch.

Der Pfad der Tugend kann so unterschiedlich aussehen wie die Gesichter des Schlechten in der Welt. Manche Menschen widmen ihr ganzes Leben der Aufgabe, bessere Lebensbedingungen für andere zu schaffen. Andere opfern ihre Freizeit für alte Menschen oder vernachlässigte Tiere. Dass nicht alle dazu berufen sind, ist klar. Wir sind auch keine Vorbilder, was das betrifft, haben aber den Willen, irgendwann welche zu sein. Aber zum Glück kann man auch beim Gutes-Tun klein anfangen: Mit ein paar Klicks kann man ganz einfach die Newsletter von Menschenrechtsorganisationen, der Welthungerhilfe oder Tierschutzvereinen abonnieren. Auch wenn einem die Zeit fehlt, sich aktiv einzubringen, für die Teilnahme an Briefaktionen, zu denen Amnesty International und Co. regelmäßig aufrufen, findet jeder ein paar Minuten. Einfach einen von der Organisation zumeist grob vorformulierten Brief aufsetzen, abschicken und damit im besten Fall zur Freilassung eines politischen Gefangenen beitragen. Jeder Brief zählt und ist keineswegs ein Tropfen auf den heißen Stein – oder wie es Amnesty International formuliert: »Es ist besser, eine Kerze anzuzünden, als die Dunkelheit zu verfluchen.«

WAS MAN VIELLEICHT WISSEN SOLLTE:
Gutes tun – mit ein paar Klicks und ein bisschen Engagement: www.wwf.de, www.amnesty.de, www.attac.de.

UND WARUM MAN ES TUN SOLLTE:
Auch wir können uns für die Schwachen einsetzen und auf Gangsterjagd gehen. Vielleicht nicht so spektakulär wie die Helden im Kino, aber ein besserer Mensch zu werden kann sich verdammt gut anfühlen.

63. KAPITEL
POSTER NASSKNUTSCHEN

Ja, es ist peinlich und unreif und man muss es schon sehr nötig haben. Aber auch wenn es die meisten nicht zugeben, jeder würde doch gern mal die Lippen eines Stars auf den eigenen zu spüren. Aber weil die ganzen Posterboys und -mädchen so unnahbar sind, müssen wir uns mit einem Schmatzer aufs knitterige Papier in einer Zeitschrift begnügen. Oder wir hängen uns das Porträt direkt neben das Singlebett und drücken ihm jeden Morgen und Abend einen liebevollen Kuss auf. Und irgendwie ist das auch okay, eine Berühmtheit so anzuhimmeln.

Genau genommen hat es sogar etwas Gutes. Der Angebetete ist so weit weg, dass keines der Versprechen, die wir ihm geben, eingehalten werden muss. Und andersherum kann er uns niemals ernsthaft das Herz brechen. Immer jung und strahlend, wie auf dem Starschnitt in Lebensgröße, so soll er bleiben, bis dass der Tod uns scheidet!

WAS MAN VIELLEICHT WISSEN SOLLTE:
Jugendzeitschrift kaufen, Poster raustrennen, aufhängen und loslegen! Vorher vielleicht die Fenster verhüllen und die Tür abschließen, falls Geschwister mit der Handykamera lauern.

UND WARUM MAN ES TUN SOLLTE:
Ohne Worte, schon klar. Aber solange der Prinz noch kein Lebenszeichen von sich gibt und die Traumfrau noch nicht aufgetaucht ist, dürfen unsere Poster unsere Sehnsucht etwas abmildern.

64. KAPITEL
SICH MIT EINEM OBDACHLOSEN ANFREUNDEN

Irgendwie hat sich die Unsitte entwickelt, dass man an heruntergekommenen Gestalten, die am Straßenrand sitzen, schnellstmöglich und ohne Blickkontakt vorbeigeht – und das unabhängig davon, ob man sich um Mitternacht in einer dunkeln, menschenleeren Gasse befindet oder am helllichten Tag durch die überfüllte Haupteinkaufsstraße schlendert.

Wir tun so, als seien sie gar nicht da. Denn eigentlich dürfte es sie in Deutschland, dem Sozialstaat, ja auch gar nicht geben, die heimatlosen, oft nach Bier riechenden und von Hunden begleiteten Teens und zotteligen Männer um die 60, die auf Almosen warten.

MARIE ÜBER INTERESSANTE BEKANNTSCHAFTEN:

Zu Beginn haben wir uns gedacht, dass ein Kapitel unter der Überschrift »Landstreichern« zu schreiben bestimmt aufregend wäre. Ich habe auch schon mal auf einer Parkbank gepennt und wollte wissen, wie das so ist, als Obdachloser durch die Lande zu ziehen. Allerdings waren unsere Eltern strikt dagegen und nur eine Nacht unter der Brücke zu verbringen und dabei zu wissen, dass man jederzeit wieder nach Hause kann, das wäre nicht richtig gewesen. Wir hätten uns den Menschen gegenüber, die kein Heim haben, nicht fair verhalten. Deshalb haben wir beschlossen, uns lieber mit ihren Biografien zu beschäftigen.

Wenn wir in eine fremde Stadt kommen, dann freuen wir uns nicht am meisten auf die schöne neue Umgebung oder auf die coolen Clubs, wir freuen uns darauf, Menschen kennenzulernen. Zufallsbegegnungen sind die schönsten. Vor allem, wenn die Menschen, die man trifft, interessant sind und eine Geschichte zu erzählen haben oder wenn man mit ihnen auf Anhieb Spaß hat. In vielen Fällen sind es gerade die Leute, die zuerst unsympathisch oder abstoßend wirken, die sich als die spannendsten herausstellen. So lässt Kathi noch heute die Lebensweisheiten eines Marihuana-Dealers aus der Berliner Hasenheide in unsere Dialoge einfließen. Und ich erinnere mich mit Freude an eine untersetzte Dame, die ein T-Shirt mit der Aufschrift »Ich bin wirklich super im Bett (manchmal schlaf ich sogar 9 Stunden)« trug und eine Dose Jack-Cola in der rechten Hand und eine Hundeleine, an der ein Welpe zog, in der linken hielt. Mit ihr konnte man über Gott und die Welt reden.

Nach diesen guten Erfahrungen wollen wir jetzt mit denen sprechen, für die sich nur die allerwenigsten interessieren. In Hamburg dürfen wir einen netten Mann ohne Schuhe, aber mit Löchern im Mantel ein Stück auf seinem Weg begleiten. Er erzählt uns seine Geschichte, die von viel Alkohol, aber auch von viel Pech handelt. Weil er zu stolz ist, eine Sozialwohnung zu beziehen, lebt er auf der Straße. Trotzdem kann er Ringelnatz zitieren. Wir sind gerührt, spendieren ihm ein Bier und ziehen von dannen, genau wie er.

Die beeindruckendste Begegnung findet im Flur einer Kaschemme im Herzen Berlins statt. Wir sitzen auf dem Boden und unterhalten uns über akuten Weltschmerz. Kathi trägt eine Kapitänsmütze, die ihr plötzlich vom Kopf gehoben wird. Der Dieb grinst spitzbübisch und zeigt uns seine verfaulten Zähne. Er setzt sich die Mütze auf und salutiert, dann legte er seinen Arm um die Taille seiner Begleitung und stellt sich uns als Wolf vor. Wir zeigen einladend auf die Bodenplätze neben uns und er setzt sich. Wolf ist 25, seine Gefährtin 15 Jahre älter, weshalb wir zuerst denken, sie sei seine Mutter. Die beiden erzählen uns nicht, warum sie auf der Straße leben. Sie erzählen uns von ihrer Liebe. Über ihre Lebensumstände verlieren sie kein Wort. Stattdessen: verliebte Blicke, verspielt-gescherzte Heiratsanträge und immer wieder dieses Grinsen. Kathi und mir kommen tatsächlich die Tränen, weil die beiden so unglaublich intensiv füreinander empfinden. Bevor sich unsere Wege wieder trennen, fragen sie uns nach ein bisschen Geld. Wir geben es ihn gern und dabei denken wir an Aloe Blacc: »If I share with you my story, would you share your dollar with me?« Ja, gern.

WAS MAN VIELLEICHT WISSEN SOLLTE:

Ein Bier oder eine Pizza zu spendieren ist cool. Aber man muss sich von flüchtigen Freunden nicht ausnutzen lassen, auch nicht, wenn sie obdachlos sind!

UND WARUM MAN ES TUN SOLLTE:

Die Geschichtenerzähler von der Straße sind immer einen Stopp wert. Was sich Erwachsene nicht mehr trauen zu fragen, können wir dank unseres jugendlichen Charmes problemlos herauskitzeln.

65. KAPITEL
STREICHE SPIELEN

Wer niemals die Lektüre von Cornelia Funkes *Wilde Hühner* genossen hat, sollte das augenblicklich nachholen. Denn erst danach kann man mit seinen engsten Freunden eine Bande gründen, ihr einen möglichst seltsamen Namen geben, sich eine andere Gruppe zum Feind machen und ein Baumhaus bauen (> Punkt 12), um ein Banden-Hauptquartier zu haben, in dem Streiche ausgetüftelt werden können.

Beim Streiche-Spielen geht es nicht darum, anderen ernsthaften Schaden zuzufügen. Sondern darum, mit kleinen Aktionen zur Erheiterung der Allgemeinheit beizutragen. Da man ohnehin alles zurückgezahlt bekommt, wird einem zudem die Bedeutung der Formulierung »ausgleichende Gerechtigkeit« bewusst. Bringt man etwa den Tortenwurf-Klassiker, muss man sich nicht wundern, wenn am nächsten Tag kleine Insekten aus der Pausenbox krabbeln. Wir haben uns eine Woche lang auf den Pfad der Tunichtgute begeben und unseren Mitmenschen das Leben etwas … nun ja … versüßt! Ein paar Streiche, die wir anderen gespielt haben, waren:

- *Klingelstreich:* Nachts an fremden Türen klingeln und unschuldig Schlafende aus ihren Träumen reißen, ist besonders fies – und extrem einfach.
- *Knoblauchbonbonstreich:* Marie: »Sexy Cowboy da hinten, soll ich mal rübergehen?« – Kathi (Teufel): »Klar, aber nimm erst noch ein Bonbon gegen deine Tequila-Fahne.« – Marie: »Oh, vielen Dank.« Marie kaut. »Woah, igitt, du Grottenolm, was ist das?« – Kathi: »Knoblauchbonbon!«

- *Telefonstreich:* Wahllos eine Nummer aus dem Telefonbuch wählen oder mit unterdrückter Nummer bei Freunden anrufen und einen kleinen Schock verursachen. Auch nett: bei unbekannten Namensvettern durchklingeln oder Nummern aus Zeitungsannoncen (Dominastudio, Nacktputzer gesucht) anrufen. Ebenfalls amüsant: die Auskunft hinters Licht führen.
- *Wasserstreich:* Im Physikunterricht lernt man so einige Dinge, die einem kleinen Teufelchen hilfreich sein können. Der bekannteste Streich ist sicher der mit dem umgedrehten Glas: Man füllt ein Glas randvoll mit Wasser, presst eine sehr dünne Platte dagegen, dreht das Glas und die Platte schnell um, stellt das Glas auf den Tisch und zieht die Platte blitzschnell weg. Im Idealfall geht kein Wasser verloren und es sieht so aus, als sei das Glas leer und zum Trocknen umgedreht worden. Ob das Opfer die Nummer mit der Platte bemerkt oder nicht: Beim Aufräumen gibt es eine Sauerei.
- *Schnürsenkelstreich:* Schwarze Schnürsenkel durch Lakritzschlangen ersetzen und sich aus der Ferne am Ergebnis erfreuen.
- *Klostreich*: Zahlreiche Schelme haben sich schon am stillen Örtchen versucht, zwei Streiche sind uns jedoch im Gedächtnis geblieben. Zum einen kann man – sehr mies – durchsichtiges Duschgel auf die Klobrille auftragen und sich anschließend an den Geräuschen des Nächsten, der die Toilette benutzt, ergötzen. In den meisten Fällen kommen nur erstickte Ekelpiepser, manchmal macht es aber auch Platsch, weil das Opfer dank der glitschigen Masse in die Schüssel rutscht. Weniger böse ist es, an sämtliche Toilettentüren auf einer Etage eines öffentlichen Gebäudes (Schule, großer Club) ein »Defekt«-Schild zu kleben. Das verursacht auf den Treppen und vor den anderen WCs Stau. Und als Nebeneffekt hat man entweder weniger Unterricht, da sich alle verspäten (Schule), oder für den Rest des Abends ein Klo ganz für sich allein (Club).

WAS MAN VIELLEICHT WISSEN SOLLTE:
Tolle Scherzartikel sind unter www.racheshop.de erhältlich. Auf www.lustige-streiche.de finden sich zudem ein paar echt geniale Anregungen!

Filmklassiker, die man zur Vorbereitung auf einen großen Streich sehen sollte:
- *Die Feuerzangenbowle*
- die siebenteilige Reihe *Die Lümmel von der ersten Bank*
- *... und sowas muss um 8 ins Bett*
- *Die Jugendstreiche des Knaben Karl*

UND WARUM MAN ES TUN SOLLTE:
Schadenfreude ist einfach die schönste Freude. Und in einem zarten Alter wird einem fast alles verziehen.

66. KAPITEL
EINEN BESCHEUERTEN JOB ANNEHMEN

Was tun, wenn man möglichst schnell möglichst viel Geld braucht und die Eltern die finanzielle Unterstützung nicht aufstocken? Das Glücksspiel im Casino ist erst ab 21 Jahren erlaubt. Kredite bei Freunden aufzunehmen ist blöd, man muss ihnen das Geld ja schließlich zurückzahlen, außerdem sind sie oft auch dauerblank. Und sich selbst zu verkaufen ist unmoralisch und unter 18 sowieso illegal.

Wenn die Zeit also drängt und man nicht das Glück hat, einen ordentlich bezahlten Normalo-Job, zum Beispiel als Kellner im Eiscafé, zu finden, bleibt einem nur, die erste Stelle anzunehmen, die einem angeboten wird. Schließlich will man das nahende Festival auf keinen Fall verpassen oder die bereits geplante Reise absagen.

Zumeist endet das Unternehmen »schnelle Geldbeschaffung« jedoch damit, dass man einmal zur Arbeit geht und dann nie wieder. Denn die wirklich miesen Jobs haben oft damit zu tun, dass man sich mächtig blamiert. Wer mag es schon, von Schulkameraden und Bekannten darauf angesprochen zu werden, warum man seit Neuestem Fremden die Monatskarte des Fitnessclubs aufdrängen will oder als lebender Pfeil zur örtlichen Wellness-Oase weist?

MARIE ÜBER WIRKLICH HARTE ARBEIT:
Einen von uns beiden wird es treffen, dessen sind wir uns bewusst. Bedrohlich baumelt das unförmige Teil auf dem Kleiderbügel hin und her. Andi und ich starren unwillig den Chef an, der uns das riesige Ameisenkostüm entgegenstreckt.

Andi zwängt sich wenig später stöhnend hinein. Wie sich jedoch bald herausstellt, hat er noch den besseren Job. Denn während er inkognito agieren kann, ziehe ich ohne jegliche Tarnung mit ihm durch die Stadt und verteile Flyer. Wir sollen über die Neueröffnung eines Cafés informieren und Kundschaft anlocken. Warum die ausgerechnet in ein Café gehen soll, das mit Krabbeltieren wirbt, ist mir rätselhaft.

Jeden Idioten anzusprechen, der mir über den Weg läuft, ist mir zwar noch nie schwergefallen, mit meinem Kleinmädchencharme habe ich noch jeden zu Small Talk bewegen können, aber jetzt scheinen die quadratischen Flyer in meiner Hand mich komplett zu entmenschlichen. Keinerlei Regung zeigt sich auf den Gesichtern der Vorbeigehenden. Ganz plötzlich scheine ich zum Feind aller Passanten geworden zu sein. Eiskalt ignoriert oder sogar angerempelt zu werden, das bin ich nicht gewohnt.

Anfangs ist es nicht so einfach, die Ablehnung zu akzeptieren. Man bekommt sogar ein schlechtes Gewissen, wenn man an all die armseligen Kreaturen denkt, denen man in der Vergangenheit die Abnahme eines Zettels verweigert hat. Und jetzt ist man eine von ihnen. Lieber Passant, es ist uns total egal, was du mit dem Ding machst, und wenn's im nächsten Abfalleimer landet, ist das auch schön. Aber du musst es aus der Hand nehmen, dann können wir früher heimgehen, kriegen mehr Geld und nerven dich weniger.

Zum Glück tauchen dann doch noch ein paar Menschen auf, die sich ganz begeistert zeigen und uns Fragen zur neuen Sensation in ihrem Städtchen stellen. Es kommen sogar Fans, die die Ameise knipsen wollen. Der Tag ist gerettet.

Aber die Geldnot kommt wieder – zur Weihnachtszeit. Als es so weit ist und alles nach Glühwein und Spekulatius riecht, gelange ich zu der Einsicht, dass ich für all die Geschenke, die ich meinen Liebsten machen möchte, keinen Cent mehr übrig habe. Die Rettung naht in Form der süßen Nachbarskinder. Für sie spiele ich den heiligen Nikolaus oder drohe mit der Rute als Knecht Ruprecht und etwas später im Advent kann ich auch noch Aufträge als Weihnachtsmann und Christkind annehmen. Das Kostüm kratzt zwar und unter dem roten Mantel schwitze ich wie ein Schwein, doch meine Show dauert ja nur eine Stunde, danach kann ich meinen Lohn einsacken und nach Hause schlendern. Zumindest, wenn alles gut geht. Ist dies nicht der Fall, mache ich mich nicht nur optisch zum Deppen, sondern werde auch noch zum Epizentrum eines familiären Erdbebens. Geben die Eltern einem nicht das richtige Geschenk für den kleinen Teufelsbraten mit, kann es schon mal zu Übergriffen kommen. Wenn dann so ein Plastikdino zum zehnten Mal auf den Kopf heruntersaust und man immer noch Hochwürden im Hitzegefängnis spielen muss, denkt man so schnell nicht wieder daran, anderen eine Freude zu machen. Das kann ich versichern.

Trotzdem leistet man mit jedem noch so bescheuerten Job einen Beitrag für die Gesellschaft. Irgendjemand muss es nun mal machen und manchmal trifft es einen eben. Und immerhin: Wer peinliche Geldbeschaffungsmaßnahmen überlebt, weiß Arbeit richtig einzuschätzen und hat damit eine wichtige Lektion fürs Leben gelernt.

WAS MAN VIELLEICHT WISSEN SOLLTE:
Arbeit kann man sich schnell unter *kleinanzeigen.ebay.de* besorgen. Und hat man erst einmal etwas gefunden, dann lautet die Devise: Augen zu und durch!

UND WARUM MAN ES TUN SOLLTE:
Besser im Ameisenkostüm in der Fußgängerzone als am Freitagabend zu Hause, weil das Geld nicht reicht, um auszugehen.

67. KAPITEL
EINE BAND GRÜNDEN

Das Musikmachen ist die einzige Kunstform, bei der man ganz man selbst sein und alles rauslassen kann. Wer schreibt, sitzt zumeist im stillen Kämmerlein, wer schauspielert, muss sich auf die Rolle beschränken, die er spielt, und wer malt, der tut das meist ohne Zuschauer. Auf der Konzertbühne kann man sich dagegen vollkommen austoben – auch ohne das Talent, das man haben muss, um es bis zum Plattenvertrag zu schaffen. Wer behauptet, nur die Begabten dürfen zum Mikrofon greifen, der hat einfach unrecht. Egal, wie mies man ist, keiner kann einem verbieten, eine Band zu gründen und das produzierte Material in die Welt hinauszusenden. Also habt den Mut, ganz gleich, wie viele Mitglieder ihr habt, ob ihr ein Instrument spielen könnt oder gar keinen Ton trefft. Eine Band sollte zwar Musik hervorbringen – aber was Musik ist, ist ja zum Glück Interpretationssache.

Unsere Band gründet sich an einem eigentlich unspektakulären Abend, den wir bei Quirin verbringen. Unser Universalgenie, das wir gut von unserer Tour (> Punkt 57) kennen, bastelt gerade an einem Psychedelic-Rock-Electro-Song herum, da durchzuckt ihn ein Geistesblitz. Eine Mädchenmusikgruppe namens Pussy Pussy soll es geben, deren erste Single *Eat me* heißt. Die Besetzung ist schnell gefunden: Marie und Kathi werden Musikerinnen.

Quirin verspricht uns, dass sein Computer wahre Wunder vollbringen und aus unserem unprofessionellen Geträller ernst zu nehmenden Gesang machen kann. In seinem Kellerstudio stellen wir uns der ersten Aufnahme unseres Lebens. Triangel und Rasseln können wir gleich wieder in die Ecke legen, unser Produzent mischt die Musik ohne unser Zutun ab. Ihm fehlen nur noch zwei Frauenstimmen, die ein paar orgiastische Töne von sich geben (die dank der Special Effects später ein wenig nach Walgesängen klingen) und außerdem kaum hörbar die versauten Vocals ins Mikro hauchen: »I open my lips, water flows slowly, undies are soaky. Come give it to me. I'm waiting for you to consume me. Come eat me, eat me, come on.« Serge Gainsbourg, der in den wilden Sechzigern mit *Je t'aime ... moi non plus* die Gesellschaft schockierte und die Jugend erregte, wäre bestimmt stolz auf uns, weil wir sein Erbe weitertragen. Wenn man nur zum Spaß eine Band gründet, kann man sich glücklicherweise mehr erlauben, als wenn man tatsächlich irgendwann von der Musik leben will. Pussy Pussy werden wahrscheinlich nie für Gage auftreten, keine Musik zum Verkauf anbieten und kein Stück zweimal singen. Nur wer außergewöhnlich großes Glück hat, kann zu später Stunde in schummriger Dunkelheit eine der einmaligen Performances erleben. Und sehen, wie wir uns austoben.

WAS MAN VIELLEICHT WISSEN SOLLTE:
Es ist immer gut, etwas zu haben, das Klänge erzeugt, zum Beispiel Schlaghölzer, Rasseln, Triangeln, Gläser, Glöckchen, Computerprogramme. Wer sich *Eat me* anhören möchte, findet den Song unter www.soundcloud.com/quirin-andre-nemonebas/pussy-pussy-eat-me.

UND WARUM MAN ES TUN SOLLTE:
Mit Freunden ordentlich Krach machen? ja, denn dabei können Aggressionen abgebaut werden.

68. KAPITEL

IN EINEM MÖBELHAUS WOHNEN

Wenn einen die Enge im trauten Heim der Eltern zu ersticken droht oder die eigenen vier Wände vor Tristheit graue Schatten werfen, dann wird es Zeit, mal in einer anderen Umgebung zu wohnen. Wer nicht umziehen will, der kann in Möbelhäusern nach einem geeigneten Ort zum Abschalten suchen. Dort findet für gewöhnlich jeder Schlafzimmer, Wohnräume, Küchen, Bäder und Hobbyräume, die ihm gefallen und professionell dekoriert und vollkommen aufgeräumt sind.

Wir brechen früh am Morgen zu unserem neuen Heim auf, einer Ikea-Filiale. Auf der Kundentoilette machen wir uns couchfertig, schlüpfen in Schlafanzughosen, Gammelshirts und Löwenhausschuhe, um für den Rest des Tages so im Geschäft herumzulaufen, wie wir es eben auch zu Hause tun würden. In einem flauschigen Bett mit sympathischem Frühstückstisch lassen wir uns gleich nach unserer Ankunft nieder, um noch eine Runde zu schlafen. Danach breiten wir die Tageszeitung aus und unterhalten uns über aktuelle Geschehnisse in der Weltpolitik. Am Frühstückstisch lassen wir uns auch davon nicht irritieren, dass uns zwei frisch Verliebte die Kaffeetassen unter der Nase wegkaufen.

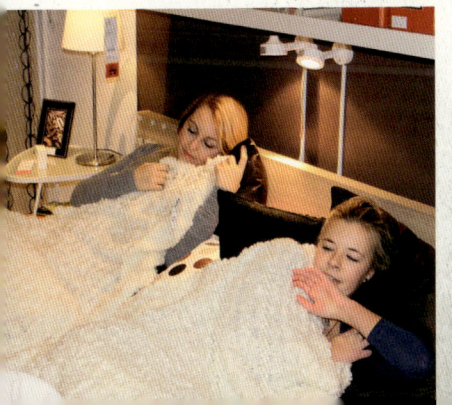

Da wir spät aufgestanden sind, können wir auch gleich den ganzen Tag im Bett verbringen. Auf dem Schlafsofa Lycksele machen wir für eine weitere halbe Stunde die Augen zu und lauschen den Kommentaren der Vorbeigehenden, von denen sich nicht wenige nur allzu gern zu uns kuscheln würden. Anschließend gammeln wir und lösen Kreuzworträtsel. Dass der Attrappen-Fernseher nicht angeht, ärgert uns allerdings ein wenig. Zu Hause ist schließlich, wo man sich mit Assi-TV die Zeit vertreiben kann. Wir fragen ein paar technikversiert aussehende Männer, ob sie uns bei der Reparatur des Geräts behilflich sein können. Einige bleiben tatsächlich stehen und drücken mehrere Minuten auf dem Plastik-Fake herum, bis sie uns raten, ein Kabel zu suchen und den Stromanschluss zu finden. Einer rät uns, doch mal beim Kinderfernseher im Småland vorbeizuschauen. Die Zuständigen dort wollen uns allerdings nicht abnehmen, dass wir erst 10 Jahre alt sind und verwehren uns trotz überzeugendem Schmollmund den Zutritt. Deshalb müssen wir uns mit den Puppen in der Kindermöbelabteilung begnügen. Wir tollen auf den kunterbunten Sofas herum und klettern verbotenerweise auf die Hochbetten. Es könnte ewig so weitergehen. Doch irgendwann neigt sich der Verkaufstag seinem Ende zu und nachdem das Bistro die Schotten dichtgemacht hat, rücken wir von unserem Plan ab, uns im Ikea einschließen zu lassen. So ganz ohne Abendbrot wollen wir dann doch nicht ins Birkeland-Bett.

WAS MAN VIELLEICHT WISSEN SOLLTE:
- Duschen muss man zu Hause, Zähneputzen geht allerdings im Kunden-WC.
- Nur batteriebetriebene Elektrogeräte mitnehmen!
- Wenn Verkäufer nachfragen: Man will sich nach der Einrichtung für die erste eigene WG umsehen und testen, welche Möbel zur Persönlichkeit passen.

UND WARUM MAN ES TUN SOLLTE:
Nicht umsonst fragt Ikea: Wohnst du noch oder lebst du schon?

69. KAPITEL

INS FREIBAD EINBRECHEN UND NACKT BADEN

Seit die Hippies Nacktheit mit Freiheit gleichgesetzt haben, geistert der Traum vom Blankziehen an einem öffentlichen Ort durch unsere Köpfe. Vor allem das nächtliche Einbrechen und Sich-Ausziehen im örtlichen Freibad hat seinen Reiz. Seit jeher kühlen sich junge Wilde in mondbeschienenen Swimmingpools in ganz Deutschland ab, wenn die Hitze von Juni bis August kaum mehr zu ertragen ist.

Kein Wunder, dass es einen selbst ebenfalls früher oder später überkommt. Man sitzt am Lagerfeuer, genießt die eigene Existenz und plötzlich weiß man: Nun ist es Zeit, es den Pionieren nachzutun. Und dann spricht man sie aus, die Heldenworte: »Wir müssen über diesen blöden Zaun klettern und jetzt definitiv nackt baden gehen!« Und schon gleitet man hüllenlos ins Wasser – um einfach nur zu planschen oder sich an *ihn* oder *sie* zu schmiegen. (Wenn man jemanden rumkriegt, dann beim Nacktbaden!) Generell kann bei einem nächtlichen Besuch im Schwimmbad nicht viel passieren – vorausgesetzt man kommt nicht auf die Idee, die riesige, extrem steile Rutsche herunterzurutschen, die kein Wasser führt. Dann gibt es nämlich ein böses Aua. Wenn die Polizei um die Ecke spaziert und dich und deine Freunde hinauswerfen will, dann lauft einfach los und hakt damit einen weiteren Punkt auf der Liste ab (> Punkt 22: Vor der Polizei flüchten). Vergesst dabei aber nicht, eure Klamotten mitzunehmen.

WAS MAN VIELLEICHT WISSEN SOLLTE:
Je kleiner die Gruppe, desto wahrscheinlicher ist es, dass die geheime Aktion auch geheim bleibt. Und auch wenn's schwerfällt: Lieber keine Fotos von nackten Freunden machen, das könnten sie einem echt übel nehmen.

UND WARUM MAN ES TUN SOLLTE:
Dieser Klassiker verfolgt uns seit den Lagerfeuergeschichten unserer Großeltern. Manche Traditionen müssen einfach von Generation zu Generation einfach weitergegeben werden!

70. KAPITEL
SINNLOSE TRENDSPORTARTEN AUSTESTEN

Sie sind sinnlos, nicht olympisch und eher für Nachtschwärmer als für echte Athleten gedacht – und gerade deshalb lieben wir sie so, die bescheuerten Trendsportarten, die uns den Kick für zwischendurch geben.

MARIE ÜBERS PLANKEN:
1997 beschlossen zwei Jungen in Somerset, England, sich zum Spaß flach auf den Bauch zu legen, das Gesicht nach unten und die Arme angelegt. Sie nannten ihre Erfindung »The Lying Down Game«. Nach einer Weile begannen sie, das Spiel auch auf öffentlichen Plätzen zu spielen, und kamen dabei auf immer skurrilere Ideen. Mit der Zeit machten mehr und mehr Leute mit und die Freunde entschieden sich, eine Facebook-Seite zu erstellen. Im Juli 2009 wurden die Medien zum ersten Mal auf die Seite aufmerksam, die Gruppe der beiden Jungs hatte inzwischen 64.000 Mitglieder. Inzwischen ist das Spiel, das auch unter dem Namen Planking bekannt ist, zur beliebtesten aller sinnlosen Trendsportarten geworden. Weitere sinnlose Trendsportarten sind zum Beispiel Owling, bei dem man sich wie eine Eule in einer möglichst ausgefallenen Kulisse zusammenkauert, oder Supermaning, bei dem man sich wie Superman irgendwo hinstellen muss.

Ich muss gestehen, dass ich kein Fan von solchen »Sportarten« bin, aber was macht man nicht alles, wenn einen eine gute Freundin dazu zwingt. Kathi hat sich nämlich gedacht: Planking? Das können wir auch, wir müssen Teil dieser Bewegung sein, die so viele Anhänger auf der ganzen Welt hat. Wir müssen planken! Wie gesagt: Ich bin da anderer Meinung. Aber weil wir nur zu zweit sind, funktioniert eine Abstimmung nicht. Also gebe ich, die Klügere, nach. Und so stehe ich einige Zeit später in einem Club neben der Theke, auf der Kathi gerade liegt.

All die Geschichten, die man so hört von Verletzungen, die entstanden sind, weil jemand beim Planken aus dem dritten Stock oder von irgendetwas heruntergefallen ist, machen dieses Spiel für die meisten noch interessanter. Und leider müssen wir zugeben, dass das auch für uns gilt. Während Kathi rumliegt, kommen mir immer ausgefallenere Orte in den Sinn, an denen man sich langmachen könnte.

Die Folge: Wir planken auf Parkbänken, Gehwegen, überall, wo man sich irgendwie hinlegen kann. Und zur Rache, dass ich bei diesem blöden, sinnlosen Trendspiel mitmachen muss, muss Kathi in der Münchner U-Bahn alle viere von sich strecken. Fast tut sie mir leid, denn alle Mitreisenden sehen sie böse an, manche schütteln sogar mit dem Kopf. Außerdem ist ihr ganzer Mantel nach der Aktion total dreckig.

Meine Meinung ist am Ende immer noch dieselbe wie vorher: Planken ist sinnlos. Kathi sieht das aber nach wie vor ganz anders: Sobald niemand zuschaut, genießt sie ihr Essen nicht mehr stehend, sondern lieber auf einem Autodach liegend. Je teurer das Auto und je größer die Gefahr, dass eine Alarmanlage losgeht, desto besser. Zudem bemüht sie sich seit Wochen, einmal im Leben im Batmaning erfolgreich zu sein. Wie eine Fledermaus hängt man dabei kopfüber und nur an seinen Zehenspitzen an irgendeiner Tür oder Wand oder wo auch immer. Nach einigen schmerzhaften Fehlversuchen entdeckt sie beim Gespräch mit Jennifer Rostock (> Punkt 57) zum Glück die energiesparendste Sportart aller Zeiten: eine Fingerübung namens »Die mysteriöse Maske«. Man stelle alle Finger auf, klappe den Ring- und Zeigefinger ein und halte sich die Hand vors Gesicht. Et voilà.

WAS MAN VIELLEICHT WISSEN SOLLTE:
Trendsportarten kommen und gehen. Einfach die Augen offen halten und ausprobieren oder besser noch selbst eine erfinden.

UND WARUM MAN ES TUN SOLLTE:
Wer jung ist, sollte Spaß haben. Und wenn man dabei etwas unintelligent aussieht, halb so schlimm!

71. KAPITEL
ALLE GERICHTE AUF DER KARTE EINES FAST-FOOD-LADENS BESTELLEN

Wenn man mal nicht weiß, was man tun soll, man vor Langeweile fast stirbt, dann fährt man zum Fast-Food-Laden und schon trifft man die Welt. Egal zu welcher Tages- oder Nachtzeit: McDonald's ist immer für uns da. Egal wie betrunken und unzurechnungsfähig wir sind, der fröhliche Clown hat immer ein Lächeln und einen warmen Burger für uns, er baut uns auf, wenn es uns schlecht geht, ja, hat sogar ein Herz für dicke Kinder! Dank ihm haben wir den besten 5. Geburtstag erlebt (mit privater Führung durch die Küche und gratis Eis), gegen den Vollrausch ankämpfen können und spontane Familienausflüge überlebt.

Und weil wir nicht genug davon bekommen können, wollen wir austesten, wie nah man dem (Burger-)Paradies auf Erden kommen kann. Da stehen wir also, zu zwölft, an der Theke und bestellen: »Einmal alles, bitte«. Die Verkäuferin guckt verwundert und ruft ihre Chefin. Die zuckt nur mit den Schultern, beginnt, die Bestellung einzutippen und kassiert uns ab. 133,99 Euro kostet uns die nachmittägliche Party in dem Fast-Food-Laden.

Und weil wir gerade schon mal da sind, können wir auch gleich noch folgende Punkte aus der berühmt-berüchtigten und in unzähligen Foren und auf privaten Websites zu findenden 100-Sachen-die-man-einmal-bei-McDonald's-machen-sollte-Liste erledigen:

- Durch den McDrive joggen oder mit einem Bobbycar vorfahren.
- Fragen, ob wir mit Achmed sprechen können.
- Fragen, wie viel das Schild kostet.
- Einen Döner bestellen.
- Die Stimme nach jedem Wort verstellen.
- Die Bestellung rappen.
- Nach einem Gruppenrabatt fragen.
- Fragen, ob Spider-Pig von McDonald's getötet wurde.
- Sagen, wir wären Menschenrechtler und immer für unterdrückte Menschen da. Die Bedienung dürfe uns ruhig anrufen.
- Bei der Bestellung eine David-Hasselhof-Grinsemaske vor unsere Gesichter halten.

WAS MAN VIELLEICHT WISSEN SOLLTE:
Wer überzeugter Fast-Food-Gegner ist (vielleicht auch, nachdem er Punkt 13 »Vegetarier sein« gelesen hat), der kann eine Menge Spaß damit haben, genüsslich essenden Gästen gründlich den Appetit zu verderben – mit Hintergrundinfos und Handyvideos.

UND WARUM MAN ES TUN SOLLTE:
Egal, wie böse diese amerikanischen Fast-Food-Ketten auch sind, sie eignen sich hervorragend für witzige Aktionen an Tagen, die sonst gähnender Langeweile gewidmet wären ...

72. KAPITEL
MIT EINEM ROLLER FAHREN

Bevor wir mit der ersten eigenen Schrottkiste die Welt erkunden können, bleibt uns nur die Flucht auf einem Roller. Man kennt diese Szenen: der schöne junge Mann, Inbegriff des Abenteuers, die hübsche junge Frau, deren Haare unter dem Helm hervorwehen, sie rauschen durch Rom, Paris oder über verlassene Landstraßen. Tun eben das absolut Romantischste, was man tun kann.

Auch du solltest dir einen Roller schnappen und drauflos fahren. Am besten im Sommer, denn alles andere ist Selbstmord. Auf der Reise erwarten dich Zwischenstopps an kleinen Eisdielen, Badepausen an träumerischen Seen und spontanes Wolkengucken am Wegesrand. Es muss auch nicht immer die sexy Rockerbraut oder der Lover-Lover-Boy sein, ein Kumpel oder eine gute Freundin mit passablen Fahrkünsten reicht vollkommen aus! Also: Schwing dich auf die Nachwuchs-Harley und fahr zum Klang von *Born to be Wild* in den Sonnenuntergang!

WAS MAN VIELLEICHT WISSEN SOLLTE:
Vespas sind am hübschesten, aber nicht am bequemsten. Wer auf Komfort aus ist, der fahre lieber einen Hyundai-Roller oder eine teure Harley!

UND WARUM MAN ES TUN SOLLTE:
Zwar ist deine Route 66 nur die Landstraße neben dem Mohnblumenfeld, aber alle haben mal klein angefangen.

73. KAPITEL

EINE ZEITREISE UNTERNEHMEN

Wir leben in einem freien und wohlhabenden Land, das nach Gleichberechtigung, Fairness und Mitgefühl strebt. In einem jahrhundertelangen Prozess wurden Klassenunterschiede beseitigt, Barrieren niedergerissen, alberne Regeln abgeschafft. Und das ist gut so. Dennoch macht es gelegentlich Spaß, für ein paar Stunden in eine vergangene Epoche zu reisen und die Sitten und Gebräuche von damals in der Light-Version zu erleben.

Vor allem Mittelalterfeste eignen sich dazu hervorragend. Die Jungs dürfen Baldewin, den bärtigen Barbaren, mimen und sich ganz im Sinne der Authentizität den typischen Geruch aneignen – also tagelang kein Waschwasser unters Kettenhemd lassen, aber dafür jede Menge Met und Bier in den stählernen Körper. Zudem können sie sich freudig ins Geraufe stürzen und das ausnahmsweise mal, ohne dabei wie ein aggressiver Idiot zu wirken.

Auch für Flirts ist gesorgt. Die Kunst der Minne lässt jeden noch so miesen Poeten erstrahlen und die Anrede »holde Maid« oder »werte Prinzessin« bringt dem Freienden weitere Pluspunkte ein. Die Damen in bodenlangen Samtkleidern erfreuen sich natürlich an dieser Tugendhaftigkeit und zieren sich zu später Stunde nur noch selten, dem stattlichen Ritter ein Lächeln und einen Kuss zu schenken.

Dabei ist jedoch Vorsicht geboten: Nicht unter jeder Rüstung steckt ein wackerer Recke, der auch im wahren Leben ein solcher bleibt. In manchen Fällen sollte man das Visier des Metallhelms lieber gar nicht erst hochklappen. Denn die angeblichen Traumprinzen sind nicht selten *WoW*-Zocker, die Rollenspiele wie eine Religion praktizieren. Überhaupt tummeln sich auf Mittelalterfesten allerlei schräge Gestalten, die als Wahrsager, Ordensbrüder, Hofnarren oder Folterknechte ihrer Passion nachgehen. Also Obacht!

WAS MAN VIELLEICHT WISSEN SOLLTE:
Zeitreisen für Anfänger:
- Wildenauer Burgfest
- Spectaculum Niuuenheim
- Mindelheimer Frundsbergfest
- Mittelaltermarkt zu Bregenz
- Kaltenberger Ritterturnier
- Wikingerfest in Norden

Und zur Einstimmung *Die Legenden von König Artus und den Rittern der Tafelrunde* lesen, *Ritter aus Leidenschaft* anschauen oder Geschichtsdokus in der ZDF-Mediathek herunterladen.

UND WARUM MAN ES TUN SOLLTE:
Fast jeder verkleidet sich gern und fragt sich manchmal, wie es war, in der Vergangenheit zu leben. Auf Mittelalterfestivals kann man die Menschheitsgeschichte ohne Gefahr für Leib und Leben miterleben! Außerdem gibt es dort verdammt gutes Essen.

74. KAPITEL
TEENIESPIELE SPIELEN

Jeder kennt sie, jeder liebt sie, aber mit 15 fangen fast alle an zu behaupten: »Aus dem Alter bin ich raus«. Dabei sind sie der Grund für viele erste Küsse und spannende Enthüllungen: Teeniespiele. Ein paar der bekanntesten und schönsten haben wir aus der Versenkung geholt. Nach erneutem Test können wir dir die folgenden wärmstens empfehlen:

- *Flaschendrehen:* Allen voran das legendäre Flaschendrehen, auch Wahrheit oder Pflicht genannt. Probleme, die Dr. Sommer nur aus der Ferne löst, werden hier auf den Tisch gebracht. Jeder – so sind die Regeln des Spiels – muss die Wahrheit sagen oder tun, was ihm aufgetragen wird. Mit etwas Glück darf man mit dem anderen Geschlecht ausprobieren, wie das mit dem Knutschen funktioniert. Unser Fazit: Flaschendrehen ist simpel, immer ein bisschen spannend und auch mit 20 noch der perfekte Ausklang für eine Hausparty im kleinen Kreis.
- *Sieben Minuten im Himmel:* Die amerikanische Variante des Flaschendrehens. Nachdem die Flasche auf einen gezeigt hat, kommt man gleich zur Sache und lässt sich mit seinem Schwarm in einem großen, dunklen Schrank einsperren. Sieben Minuten lang ist man nun in seinem persönlichen Himmel, kann knutschen, fummeln – oder einander verlegen anschweigen. Das Wichtigste: Egal, was man tut, immer darauf achten, dass sich die Zahnspangen nicht ineinander verhaken!
- *Trinkspiele:* Oft endet das erste Trinkspiel, auf das man sich einlässt, mit einem heftigen Absturz (> Punkt 20). Eine riesige Auswahl von Trinkspielen findest du auf www.trinkspiele.net. Wer Antialkoholiker ist, kann auch mit Apfelsaft spielen.
- *Soft-Strip-Poker:* Klar, wir sind alle viel zu jung und komplexbeladen, um unsere Hüllen vor der ganzen Partygemeinde fallen zu lassen. Wenn im Sommer aber ohnehin alle einen Bikini drunter tragen, kann man sich mit der U18-Version des beliebten Strip-Pokers die Zeit verschönern und anschließend eine prickelnde Wasserschlacht anzetteln.

WAS MAN VIELLEICHT WISSEN SOLLTE:
Wer sagt, Teeniespiele sind doof, ist selber doof!

UND WARUM MAN ES TUN SOLLTE:
Einfach ein Eisbrecher.

75. KAPITEL
ETWAS ÜBER DIE VERGANGENHEIT HERAUSFINDEN

Was wäre, wenn wir dreißig Jahre früher geboren wären? So viel ist klar: Wir hätten die steile Karriere von Modern Talking mitbekommen und statt zu Rihanna und Co. wahrscheinlich zu Status Quo und Pink Floyd getanzt, statt Röhrenjeans weite Schlaghosen getragen und statt Undercut eine schicke Föhnfrisur mit voluminösem Pony. Aber wer weiß, was wir wohl aus unserem Leben gemacht hätten? Wir wissen ja noch nicht mal, was wir jetzt daraus machen wollen ...

Vielleicht interessiert es einen mit 15 herzlich wenig, was Opa als Oppositioneller in der DDR erlebt hat oder wie Mama und Papa zueinandergefunden haben. Aber irgendwann beginnt man, nach den eigenen Wurzeln zu forschen, möchte man seinen Stammbaum kennen und herausfinden, wie aus der Gegenwart Vergangenheit wurde, warum die Dinge sind, wie sie sind.

MARIE ÜBER IHREN ABENTEURERDADDY:
Es gibt einen einfachen Weg, um herauszufinden, wie es früher zuging, was hip und was eher uncool war, welche Ziele die Leute damals hatten und wie die Jugend drauf war. Diese Lösung heißt: die Familie fragen und kräftig auf Dachböden und in Kellerecken herumstöbern. Mami und Papi sind ja immerhin dreißig Jahre älter als man selbst und können bestimmt genau Bericht über den Fall der Mauer erstatten. Onkel und Tanten wissen zudem noch, wie die wilden Siebziger waren und ob Körperbehaarung damals wirklich modern war.

Ich will aber vor allem wissen, was mein Vater so getrieben hat, als er jung war. Ich habe die leise Vermutung, dass da einige Leichen in seinem Keller schlummern. So gehe ich eines schönen Nachmittags mit ihm Kaffee trinken und quetsche ihn über seine dunkle Vergangenheit aus – und er erzählt mir bereitwillig davon.

Seine Kindheit über sprang mein Vater nur als Indianer verkleidet ums Lagerfeuer. Er und seine Freunde bildeten verschiedene Indianerstämme, die sich gegenseitig bekriegten. Als die Jungs dann älter wurden, distanzierten sie sich von den alten Legenden und Mythen und fanden auf einmal Mädchen und Motorräder viel interessanter. Na ja, alle bis auf meinen Vater. Der hopste mit 16 immer noch ums Lagerfeuer.

Nach seinem Abi im März 1975 verpflichtete er sich für drei Jahre dem Bund. Denn in der Familie waren sich alle einig, dass einer der beiden Söhne in des Onkels Fußstapfen treten und Offizier werden sollte. Im Januar 1977, also nach knappen zwei Jahren, wurde es meinem Vater aber zu blöd, denn auch wenn er gern Hasen in die Luft jagte und ab und an mal einen Fuchs im Wald erlegte, war er gegen Krieg und den ganzen Käse. Außerdem nervten ihn seine Vorgesetzten. Ein Jahr früher als geplant wurde er aus dem Wehrdienst entlassen – ich weiß bis heute nicht, wie er das geschafft hat.

Sinnlos zu Hause vor sich hin zu vegetieren schien ihm aber auch nicht der richtige Weg zu sein, deshalb schrieb er sich an der TU München für Maschinenbau und Religionspädagogik ein. Maschinenbau wählte er, weil alles, was »brumm brumm« macht, ihn schon immer interessierte und weil er Spaß am Herumbasteln und Werkeln hatte. Außerdem war er ja nicht dumm und malte sich gute Berufschancen in diesem Bereich aus. Religionspädagogik wählte er als Zweitfach, weil man eben ein Zweitfach wählen musste und weil dieses Fach ihn nicht zu sehr forderte. Außerdem war er so lange beim Bund gewesen, dass er nun das Gefühl hatte, dass er sich davon irgendwie wieder reinwaschen musste. Er hielt drei Semester durch, dann kehrte er der Universität den Rücken.

Ab 1978 betrieb mein Vater mit seinem kleinen Bruder dann offiziell ein Jugendzentrum, das sie zur Disco umbauten. Mein Vater war schon immer sehr engagiert gewesen, in der Schulzeit hatte er mit seinem Bruder immer in derselben Location Jamsessions und Tanzabende organisiert. Irgendwann wollte der Besitzer sich nicht mehr um den alten Schuppen kümmern und da nutzte mein Onkel die Gunst der Stunde. Er pachtete das halb zerfallene Gebäude und besorgte einige Einrichtungsgegenstände und eine Soundanlage. Es entstand der coolste Schuppen der ganzen Gegend: der Sommerkeller. Anders als in all den *Saturday Night Fever*-Läden, in die man nur auf hohen Schuhen und im Abendkleid kam, konnte in den Sommerkeller kommen, wer wollte.

Mein Vater und mein Onkel hatten dadurch aber auch oft ungebetenen Besuch von den Bikergangs aus der Umgebung. Damals war es in, auf eine Lederjacke ein Logo zu kleben, sich dann auf ein Motorrad zu setzen und Ärger zu stiften. Mit Schlagstöcken, Messern und Co. tauchten die schweren Jungs im Sommerkeller auf, um Leute, die ein anderes Erkennungszeichen trugen, zu verprügeln. Zum Glück konnte das Problem durch einen Trick gelöst werden: Mein Onkel und mein Vater nahmen den schweren Jungs am Eingang des Clubs ihre Jacken ab, sodass keiner mehr durchblickte, wer zu welcher Gang gehörte. Anfangs fanden die Rocker das natürlich total scheiße, aber mit der Zeit gewöhnten sie sich daran.

Viel schlimmer waren die Idioten, die immer wieder falsch parkten. Wie konnte man nur so dumm sein und sein Auto vor dem Lieferanteneingang abstellen? Da mussten doch die Getränkekisten rein und raus geschafft werden. Als es ihm zu bunt wurde, ermahnte mein Vater die Gäste: »Wer noch einmal an der falschen Stelle parkt, der wird von meinem neuen Spielzeug, Willi, der Walze, plattgemacht.« Tatsächlich stand ein alter Golf wenig später wieder falsch. Mein Vater überlegte nicht lange, schmiss Willi an und fuhr den Golf platt, als wäre er eine Mücke. Seit diesem Tag parkte niemand jemals wieder an der falschen Stelle. Zugegeben: Es wusste auch kein Gast, dass es sich um den Golf meines Onkels gehandelt hatte, der am nächsten Tag sowieso verschrottet werden sollte.

Meine Oma war nicht zufrieden mit ihren beiden Söhnen. Der eine war ein Studienabbrecher, der andere hatte noch nicht mal angefangen zu studieren und dann führten die beiden auch noch diese zwielichtige Tanzstube. Mein Vater sah sich gezwungen, eine Lehre als Automechaniker anzufangen, denn das war es, was Mutti verlangte. Deshalb lag er am Tag unter Autos und bei Nacht spielte er Clubbesitzer. 1985 ersteigerten die beiden Brüder ein Restaurant, welches sie ein geschlagenes Jahr lang zum Szene-Pub umbauten – mit Requisiten aus England, Wales und Schottland. Das Café Charlotte eröffnete 1986. Irgendwann traf mein Vater dann meine Mutter und nach drei Monaten Beziehung wurde geheiratet – und zwar in einem Örtchen in Schottland, in das sie gemeinsam durchgebrannt waren. So etwas nennt man heute eine Dummheit, früher war das alles fast normal. (Trotzdem spielen meine Eltern heute die Spießer, wenn ein sexy Lover-Boy bei mir übernachten will.) Natürlich wurde zu Hause nochmals standesamtlich geheiratet, damit auch ihre Familien ein wenig von dem jungen Glück abbekamen.

Im Februar 1994 kam ich dann auf die Welt und weil meine Eltern das Reisen schon immer geliebt haben, wurde ich armer kleiner Wurm überallhin mitgeschleppt – und so manches Mal aus den Augen gelassen. Einmal vergaßen sie mich in einem kleinen aufblasbaren Boot auf einem See in Südirland, weil sie sich vor einer katholischen Pfarrersfamilie verstecken mussten, um nicht beim Nacktbaden erwischt zu werden. Ich trieb eine geschlagene Stunde vor mich hin und plärrte. Ein anderes Mal ließen sie mich in einem Nationalpark in Südafrika herumlaufen, da war ich drei. Ich fand eine tote Schwarze Mamba auf dem Boden und fing an, mit ihr zu spielen. Meine Eltern lagen entspannt am Pool und meine kleine Schwester planschte, während ich mit der Schlange in der Hand von Zelt zu Zelt lief und all unsere Campingnachbarn zu Tode erschreckte. Der ganze Campingplatz schrie wie am Spieß, aber meine Eltern blieben ganz ruhig und bekamen von alledem nicht viel mit. Bis eine aufgebrachte 60-Jährige mich und die Schlange bei meiner Mutter ablieferte und etwas verstört dreinblickte. Dann war der Teufel los. Wer wusste schon, ob die Viecher noch Gift absondern, wenn sie tot sind, oder was passiert wäre, wenn die blöde Schlange nicht überfahren worden wäre? Solche Geschichten gibt es hundertfach. Ich kann gar nicht glauben, dass ich sie allesamt überlebt habe.

Aber nicht nur ich wäre beinahe drauf gegangen, auch mein Vater hat dem Tod schon mal ins Auge geblickt. Beim Gleitschirmfliegen. Er war ein wirklich guter Flieger, ab und an landete er zwar statt auf der geplanten Wiese in einem Baum oder im See, aber das war halb so wild. Kam eben immer drauf an, wo er flog und wie riskant die Tricks waren, die er probte. Bei einem Flug im Jahr 1999 übernahm er sich aber etwas: Als er eine Spirale drehte und die Kontrolle über den Schirm verlor, knallte er gegen die Felsen des Monte Baldo. Dabei brach er sich das Rückgrat. Einen Monat musste er im Krankenhaus bleiben, wo sie ihn mit Eisen nur so vollstopften, um seinen Rücken wieder halbwegs zu flicken. Anfangs war es nicht klar, ob er jemals wieder laufen können würde. Aber zum Glück ging alles gut aus.

Vier Jahre später konnte er seiner Lieblingssportart schon wieder nachgehen. Er hatte in der Zwischenzeit zwar kaum geübt, nur ab und an mal mit den Jungs, wenn meine Mutter nicht hinsah. Aber er wollte sich beweisen, dass er es immer noch konnte. Also begab er sich in Afrika auf seinen letzten Flug. Nach ungefähr einer halben Stunde versagten jedoch seine Kräfte. Unter ihm erstreckte sich eine Wiese mit einem kleinen Teich, in dem Baumstämme schwammen. Er setzte zur Landung an. Doch mit sinkender Flughöhe stieg mehr und mehr Unbehagen in ihm auf. Was sollten denn die Baumstämme

138

da und wieso war überhaupt ein Zaun um die Wiese? Die Bäume begannen zu leben, tauchten ab oder schwammen davon. Und dann sah mein Vater die vielen anderen Teiche, die auch eingezäunt waren. Alles begann zu wuseln, der Boden kam immer näher und die Vermutung, dass er gleich auf einer Krokodilfarm landen würde, wurde zur Gewissheit. Er versuchte, über den Zaun hinweg auf ein anderes Stück Land zu fliegen, doch irgendwie war er eingerostet, sodass er plötzlich mit zwanzig Krokodilen in einem Gehege stand. Der Zaun war hoch und mit Stacheldraht versehen, es gab also kein Entkommen. Im Wasser war zwar nichts zu sehen, doch er war sich sicher, das war bloß die Ruhe vor dem Sturm.

Auf einmal hörte er jemanden auf Afrikaans fluchen und schimpfen. Der Mann mit dem großem Hut sah sehr aufgebracht aus. Aber das interessierte meinen Vater nicht, er wollte einfach nur raus aus der tödlichen Gefahr. Der Mann öffnete das Tor in Windeseile und mein Vater schoss wie ein Blitz auf die sichere Seite. So schnell hatte er sich noch nie von seinem Gleitschirm befreit. Der Mann war extrem sauer und zeterte weiter vor sich hin. Es stellte sich heraus, dass er der Besitzer der Farm war und Angst um seine Krokodile hatte. Er hatte meinen Vater bei der Landung beobachtet und war schier aus allen Wolken gefallen, welche Frechheit mein Vater besaß, in seinem Gehege zu landen. Er dachte wohl, mein Vater wäre geisteskrank und wollte sich auf eine kranke Art umbringen. Vor allem aber betonte der Farmer immer wieder, dass er meinem Vater Geld abknöpfen würde, wenn eines seiner kostbaren Tiere einen Herzinfarkt erlitten hatte. Mein Vater entschuldigte sich überschwänglich. Währenddessen überlegte er allerdings, ob er sich zu den Krokodilen ins Wasser setzen sollte, um der Standpauke des Farmbesitzers zu entgehen.

Ich glaube, mein Vater hatte, als er so alt war wie ich, auch noch keinen Plan, was das Leben ihm bringen würde. Seine Leichen habe ich jetzt (fast) alle ausgegraben und irgendwie beruhigt es mich, dass er es zu etwas gebracht hat, obwohl er ein bisschen verrückt ist: Er hat einen tollen Job, eine liebende Familie, ist glücklich. Nach all diesen wundervollen Geschichten sehe ich in meinem Vater einen kleinen Peter Pan. Es war so schön, mit ihm ins Nimmerland zu reisen!

WAS MAN VIELLEICHT WISSEN SOLLTE:
Falls einem keine Fragen einfallen, sollte man *Fragen, die wir unseren Eltern stellen sollten (solange sie noch da sind)* von Marc Fischer lesen.

UND WARUM MAN ES TUN SOLLTE:
»Um einen Menschen zu kennen und sein Handeln zu verstehen, muss man eigentlich den Lauf der Menschheitsgeschichte kennen«, sagte unser Geschichtslehrer mal. Manchmal kann es aber auch schon reichen, den eigenen Stammbaum besser zu kennen.

76. KAPITEL
SICH HÖRSPIELE UND MUSIK FÜR KINDER ANHÖREN

Was haben wir sie geliebt, die Abenteuer von Bibi Blocksberg, Benjamin Blümchen und Co. Stundenlang lagen wir auf unseren flauschigen Kinderzimmerteppichen und malten Fantasiegebilde auf weißes Papier, während Wendy ihr Gestüt zu retten versuchte oder Rolf Zuckowski seine Ohrwürmer schmetterte. Auch heute noch legen sich die Stimmen aus der Kindheit wie Baldrian auf unsere Seelen, wenn wir mal wieder von Schlaflosigkeit oder Herzweh heimgesucht werden. Nimm dir also die Zeit, krame die alten CDs noch einmal raus und speichere ein paar als MP3 ab.

- *Bibi Blocksberg: Ohne Mami geht es nicht/Wo ist Kartoffelbrei?/Superpudel Puck*
- *Benjamin Blümchen: Die Zooschwimmschule/...und die Astrofanten/Das Spaghetti-Eis-Fest*
- *TKKG: Hölle ohne Hintertür/Nonstop in die Raketenfalle/Die Mafia kommt zur Geisterstunde*
- *Die drei ???: SMS aus dem Grab/Fußball-Gangster/Schwarze Madonna*
- *Rolf Zuckowski: Rolfs Vogelhochzeit/Du brauchst ein Lied!/Tiere brauchen Freunde*

WAS MAN VIELLEICHT WISSEN SOLLTE:
Falls du deine Kinder-CDs bereits auf dem Flohmarkt verhökert hast, hier eine kleine Auflistung unserer Lieblinge, die bei Schlafstörungen nützlicher als jede Tablette sind:

UND WARUM MAN ES TUN SOLLTE:
Am schnellsten kann man immer noch zu Benjamin Blümchens Tröten oder Bibi Blocksbergs Zauberei einschlafen. Hex, hex!

77. KAPITEL
EINEN BARBIEPORNO DREHEN

Wer die Foto-Lovestory zu harmlos findet und vom Genre des Erwachsenenfilms schwer beeindruckt ist, der kann mithilfe der alten Spielsachenkiste und dank seines Hormonüberschusses kreativ werden.

Aktionfiguren, Playmobilmenschen und Barbies eignen sich nämlich ganz hervorragend, um den ersten eigenen Film zu drehen. Selbst Stargäste spielen bereitwillig mit, ohne dass man ihnen hohe Gagen dafür zahlen muss. Einfach ein paar beliebte Gesichter ausdrucken, ausschneiden und auf die Puppen kleben. Dann muss man nur noch das Set aufbauen (Legohütte, Puppenschloss oder Reiterhof) und schon kann man loslegen. Unser Barbie-Blockbuster heißt *Paparazzi-Porno*.

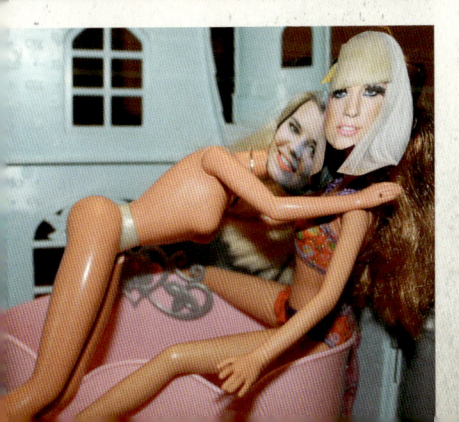

WAS MAN VIELLEICHT WISSEN SOLLTE:
Wenn es dir an Ideen mangelt, lies einfach ein bisschen Crossover-Fanfiktion.

UND WARUM MAN ES TUN SOLLTE:
So ganz können wir die Spielzeuge von früher doch nicht loslassen. Als Regisseur eines Puppenpornos kann mal endlich mal wieder mit ihnen spielen!

78. KAPITEL
TOILET TALK BELAUSCHEN

Während die meisten Erwachsenen öffentliche WCs wirklich nur zur Befriedigung gewisser Bedürfnisse nutzen, pulsiert das Leben in Toiletten, die hauptsächlich von jungen Menschen genutzt werden (Schul-WC, Discoklo). Das Klo wird zum halb intimen, halb öffentlichen Ort des Austauschs – von Statusmeldungen, Geheimnissen, Körperflüssigkeiten und Personalausweisen. Obwohl man genau weiß, dass sich in einer der Kabinen gerade jemand befindet, werden vor dem Spiegel oder dem Pissoir sämtliche Details der letzten Liebesnacht diskutiert oder wilde Küsse ausgetauscht. Deshalb lohnt es sich auf langweiligen Veranstaltungen und schlechten Partys manchmal, dauerhaft im WC herumzulungern. Denn dort kann man wenigstens seinem Voyeurismus nachgehen.

KATHI ÜBER EINE NACHT AUF DEM KLO:
Ich danke herzlich den Mädchen aus Magdeburg, die in diesem langweiligen Berliner Pseudo-Nobel-Club regelmäßig in die Toilette strahlen, um einander (und mich) zu updaten. So viel weiß ich bereits: Die dickste der drei Grazien, nennen wir sie Chantal, hat sich einige Tage zuvor ein Bauchnabelpiercing stechen lassen, das sich nun aber leider entzündet hat, nachdem ihr ein angeblicher russischer Millionär den dritten Drink ausgegeben und sich auf der Tanzfläche heftig an ihr gerieben hat. Chantal hat daraufhin das Klo mit ihren beiden Freundinnen gestürmt, zu denen die Namen Jacqueline und Sabrina super passen. Sabrina hat sich schon an einer Stange in der U-Bahn verausgabt, wie sie immer wieder kichernd herausprustet, und hängt sich erst einmal unter den Händetrockner, um ihre Achseln zu föhnen.

Als die drei das nächste Mal hereinkommen, benutzt Chantal ein paar vulgäre Worte, ihr russischer Oligarch ist offensichtlich spurlos verschwunden. Während sie noch schimpft, klingelt Jaquelines Handy. Ihr On-Off-Freund Darius gibt ihr nach einem kurzen Streit mal wieder den Laufpass, worüber sie kaum traurig zu sein scheint, denn nach dem Gespräch fragt sie nur in die Runde: »Ey, was hat mich da geritten?« Ich will ohnehin gerade aus meiner Kabine flüchten und mache einen schlechten Witz. Wiehernd antworte ich: »Da-a-arius!«. Seltsamerweise finden die drei das zum Brüllen komisch und die nächsten fünf Minuten werde ich über die mangelhaften Bettqualitäten des armen Darius aus Magdeburg aufgeklärt.

Pötzlich starrt mich Chantal jedoch mit zusammengekniffenen Augen an und schreit: »Irgendwoher kenn ich dich doch!« Im ersten Augenblick bin ich überrascht, dass sie gern Bücher liest. Zu Recht. Denn daher kennt sie mich nicht. Die Situation gerät außer Kontrolle: »Bist du nicht die Ex vom Hurensohn Göcan?« – »Voll die Schlampe!«, entfährt es Sabrina. Ein bisschen verängstigt streite ich jegliche Verbindung zu Göcan ab. Ich zeige ihnen sogar meinen Personalausweis, um zu beweisen, dass ich anders als ihr Hassobjekt nicht Anna heiße und aus der Ukraine komme.

Zur allgemeinen Beruhigung ziehe ich meinen Flachmann aus der Tasche und spendiere den drei Partyqueens je einen Schluck. Jetzt sind wir in ihren Augen so etwas wie Blutzbrüdaz. Deshalb darf ich auch der feierlichen Zeremonie beiwohnen, in der sie Anna eine böse Botschaft an der ohnehin bekritzelten Klotür hinterlassen. In aller Freundschaft trennen wir uns.

Und wahrscheinlich hätten wir uns nie mehr wiedergesehen, wenn wir uns nicht nach einiger Zeit wieder auf dem Klo treffen würden. Als ich hereinkomme, schmieden die dreisten Drei gerade Pläne, denn Chantals russischer Partyflirt ist wieder aufgetaucht. Ich äußere nebenbei meine Zweifel an der Upper-class-Zugehörigkeit des Typen und werde deshalb mehr oder weniger freiwillig in die »Mission Männerklo« eingebunden: Sabrina und ich sollen uns in einer Männerkabine postieren und bekommen von Chantal per SMS Bescheid, wenn sich ihr Zielobjekt zum Pipimachen verabschiedet. Aus nicht nachvollziehbaren Gründen willige ich ein und verschwinde mit meiner Komplizin auf der Männertoilette.

Anstelle des vermeintlichen Millionärs klopft nach einiger Zeit jedoch ein grimmiger Security an unsere Tür und weist uns mit bedrohlichem Unterton in der Stimme darauf hin, dass Drogenmissbrauch mit Hausverbot bestraft wird. Die herumstehenden Männer haben längst aufgehört, Wasser zu lassen. Sie hören nun grinsend mit an, wie wir dem Security die Wahrheit erzählen (dieser Moment bekommt einen hohen Rang in der Liste der peinlichsten Momente meines Lebens). Seiner Miene nach zu schließen, hält er die Wahrheit zwar für eine Ausrede, aber für eine so gute, dass er uns gehen lässt ...

WAS MAN VIELLEICHT WISSEN SOLLTE:
Auf ultraabgefuckten und ultraluxuriösen Toiletten trifft man die interessantesten Gäste. Langweilig: Autobahnklo! Was man auch tut, immer beachten: In den meisten Klos gibt es keine Fluchtmöglichkeit.

UND WARUM MAN ES TUN SOLLTE:
Nirgendwo sind die Menschen offener als am vermeintlich stillen Örtchen.

79. KAPITEL

EINEN FREIZEITPARK UNSICHER MACHEN

Wer schwärmt nicht für Zuckerwatte und Softdrinks, die einen in den absoluten Rausch versetzen? Für Achterbahnen, von denen man beides manchmal wieder hervorwürgen muss, die aber einfach nur dieses einzigartige Kribbeln im Bauch hervorrufen? Oder für Riesenräder, von denen aus die Welt wie Playmobil aussieht? Und lustige Maskottchen, die überall herumlaufen und sich mit kleinen Kindern fotografieren lassen? All diese einzigartigen und doch vertrauten Dinge machen Freizeitparks so wunderschön. Sie sind der einzige Ort, an dem Menschen, ganz gleich welchen Jahrganges, wieder 5 Jahre alt sein können, und der einzige Ort, an dem es ganzjährig gebrannte Mandeln gibt.

MARIE ÜBER CARTS & WASSERBOMBEN:
Wir sitzen zu viert im Auto, Kathi, Amo, För und ich, und fahren zum Freizeitpark unserer Wahl: dem Skyline Park bei Bad Wörishofen. Unser Tag startet damit, dass wir von 4-Jährigen beim Cartfahren überholt werden. Kathi versagt komplett, bleibt stehen und wird ausgebuht. »Määädchen!«, schreit ein 10-Jähriger im Vorbeifahren. Verzweifelt rüttelt Kathi an dem kleinen Lenker, bis ihr ein Parkaufseher zu Hilfe eilt und das Cart erneut zum Laufen bringt. Es dauert nicht lang, Sie fährt nur wenige Meter, dann muss er schon wieder antanzen. Wir anderen rasen derweil über die Ziellinie.

Als Kathi sich durch die letzte Runde quält, vergnügen wir uns bereits auf der Rutsche. Bei unserer großen Wasserbombenschlacht stößt sie endlich wieder zu uns. Mit För bildet sie das eine Team, das andere besteht aus mir und Amo. Ehe ich michs versehe, sind wir alle klitschnass. Kathi und ich machen einen Knoten in unsere durchsichtigen Shirts. Der junge Typ am Wasserbombenstand ist begeistert und unterstützt unseren Exhibitionismus, indem er uns einige weitere Wasserbomben schenkt. Er wird nun Zeuge einiger dramatischer Szenen: Plötzlich sind alle der Meinung, ich sei nicht nass genug – selbst Amo. Er verbrüdert sich nun mit meinen Feinden und alle stürmen auf mich zu.

Den Rest des Tages sind meine Sachen klamm, dennoch klettere ich glücklich aufs Riesenrad, tuckere über den See und fahre danach mit allen Achterbahnen.

WAS MAN VIELLEICHT WISSEN SOLLTE:
In vielen Parks bekommt man Rabatt, wenn man in den Abendstunden kommt.

UND WARUM MAN ES TUN SOLLTE:
Im Kinderwunderland kann man immer Spaß haben.

80. KAPITEL

VON LA DOLCE VITA KOSTEN

Wer sich nicht erinnern kann, jemals die weltberühmte Trevi-Brunnen-Szene in Fellinis Meisterwerk *La Dolce Vita* gesehen zu haben, sollte schleunigst YouTube zurate ziehen. Anita Ekberg, zum Sterben schön, springt in den Brunnen und verschmilzt mit dem nächtlichen Rom, bis ihr Liebhaber, gemimt von Marcello Mastroianni, ganz ergriffen mitplanschen will.

Und tatsächlich: Es gibt wenige Dinge, die einen euphorischer stimmen können, als an einem heißen Sommertag die Hüllen fallen zu lassen und beschwingt in einen kunstvollen Brunnen zu gleiten. Bevorzugt in einen, der auf dem schönsten Platz der Stadt steht, beispielsweise auf dem Münchner Marienplatz. Denn für alle Wagemutigen gilt: Je mehr Menschen zusehen, desto besser! Irgendjemand lässt sich außerdem immer dazu animieren, spontan bei der Beinahe-Poolparty mitzumischen. (Wenn du statt belustigter Blicke aber eher Romantik suchst, solltest du von einem Bad in der Menge Abstand nehmen und lieber in der Dunkelheit unter rauschenden Fontänen kuscheln.) Ach ja, und als Kleinkind mal nackig in den Brunnen in Omas Garten gesetzt worden zu sein, zählt nicht! Man muss schon aus freien Stücken und mitten in der Öffentlichkeit ins Wasser hüpfen, um vom süßen Leben kosten zu können!

WAS MAN VIELLEICHT WISSEN SOLLTE:
Unbedingt irgendwas Herzeigbares drunter tragen! Denn dass man mit sämtlichen Handykameras gefilmt wird, ist kaum vermeidbar.

Besonders geeignete Brunnen:
- der Fischbrunnen auf dem Münchner Marienplatz
- der Neptunbrunnen am Berliner Fernsehturm
- die Domfontäne auf der Kölner Domplatte

UND WARUM MAN ES TUN SOLLTE:
Im Freibad kann ja jeder baden. Aber in einem öffentlichen Brunnen zu planschen, bleibt wagemutigen Teenagern vorbehalten.

81. KAPITEL

TRAMPEN

Wer den Mut und – oft viel komplizierter zu erlangen – die Erlaubnis der Eltern hat, der kann sich nur mithilfe eines überfüllten Rucksacks und eines nach oben gerichteten Daumens oder einem spontan bepinselten Karton mit dem Namen des Zielortes auf eine traditionelle, ganz besondere Abenteuerreise begeben.

Wer per Anhalter reist, egal, ob in den Nebenort, in eine Hauptstadt im In- oder Ausland, ans Meer oder einfach nur »irgendwohin«, der sollte sich dessen bewusst sein, dass er ein Risiko eingeht. Wer weiß schon so genau, ob der Fahrer vertrauenswürdig ist und einen nicht abzockt und in der Pampa wieder rausschmeißt? Niemand. Deshalb nie allein und am besten nicht nachts trampen! Ebenso kann es einem beim spontanen Mitfahren passieren, dass man drei Stunden lang mit jemandem auf wenigen Quadratmetern zusammen zu sein muss, der nervtötend redselig, ein schauerhafter Witze-Erzähler, ekelhaft neugierig oder Fan von ohrenbetäubender Musik ist. Wer weiß, dass er das niemals ertragen könnte, sollte sich lieber gar nicht erst im Trampen probieren.

Wer es trotz aller Gefahren wagt, hat die einmalige Chance, einen interessanten Menschen zu treffen, einen netten Plausch zu halten und vielleicht sogar einen Freund fürs Leben kennenzulernen. In jedem Fall wird er aber das gute Gefühl verspüren, das man hat, wenn man weiß, dass man jederzeit flüchten, alles hinter sich lassen und spontan, ohne Plan und feste Abfahrtszeiten dem Ruf der Ferne folgen kann.

WAS MAN VIELLEICHT WISSEN SOLLTE:
Wer nicht trampen will, kann es zumindest mal mit einer Mitfahrgelegenheit versuchen. Um diesen Service nutzen zu können, muss man zwar einen Termin vereinbaren, dafür ist die ganze Angelegenheit aber deutlich sicherer. Anzeigen finden sich zum Beispiel auf *www.mitfahrgelegenheit.de*.

UND WARUM MAN ES TUN SOLLTE:
Solche »Dummheiten« begeht man nur in jungen Jahren, danach ist man dazu viel zu erwachsen – oder man besitzt einen eigenen Wagen.

82. KAPITEL
DAS OKTOBERFEST BESUCHEN

Jedes Jahr findet eine Party statt, auf der sich Tradition und ausgelassene Ultrazerhyperung miteinander verbinden und die jeder genau deshalb mal besucht haben sollte: das Oktoberfest.

Sie ist schon eindrucksvoll, die Wiesn. Überall stehen Buden, an denen man sich Brathendl und Riesenbrezen gönnen oder sein Glück im Dosen-Umwerfen versuchen kann. Unzählige Mädchen in kurzen Kleidchen und Jungs in engen Lederhosen laufen herum und sie und die anderen 6 Millionen Besucher, die jedes Jahr kommen, trinken 7,5 Millionen Maß Bier. Die Theresienwiese, auf der sich das Spektakel unter den strengen Augen unserer Schutzpatronin, der Bavaria, abspielt, ist gerade einmal 42 Hektar groß, davon werden nur 26 Hektar für das Oktoberfest genutzt. Es ist also sehr eng, sehr bunt, sehr laut, sehr sexy und die Menschen sind seeehr alkoholisiert. Strame Buam in Lederhosn, fesche Madeln im Dirndl und a frische Maß, was mog ma mehr?

Als waschechte Bayerinnen ist die Wiesn für uns natürlich unumgänglich, wir kennen das Festgelände in- und auswendig. Und freuen uns jedes Jahr erneut darauf, uns in unsere Dirndl zu schmeißen. Nicht zuletzt, weil so ein Dirndl die weibliche Figur betont. Oder jedenfalls hebt es den einzigen Bereich hervor, der noch zählt, wenn man seit zehn Stunden nur bestes Augustiner zu sich genommen hat. Das Dirndl sorgt für Ausnahmezustände. Auf dem Oktoberfest wird geflirtet und geküsst, was das Zeug hält.

Natürlich hat die Wiesn auch einen Wermutstropfen: Die Musik erinnert an den Ballermann. Mit Hits wie dem *Fliegerlied*, *20 Zentimeter* oder *Das geht ab* jagen die Bands die nüchternen Besucher aus dem Zelt, der Rest steht auf den Tischen und schwankt hin und her. Man kann sagen, dass der Spaß proportional mit der Menge des getrunkenen Bieres steigt.

Wenn es einem auf der Wiesn zu voll wird, kann man die Oide Wiesn aufsuchen. Dort geht es zwar nicht so stürmisch zu wie in den anderen Bierzelten, dafür bekommt man einen Sitzplatz, ohne um 6 Uhr aufgestanden zu sein. Wenn man auf einen deftigen Schweinsbraten mit Knödeln und auf kühles Bier steht und Sauerstoff zum Atmen braucht, dann ist das der richtige Platz für einen. Außerdem gibt es hier Männer, die im Takt der Musik mit Peitschen schnalzen und sich synchron auf die Wadeln und das Gesäß hauen – auch so eine traditionelle Angelegenheit.

Fakt ist, dass die Wiesn ein absolutes Muss ist. Denn hier ist alles möglich, alles kann passieren. Ob man will oder nicht! Zum Beispiel ein Kuss zu dritt. Oder eine Begegnung mit Ortsfremden, von denen man sich später fragt, warum zur Hölle man sich mit solchen Gestalten überhaupt angefreundet hat. Und selbst eine Irrfahrt mit einem 40-jährigen Metzgergesellen und einer Oma im Nachthemd ist drin – wenn man sich nur darauf einlässt.

WAS MAN VIELLEICHT WISSEN SOLLTE:
Die Reise nach München lohnt sich zwar, wer sich aber nicht so weit traut: Überall in Deutschland gibt es zur Wiesnzeit Oktoberfeste! Wer spontan nach München kommt und kein Hotelzimmer mehr kriegt, kann mit seinem Schlafsack im Bahnhof pennen oder, wenn er uns trifft, bei uns.

UND WARUM MAN ES TUN SOLLTE:
Das beste Bier der Welt, schöne Frauen in engen, kurzen Kleidern und mit großem Vorbau, Moderne und Tradition harmonisch vereint, viele süße Leckereien und das alles wird auch noch durch Achterbahnen und Riesenrädern ergänzt. Die Wiesn ist nicht nur für echte Bayern das Paradies.

83. KAPITEL
MAMA UND PAPA DANKE SAGEN

... dafür, dass sie einen gezeugt haben und danach 18 Jahre des Boyband-Anschmachtens, der Eskapaden, peinlichen öffentlichen Auftritte und Pubertätsspannen ertragen und so ziemlich alle Punkte auf dieser Liste erduldet haben.

Die meisten denken, dass die Eltern ihr Erwachsenwerden nur ausbremsen. Denn während man als Teenager vor allem an Exzess, Selbstverwirklichung oder Ausbruch interessiert ist, wollen Mama und Papa meistens – und bestenfalls – nichts lieber, als ihren kleinen Prinzen oder die niedliche Fee noch ein bisschen zu behalten. Sie haben Angst, ihre eigene Kreation zu schnell an das wilde Leben zu verlieren. Gerade haben sie noch Babysachen gekauft und jetzt steht schon der Schulabschluss vor der Tür!

Auch wenn wir es nicht verstanden haben und vielleicht nie richtig verstehen werden: Sie meinen es nicht böse, sie wollen uns nur beschützen, das ist eine Tatsache. Dass wir ihre guten Absichten jahrelang nicht als solche akzeptieren, geht in Ordnung. Wir wollen immerhin unsere eigenen Fehler machen – und das müssen wir auch. Aber dass wir ihnen nie Danke für all das sagen, was sie für uns tun, ist nicht richtig. Denn ein bisschen Dank haben sie nun wirklich verdient. Auch wenn die Beziehung in manchen Fällen schwierig ist, irgendwann sollten wir uns ein Herz fassen, zwischen Mami und Papi in die Bettritze krabbeln und das lang erwartete Dankeschön aussprechen oder es zumindest mit einer Geste ausdrücken!

WAS MAN VIELLEICHT WISSEN SOLLTE:
Mama von Heintje anhören! Sofort!

UND WARUM MAN ES TUN SOLLTE:
Wer auch immer dafür gesorgt hat, dass wir nicht Chantal oder Jeremy Pascale heißen oder wenigstens 18 Jahre lang für uns gesorgt hat, der hat ein paar innige Worte verdient.

Liebe Mama, lieber Papa,
wir sind wie Familie Feuerstein:
Chaotisch aber leidenschaftlich,
loyal und meistens locker, immer liebevoll!
Ich hab euch sooooo lieb!
Danke für alles
und Entschuldigung wegen der Party...

84. KAPITEL
SEIN GANZES GELD AUSGEBEN

Erwachsene müssen sich immer genau überlegen, für was sie ihr hart erarbeitetes Geld ausgeben. Autos, Häuser oder Kinder sind nun mal teurer als all das Zeug, das wir uns wünschen, wenn wir noch zur Schule gehen und das Sparschwein mit dem Kellnerlohn und Geldgeschenken von Verwandten füttern. Wann also mit Geld um sich schmeißen wie Dagobert Duck, wenn nicht jetzt, wo wir uns noch keine Gedanken darüber zu machen brauchen, wie wir ohne einen Cent auskommen sollen?

Geld verändert Menschen, wahrscheinlich mehr als Ruhm und Erfolg es tun. Deshalb sollte man nie zu viel davon haben. Gib großzügiges Trinkgeld, schmeiß häufiger 'ne Runde für deine Freunde, verspiel einiges und mach dir dabei keine Sorgen um die Zukunft. Es ist egal, ob du Unsummen für Taxifahrten, Fast Food und Cocktails rausschmeißt. Hauptsache, es fühlt sich gut an. Lieber das Konto für eine Reise plündern und spontan in den Ferien nach Berlin oder Budapest fliegen, als immer nur auf praktische und multifunktionale Elektronik hin sparen. Kurbel die Wirtschaft an und verprasse deine Kohle. Und schlag kein Angebot aus, dein Leben luxuriöser zu gestalten. Noch besser lassen sich die Scheine nur zum Kauf völlig nutzloser Gegenstände wie einer Meermannskulptur mit Chippendale-Oberkörper verwenden. Die kann man dann jeden Tag ansehen und sich freuen.

WAS MAN VIELLEICHT WISSEN SOLLTE:
Wem noch ein paar Anregungen fehlen, womit er seinen Geldbeutel erleichtern kann, für den haben wir ein paar wunderbare Sachen aufgelistet – wir haben sie selbst bereits erlebt oder erstanden:
- Handpuppen
- Lagerfeuer-DVD
- Löwenmütze
- Kontaktlinsen in einer Augenfarbe, die nicht deine ist
- Touch-Lampe
- Elisabeth-I.-Kostüm
- *Herr der Ringe*-Schwert
- Batman-Enterhaken
- *Geo*-Themenlexikon in 20 Bänden (nie gebraucht, lässt uns aber intellektueller aussehen)

UND WARUM MAN ES TUN SOLLTE:
Wann, wenn nicht jetzt? Später gilt man nur als Spinner.

85. KAPITEL
EINEN TANZKURS MACHEN

Wir wollten uns eigentlich strikt gegen einen Tanzkurs in der Pubertät aussprechen. Auf vehementes Drängen unserer (vor allem männlichen) Freunde haben wir uns allerdings entschlossen, dich an unserem schrecklichen Erlebnis teilhaben zu lassen. Denn egal, wie schlimm es auch für uns war, ein Tanzkurs mit den Annäherungsversuchen pickeliger Jungs und bezahnspangter Mädchen gehört einfach zu einer gelebten Jugend. Und immerhin haben wir etwas gelernt: Nicht alle Erfahrungen machen einen glücklicher. Aber manche dafür umso weiser.

MARIE ÜBER UNBEHOLFENE ERSTE SCHRITTE:

Der Tanzkurs ist das letzte Überbleibsel aus einer längst vergessenen Zeit, in der man noch höflich sein und Etikette wahren musste. Obwohl es dieser Tage kaum noch echte Gentlemen gibt und zauberhafte Prinzessinnen inzwischen rar gesät sind, stolpern jedes Jahr Tausende von Durchschnitts-14-Jährigen durch die Tanzsäle unseres Landes – und damit in ein psychisches Armageddon.

Wenn ich heute, vier Jahre nach dem Tanzkurs, darüber nachdenke, frage ich mich im Stillen: Wieso, zum Teufel, hab ich das Geld nicht für etwas Sinnvolles wie einen Soda Maker aufgehoben? Der kostet genauso viel, ist nützlicher und von dem hätte ich länger was gehabt. Die lächerlichen Schritte, die mir damals als verschiedene Standardtänze vorgestellt wurden – angeblich äußerst wichtig und wunderschön anzusehen –, habe ich bis heute restlos vergessen.

Abgesehen davon hat unsere Tanzkursgruppe – wie wahrscheinlich alle Tanzkursgruppen dieser Welt – extrem an Männermangel gelitten. Heute ist mir klar, weshalb die wirklich tollen Jungs nicht dort waren, aber damals ging es einfach nicht in mein 14-jähriges Ponyfrisur-Köpfchen. Zugegeben: Bei meinem Tanzpartner hatte ich noch Glück. Ich kannte ihn schon lange und unsere Freundschaft bewahrte mich vor Popogegrapsche. Ich hätte auch den Stinke-Stefan abkriegen können. Oder noch schlimmer: Amok-Anton. Abgesehen davon, dass mein Tanzpartner und ich so unaussprechlich unkoordiniert und ungeschmeidig waren, sahen wir, wenn wir nebeneinander standen, recht ansehnlich aus.

Weil wir unserem mangelnden Tanztalent die schönsten Lachanfälle zu verdanken haben, bin ich aber nicht wirklich traurig. Mein Tanzpartner und ich haben in einem knappen halben Jahr die Grundschritte der Salsa, des Foxtrotts, der Rumba, des Cha-Cha-Chas, Langsamen Walzers und Swings gelernt – oder es zumindest versucht, sie zu lernen. Tango und Wiener Walzer stehen absichtlich nicht auf der Liste. Ich müsste mich selbst belügen, wenn ich sagen würde, dass ich diese beiden Tänze auch nur annähernd beherrscht hätte. Ich weiß nur noch, dass man beim Tango eine arrogante und angespannte Haltung einnehmen muss und dass ich beim Wiener Walzer immer einen Drehwurm bekommen habe. Bei unserem Abschlussball waren wir beide deshalb auch die Einzigen, die beim Wiener Walzer völlig versagt haben. Während die anderen munter um uns herumwirbelten, standen wir wie vom Blitz getroffen da und hofften, niemand würde eine Kamera auf uns richten. Eine vergebliche Hoffnung: Das Video unseres Versagens kann man auf der Website eines Freundes und auf den Videokassetten sämtlicher Verwandter bewundern.

Obwohl wir beide derart miserabel waren, haben wir es uns nicht nehmen lassen, nach dem ersten halben Jahr noch einen Fortgeschrittenen-Kurs draufzulegen. Da muss mir jemand etwas ins Glas getan haben, als ich zusagte. Ich weiß heute auch nicht mehr, wieso ich mehr Tanzkurse gemacht habe als erforderlich. Ich war jung und brauchte das Geld … wohl doch nicht.

WAS MAN VIELLEICHT WISSEN SOLLTE:
Das A und O sind ein sympathischer und attraktiver Tanzpartner und ein klitzekleines bisschen Talent. Ist dein Tanzpartner schlimm, nimm's mit Humor. Tanzt du mit einem Jungen, dann kauf ihm im Secondhandladen eine schräge Melone plus Fliege und zwing ihn, beides den ganzen Ballabend lang zu tragen. Dann gibt's wenigstens was zu lachen! Und falls du männlich bist und deine Tanzpartnerin das absolute Grauen ist: Spiel mit ebenso erfolglosen Kumpels ein kleines Spiel, das der gewinnt, der die meisten heißen Mädels aus der Umklammerung ihres Tanzpartners befreit und zu einem schlechtem Schlager mit ihnen rumknutscht.

UND WARUM MAN ES TUN SOLLTE:
Mit akutem Hormonüberschuss in die feine Gesellschaft eingeführt zu werden (wenigstens symbolisch) gehört zu den ersten 18 Jahren des Lebens wie die Milchschnitte zu den Klitschkos. Auch wenn es einige (wir) nicht wahrhaben wollen.

86. KAPITEL
NACH EINER SERIE SÜCHTIG SEIN

Jedes Jahrzehnt hat seine Kultserien und damit jede Generation ihre Serienhelden. Sie sind wie alte Bekannte für uns, weil sie uns über Jahre hinweg begleiten und manchmal den passenden Spruch für einen grandiosen Konter vorgeben.

Was wäre das Leben zum Beispiel ohne Barney Stinsons Weisheiten wie »Anzüge sind für die Lebenden. Wenn ich eines Tages sterbe, werde ich diese Welt verlassen, wie ich sie betreten habe: splitterfasernackt. Oh ja, es wird großartig. Eine offene Bar für die Männer und ein offener Sarg für die Ladys«? Oder auch sehr schön: »Gott, ich bin's. Barney. Was geht? Ich weiß, wir reden nicht viel miteinander. Aber ein Haufen Mädels schreien deinen Namen wegen mir!« Ohne Barneys *Playbook* hätten wir viele heiße Bekanntschaften nicht gemacht, und seine Lektionen geben uns immer wieder zu denken. Von ihm erfuhren wir, was wir bereits jahrelang tief in uns wussten, aber nie zu beschreiben vermochten: Es gibt einen Cheerleader-Effekt. Dieser tritt ein, wenn eine Gruppe von Frauen unglaublich heiß erscheint – aber nur als Gruppe. Genau wie Cheerleader. Die scheinen alle verdammt sexy zu sein, wenn man sie sich allerdings einzeln ansieht, bemerkt man seinen kolossalen Irrtum.

Auf ähnliche Weise haben sich die Protagonisten von *Two and a Half Men* in unsere Herzen geschlichen und die Nerds von *The Big Bang Theory*, die uns einiges an Nerdwissen vermittelt haben und für Knallerdialoge wie »Hast du vielleicht 'ne Idee?« – »Ja, aber dazu fehlen mir ein cooles Kostüm und Superkräfte« bekannt sind.

Eine tiefgehende und ernsthafte Serienabhängigkeit zeigt sich allerdings erst, wenn man von den fiktiven Charakteren wie von guten Freunden spricht. Man quatscht so selbstverständlich über ihr neuestes TV-Abenteuer, als rede man von den eigenen Eltern. So ist es uns mit *Gossip Girl* (Kathi) und *Scrubs* (Marie) ergangen. Wir haben Fanshirts gedruckt, uns von Jungs um den Finger wickeln lassen, die fast so hinreißend wie das Original »I'm Chuck Bass!« sagen können, für die Designerklamotten aus unseren Lieblingsszenen gespart und uns in langweiligen Unterrichtsstunden lautstark tuschelnd über diese gewisse Limousinenszene ausgetauscht. (Unbedingt googeln: »Chuck and Blair – Limo Ride«). Genauso leidenschaftlich haben wir unser medizinisches

Halbwissen in Unterhaltungen zum Besten gegeben, uns mit der »Ich brauch frische Luft«-Flosse verabschiedet und unsere Freundschaft mit den Ritualen von J.D. und Turk gestärkt.

Was wir damit sagen wollen: Eine Serienabhängigkeit macht glücklich, selbst wenn es um *GZSZ* geht. Denn die Freunde aus dem Fernseher sind in allen einsamen Stunden für dich da. Von geliebten Menschen kann man verlassen werden, aber die profitgierigen Macher der Erfolgsserien lassen dich nicht im Stich und sorgen für regelmäßigen Nachschub und jede Menge Bonusmaterial. Und wenn man wirklich mal alle Folgen angeschaut hat, einfach wieder von vorn beginnen, diesmal vielleicht sogar in der Originalsprache Englisch!

WAS MAN VIELLEICHT WISSEN SOLLTE:
Weitere Serien, von denen man abhängig werden kann:
- *Modern Family*
- *Skins*
- *The Hard Times of R. J. Berger*

UND WARUM MAN ES TUN SOLLTE:
Und verlässt uns auch die ganze Welt, treu zur Seite steht uns unser Serienheld!

87. KAPITEL
MIT KLAMOTTEN IM MATSCH SPIELEN

Unsere Schuhe sind braune Klumpen, das T-Shirt sitzt vor lauter getrocknetem Schlamm wie ein Korsett, unter den Fingernägeln starrt der Dreck, das Braun an der Hose lässt sich wunderbar abbröseln, die Haare sind zu matschigen Dreads mutiert und an den Wangen findet sich dunkle Kriegsbemalung. Aber anstatt zu zetern und sich vor Ekel zu winden, suhlen wir uns immer weiter im Dreck. Wir bewerfen einander mit Modder und verteilen ihn genüsslich auf unseren Klamotten. Die aufgeweichten Massen unter uns und unsere Körper, die über sie schlittern, geben eine einzigartige Melodie von sich.

Noch nie haben wir uns so ausgetobt – nicht einmal im Kindergarten. Denn während Mama damals ein böses Gesicht machte, wenn wir dreckig nach Hause kamen, ermahnt uns jetzt keiner mehr und wir haben auch kein schlechtes Gewissen. Dass wir das Bakterien-verseuchte Wasser nicht schlucken dürfen, wissen wir mittlerweile selbst – wer oder was sollte uns also noch im Wege stehen?

Als Teenager mit Klamotten im Matsch zu spielen hat auch einen praktischen Nebeneffekt: Man lernt, wie die Waschmaschine funktioniert. Denn Mama sieht es jetzt nicht mehr ein, warum sie den Schmutz an unserer Kleidung beseitigen soll. Und die Bedienung des Geräts zu beherrschen kann durchaus von Vorteil sein:

Spätestens wenn man die unappetitlichen Folgen der Einmal-und-nie-wieder-Hausparty (> Punkt 32) beseitigen will, wird man für das Wissen dankbar sein. Doch daran, was danach sein wird, sollte man nach Möglichkeit nicht denken, wenn man sich voller Liebe in die zähen braunen Fluten stürzt.

Unseren ganz besonderen Respekt verdienen die ganz Mutigen unter den Schmuddelkindern: die, die sich auf Festivals (> Punkt 98) im Bühnenrand-Sumpf vergnügen. Dass es praktisch keine Chance mehr gibt, für den Rest des Festivals wieder sauber zu werden, ist diesen Helden egal. Sie opfern die Hygiene für den Spaß. Um noch einmal die Ausgelassenheit zu empfinden, die man als Kind spürt, wenn man alle Faktoren ausblendet und wie Rumpelstilzchen umher tanzt. Um noch einmal dieses glockenhelle, persilreine Lachen aus ihren ansonsten eher rauchgeschwärzten Kehlen hervordringen zu lassen.

WAS MAN VIELLEICHT WISSEN SOLLTE:
Kleidung lässt sich wieder reinigen, bei Schuhen sieht's eher düster aus.

UND WARUM MAN ES TUN SOLLTE:
Wir lieben's dreckig. Unsere Welt ist so durchgestylt, dabei besteht das schönste Kleid doch aus getrocknetem Sommermatsch.

88. KAPITEL

SCHLECHTE FLIRTSPRÜCHE TESTEN

Mittlerweile weiß fast jeder Honk, dass die meisten berühmt-berüchtigten Flirtsprüche zur sofortigen Flucht des angebaggerten Objekts führen. Der Typ, der mit »So viele Kurven und keine Bremsen« um die Ecke biegt, würde sogar uns Abenteuerlustige augenblicklich vertreiben. Wer cool ist und Selbstvertrauen besitzt, der muss keine schlechten Flirtsprüche aus dem Internet abspulen.

So viel zur aktuellen Anmachtheorie, die in den Tausenden Frauen- und Männerzeitschriften gepriesen wird, die sich als Experten in der hohen Kunst des Aufreißens geben. In der *Monika* steht dann zum Beispiel, dass frau im Frühling auf die Pirsch gehen und sich als betörend-unschuldige Göttin in Szene setzen soll, die nach purer Versuchung duftet, aber auf keinen Fall zu leicht zu haben sein sollte und Blablabla. Im *MännerMag* können wir Mädchen dann nachlesen, wie Männer Statussymbole bei der Werbung um eine Dame einsetzen können und dass die meisten Frauen beim ersten Date doch Sex wollen, aber aufgrund gesellschaftlicher Vorurteile davor zurückschrecken und Blablabla.

Klar, dass man mit 15 vor diesen Magazinen sitzt und erst mal komplett überfordert ist. Denn es ist sinnlos, die perfekte erste Begegnung oder das fantastische erste Date, das in den Blättern beschrieben wird, umsetzen zu wollen. Zumindest in unserem Alter, da man eher in Bauwagen zum Bierwetttrinken als auf Szenepartys mit Champagner eingeladen wird. Wir würden uns das Leben also sehr erleichtern, wenn wir einen Abend lang mal nicht nach Perfektion streben und die Angst davor vergessen würden, abgewiesen zu werden. Die Furcht vor einem Korb verhindert nämlich, dass wir uns im Ernstfall, also wenn da jetzt wirklich die große leidenschaftliche Liebe unseres Lebens vor uns sitzt, trauen würden, irgendetwas zu sagen.

Unser Vorschlag: Nicht darum wetten, wer die meisten Mädchen/Jungs an einem Abend abgreift, sondern wer die meisten Körbe bekommt. Damit nimmt man der ganzen Flirterei ihren Schrecken. Am besten funktioniert das Unternehmen »Abblitzen«, wenn man genüsslich und ausgedehnt schlechte Flirtsprüche testet! Das war zumindest die Theorie, die wir während der Recherche für dieses Buch belegen wollten.

So gingen wir mit gelben Überraschungseier-Döschen im Gepäck, in die wir hübsch eingerollte Flirtsprüche gesteckt hatten, auf die nächste Party. Zwei Kumpels entschlossen sich, bei unserem Experiment mitzuwirken. Abwechselnd zogen wir eines der Eier und stürzten dann los. Nachdem wir bereits einige Übung erlangt hatten und immer selbstbewusster Parolen wie »Ich bin neu in der Stadt. Könntest du mir den Weg zu deiner Wohnung zeigen?« vorgetragen hatten, machte sich eine erstaunliche Entwicklung bemerkbar: Die angesprochenen Typen fanden unsere Anmache supergeil. Es wollte uns zwar partout keiner glauben, dass wir es ernst meinten, aber die Tatsache, dass wir plötzlich lauter neue Freunde hatten, ohne unsere Kreativität zu bemühen, stimmte uns nahezu euphorisch. Unsere Kumpels hatten dagegen ein bisschen weniger Glück. Vielleicht, weil viele Damen glaubten, sie würden die Sprüche ernst meinen. Vielleicht aber auch, weil die Jungs die ganz harten testeten: »Wollen wir etwas Mathe üben? Wir könnten dich und mich addieren, unsere Kleider abziehen, unsere Beine teilen und uns multiplizieren.« Die Mädels, mit denen sie letztendlich abzogen, waren auf einer Skala von 1 bis 10 dennoch Achten!

Wir Mädels erkoren übrigens zwei Favoriten aus der Sammlung beschissener Flirtsprüche aus, die das gesamte Projekt begleiten sollten: »Entschuldigung, ich schreibe ein Buch über die schönsten Dinge dieser Welt und ich würde dich gerne interviewen.« Und unser absoluter Liebling: »Hallo, ich bin Schriftsteller und schreibe ein Telefonbuch. Nur deine Nummer fehlt mir noch!«

WAS MAN VIELLEICHT WISSEN SOLLTE:
Geht auch ganz spontan, wenn auf der Party nix abgeht: Einfach auf dem Smartphone die Suchmaschine anschmeißen und »Flirtsprüche« googeln!

UND WARUM MAN ES TUN SOLLTE:
Alle bemühen sich darum, sich nicht zu blamieren – und trauen sich deshalb gar nicht erst, die Initiative zu ergreifen. Hilfe naht in Form dieses herrlichen Spiels.

"Diese Grazie, ese Ausstrahlung, eses Charisma! ... Genug von mir, wie heißt du?"

89. KAPITEL

FREIWILLIG ETWAS (KAUM BRAUCHBARES) LERNEN

An sich müssen wir in der Schule schon genug nutzloses Zeug lernen. Deshalb liegt einem der Gedanke, sich auf einem weiteren Gebiet scheinbar unbrauchbares Wissen anzueignen, erst mal fern. Sucht man sich jedoch etwas aus, das einen aus unerfindlichen Gründen interessiert, entdeckt man, dass Lernen durchaus Spaß machen kann. Mit unnützem Wissen kann man andere zudem verblüffen, ja tief beeindrucken. Nichts ist cooler, als fließend Elbisch zu sprechen, Deine-Mudda-Witze auf Gebärdensprache machen zu können oder jeden noch so winzigen Knochen im Körper zu kennen. Auch exotische Sprachen können interessant sein, weil sie einem einen Einblick in eine unbekannte Kultur geben und den Geist sehnsüchtig in die Ferne schweifen lassen. Wer sich nicht gleich zutraut, das Studium einer ganzen Sprache komplett durchzuziehen, der kann schon mit dem kyrillischen Alphabet oder japanischen Moren viel Freude haben!

Wunderschön ist es auch, sich der Kunst der Poeten zu widmen. Wer Aphorismen, kleine Reime oder ganze Gedichte auswendig lernt, der kann in vielen Gesprächen mit lyrischen Einwürfen glänzen. Auch wenn es ein Klischee ist: Wenn ein Junge spontan Rainer Maria Rilke aufsagen oder aus Oscar Wildes Werk zitieren kann, dann steigt er auf der Attraktivitätsskala nach oben. Wir haben ein Lieblingsgedicht, das aufgesagt werden kann, wenn mal wieder einer fragt: »Wer kann eine Geschichte erzählen?« Es ist *Ein männlicher Briefmark* von Joachim Ringelnatz:

»Ein männlicher Briefmark erlebte
was Schönes, bevor er klebte.
Er war von einer Prinzessin beleckt.
Da war die Liebe in ihm erweckt.
Er wollte sie wiederküssen,
da hat er verreisen müssen.
So liebte er sie vergebens.
Das ist die Tragik des Lebens!«

Die Aneignung solchen Wissens klingt zunächst unglaublich zeitintensiv. Und tatsächlich muss man ganz zu Beginn einige Minuten aufbringen, zum Beispiel um Fachbücher zu kaufen oder Merkkarten zu beschreiben. Später kann man dann allerdings bestimmte »Wartezeiten« wie die tägliche Busfahrt zur Schule nutzen, um sich weiterzubilden. So wird man schlau, ohne seine Freizeit aufgeben zu müssen.

WAS MAN VIELLEICHT WISSEN SOLLTE:
Ebenso schön wie sinnlos ist es, die Hauptstädte aller Länder der Erde, sämtliche lateinische Klugscheißer-Sprichwörter, die geometrischen Daten der bekannten Planeten, einheimische Insektenarten und ihr Paarungsverhalten oder die Zahl Pi bis zur fünfhundertsten Stelle nach dem Komma auswendig zu lernen!

UND WARUM MAN ES TUN SOLLTE:
Einmal der Klugscheißer vom Dienst sein – das macht glücklich.

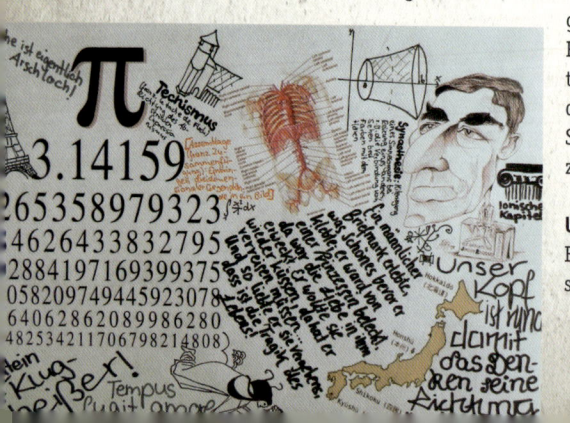

90. KAPITEL
EIN GEFÄHRLICHES TIER BEZWINGEN

Angst ist ein zweischneidiges Schwert, sie warnt uns einerseits davor, Dummes zu tun, andererseits hält sie uns aber auch davon ab, Neues auszuprobieren. Manche Ängste sollte man sich daher bewahren, andere eher überwinden – am besten solange man noch jung ist. Denn wer der größten Angst ins Auge sieht, der wird über sich selbst hinauswachsen. Also springt über euren Schatten, Kinder. Ruft bei der nächsten Zwei-Millimeter-Durchmesser-Spinne, die in eurem Zimmer auftaucht, nicht nach Papi, nehmt das Glas und das Stück Papier selbst in die Hand und setzt die Spinne vor die Tür, ganz alleine. Ihr werdet es nicht bereuen. Ihr seid stark!

MARIE ÜBER SCHLANGEN IN HANDTASCHEN:

So wie der Elefant vor der Maus wegläuft, so flieht der Mensch seit jeher vor Schlangen, Spinnen und ähnlichem Getier. Doch wir sagen Nein zur Angst. Schleimige, kriechende, ungesund aussehende Tiere schlagen uns nicht in die Flucht. Wir stellen uns lieber der Herausforderung und sehen den Ungeheuern direkt ins Auge: »Los, friss mich nur, beiß mich, kratz mich! Wirst schon sehen, was du davon hast! Höllisches Kopfweh nämlich, ich bestehe zu 80 Prozent aus Wodka!«

Ich habe bereits mit einer Fleckenpython gekuschelt. Ja, genau, mit dem Tier, das kleine Aborigine-Kinder frisst. Aber zurück zum Anfang der Geschichte: Als ich in Australien lebte, wurde ich Zeugin eines Attentats auf einen Kanarienvogel, begangen von einer jungen Fleckenpython. Nach dem tragischen Tod unseres Haustiers riefen wir den örtlichen Schlangenfänger, der unser Problem schnell und schmerzlos beseitigte. Allerdings fand der Schlangenbezwinger, dass sein Job auch einige andere Verpflichtungen mit sich brachte, beispielsweise die Aufklärung über die kritische Situation von Würgeschlangen.

Um auf sie aufmerksam zu machen und seine Kunden für die Tierchen, die er so gewissenhaft entfernte, zu erwärmen, hatte er sich eine ganz spezielle Taktik ausgedacht: Er schleppte in einer modischen Schlangen-Tragetasche seine eigene zahme Hauspython Luna mit sich herum und erzählte jedem von den positiven Erfahrungen, die er mit Schlangen gemacht hatte. Auch mir. Zuerst berührte ich Luna nur zaghaft. Sie fühlte sich gar nicht glitschig an, so wie es erwartet hatte. Unter den Augen des Schlangenfängers gewährte ich dem Tier, meinen Arm hochzuklettern und zu guter Letzt ließ ich sie sogar bis zu meinem Hals vor. Sehr undurchdacht von mir, wenn ich mich heute daran erinnere. Luna war zwar noch ein Baby. Aber nur noch ein Jahr, dann würde sie eine halbe Kuh zerquetschen und verschlingen können. Na ja, am Ende ist mir nichts passiert. Und die Begegnung hatte wirklich etwas Gutes: Ich würde mir zwar immer noch keine Python als Haustier zulegen, aber immerhin schrecke ich nicht mehr vor Blindschleichen zurück.

Im Gegensatz zu mir war Kathi noch nie zurückhaltend im Umgang mit wilden Tieren. In der 6. Klasse hatte sie die erste Begegnung mit einer waschechten Schlange. Während einer Schulwanderung fing sie in einem unbeobachteten Augenblick eines der Tiere im Gebüsch und hob das arme Ding am Schwanz hoch, sodass alle Mädchen um sie herum anfingen zu kreischen und einige Schritte zurückwichen. Kathi freute sich, die Schlange wurde aber ziemlich böse. Als Kathi das Tier wieder losließ, hatte sie sich einige Bisse zugezogen. Wenn ihr euch jetzt fragt, wo zum Teufel gibt es in Deutschland überhaupt Schlangen? Und wieso fasst man die freiwillig an? Zumindest eine der Fragen kann ich beantworten: Es gibt genau zwei Arten dieser fiesen Schlängeltiere in Deutschland. Die Ringelnatter und die Kreuzotter. Erstere ist völlig ungefährlich, Letztere zwar giftig, aber auf keinen Fall tödlich, ihre Bisse sind vergleichbar mit schmerzenden Wespenstichen. Normalerweise.

Eine Stunde nach Kathis Aktion waren ihre Arme schon ganz blau und wir stellten fest, dass sie wohl allergisch auf das Schlangengift reagierte. Als die Wanderung zu Ende war und ihre beiden Hände auf unglaubliche Ausmaße angewachsen waren, fuhr sie ihre Mami erst mal in die Notaufnahme. Die Ärzte bestätigten unsere Vermutung und waren ganz erfreut, endlich mal etwas anderes als gebrochene Beine und tiefe Ratscher zu sehen. Kathi, die Schlangenbezwingerin, wollte am liebsten sofort wieder heim und dachte sich: Eine Spritze und das war's! Aber nix da. Zunächst musste ihr Lieblingsring von ihrem Finger geschnitten werden, weil man ihn beim besten Willen nicht anders hätte entfernen können. Danach bekam sie ein nettes Bett auf der Kinderstation und Gips am linken und am rechten Arm.

Auch wenn es bei Kathi weniger glimpflich ausging als bei mir: Fakt ist, dass wir die Gefahr am Schopf gepackt und sie so richtig provoziert haben. Heute sind wir tapfer und stark – und wir können kleine Spinnen allein aus unseren Zimmern entfernen.

WAS MAN VIELLEICHT WISSEN SOLLTE:
Den Zoowärter freundlich bitten, die texanische Klapperschlange aus ihrem Käfig nehmen zu dürfen, um sie sich um den Hals zu legen, funktioniert in einigen Fällen tatsächlich!

UND WARUM MAN ES TUN SOLLTE:
Der Furcht schon in jungen Jahren ins Auge zu blicken, kann einem später viel Unbehagen ersparen. Man muss sich zum Beispiel nicht vor den eigenen Kindern schämen, wenn man den Käfer vor Angst nicht aus dem Haus schmeißen kann.

91. KAPITEL
EINE LAN-PARTY BESUCHEN

»Ich add mal deinen Acc, dann kannst du mir den AimBot-Link schicken!« – »Nee Mann, ich bash dich elendig.« – »Warum denn, ich dachte, wir sind in 'ner Ally? Blocken von Bündnispartnern ist uncool, ich hab nicht zugestimmt, dich zu boosten! Brauchst hier nicht so zu flamen!« Die Welt der Gamer hat ihre ganz eigenen Regeln und Umgangsformen. Den obigen Dialog kann man in etwa so für Normalsterbliche übersetzen: »Ich füge mal deinen Account zu meiner Freundesliste hinzu, dann kannst du mir den Link schicken, der mir zeigt, wie ich virtuelle Gegner durch automatische Kopfschüsse erledigen kann!« – »Nee Mann, ich mach dich erst mal fertig!« – »Warum denn, ich dachte, wir sind ein Team? Mitglieder der eigenen Gruppe zu sabotieren ist uncool, ich hab nicht zugestimmt, mein Computerleben zu opfern, um dich weiterzubringen! Du brauchst mich hier nicht so niederzumachen.«

Es ist ein absolutes Klischee, dass sich nur Außenseiter direkt vom Nerdpol so intensiv mit dem Zocken beschäftigen. Es gibt einen Haufen Spieler – und sie sind mitten unter uns. Vielleicht gehört dein Kumpel, dein neuer Freund oder vielleicht sogar deine beste Freundin dazu! Auch wir waren mal süchtig. Aber nicht nach *Grand Theft Auto*, *Call of Duty* oder *Assassin's Creed*. Unsere Liebe gehörte den *Sims*. Stundenlang stellten wir Szenen aus unserem Leben nach, luden uns neue Klamotten im Netz herunter und spielten in unserem Universum Gott. Der Avatar, der nach dem persönlichen Vorbild gestaltet wurde, bekam natürlich immer nur die Sonnenseiten des Lebens zu sehen. All seine Bedürfnisse wurden rechtzeitig befriedigt, er durfte eine tolle Karriere machen, reich und berühmt werden und sooft es möglich war, konnte er im Auto oder auf dem Himmelbett mit dem Partner seiner Wahl ein Techtelmechtel haben, je nach Wunsch mit oder ohne »Baby machen«. Den anderen Bewohnern unserer Städte ging es allerdings an den Kragen. Wir testeten aus, was passiert, wenn ein hoffnungslos romantischer Sim mit einem notorischen Fremdgänger liebäugelt, oder wie es sich auswirkt, wenn man einem Sim von der Wiege bis zur Bahre keinen einzigen Lebenswunsch erfüllt und er unglücklich das Zeitliche segnen muss. Mit gleicher Neugier ließen wir unsere Geschöpfe verhungern. Manchmal machten wir sie auch zu Werwölfen oder Vampiren, die andere unschuldige Sims aussaugten.

Damals, als wir uns noch so ausführlich mit den *Sims* vergnügten, kam es auch zu den ersten LAN-Partys: Zusammen mit ein paar ähnlich süchtigen Freundinnen setzten wir uns vor den PC und erschufen gemeinsam ein Traumleben. In *Sims* bekamen wir, was wir wollten: süße Welpen, wallende Ballkleider, Brüste und Johnny Depp.

Später durften wir dann auch bei einigen LAN-Partys für Fortgeschrittene reingucken, heimlich, still und leise. Die Mitglieder dieser Festivitäten sind oft sehr fotoscheu. Darf ja keiner wissen, dass sie ein zweites Leben im Keller führen, mit schimmligen Sushi-Kartons und zerdrückten Bierdosen. »Kommt bei den Mädels nicht so gut!«, sagen sie. Aber das stimmt nicht so ganz. Jungs, wir haben doch ein Herz für Freaks! Viele von uns würden auch zur Armee der Zocker gehören, wenn uns nur jemand rekrutieren würde. Doch wahrscheinlich fürchtet ihr die harten Zeiten, die dann auf euch zukommen würden. Immerhin würden wir dann eure Lamer looten!

WAS MAN VIELLEICHT WISSEN SOLLTE:
Unter *www.lanparty.de/events* kann man sich zum gemeinsamen Gamen verabreden.

UND WARUM MAN ES TUN SOLLTE:
In jedem von uns steckt ein Gamer, der feuchte Träume von Prinzessin Zelda oder dem eigens erstellten Sim hat. Gib es endlich zu, verdammt!

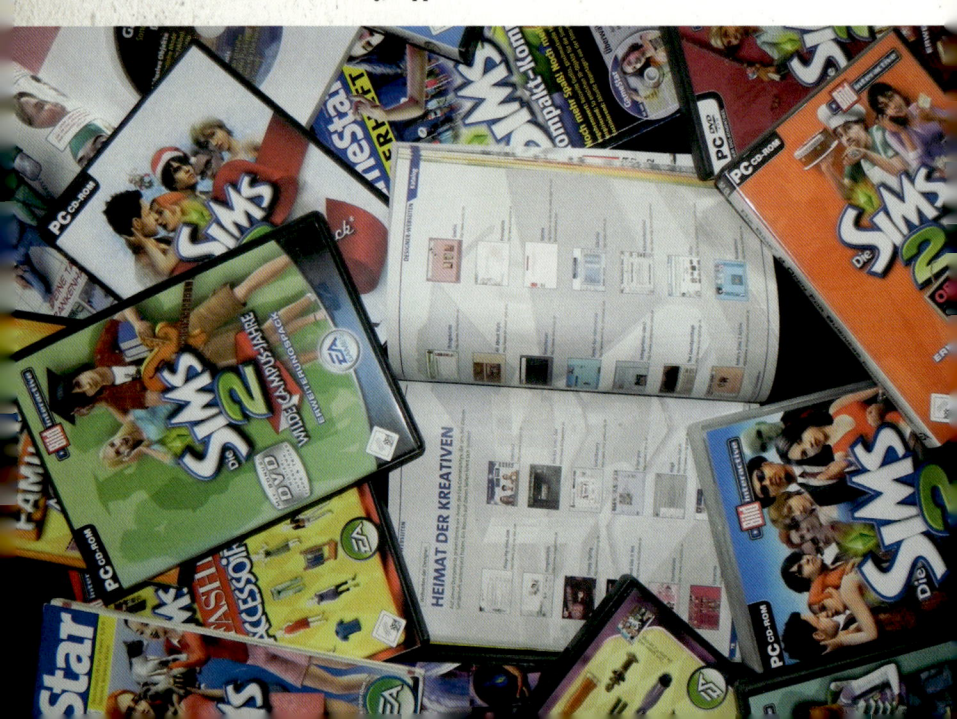

92. KAPITEL
LESEN, LESEN, LESEN

Den schnellsten Zugang zu einer abenteuerlicheren Welt findet man zwischen zwei Buchdeckeln. Denn wie Heinrich Heine einst formulierte: »Von allen Welten, die der Mensch erschaffen hat, ist die der Bücher die gewaltigste!«

Aus dem Nichts dichten und verdichten Autoren Ereignisse, Sehnsüchte. Und auf eine Art kreieren wir Leser mit ihnen eine individuelle Wirklichkeit. Denn bei der Lektüre tauchen wir ganz tief in unser Innerstes ab und füllen den Raum zwischen den Zeilen mit unseren Impressionen, mit eigenen Bildern, Gerüchen, Tönen, Gefühlen. Wir sind mittendrin im Geschehen und stehen mit den Protagonisten vor Entscheidungen, vor die uns das echte Leben vielleicht nie stellen würde.

Constanze Petery hat ihr erstes Buch *Eure Kraft und meine Herrlichkeit* gleich nach dem Abi veröffentlicht und ist ein Beispiel dafür, dass auch junge Leute das angebliche Intellektuellenmedium lieben. Trotzdem schlägt ihr, wie so vielen anderen Schriftstellern im Teenie-Alter, heftiger Gegenwind aus der Feuilletonistenecke entgegen. Musik ist was für junge Leute, aber bei Autoren ohne Falten wird sofort mit Begriffen wie »Literatur-Lolita« um sich geworfen und jegliche Provokation wird als kommerziell kalkuliert abgewertet. »Es kam ständig der Helene-Hegemann-Vergleich, obwohl ich überhaupt nicht mit meiner Lebensgeschichte für den Roman geworben habe, sonst hätte ich ihn autobiografisch genannt. Mir wurde sogar vorgeworfen, dass meine Eltern nicht reich genug sind. ›Die kann ja gar nicht die Kontakte haben ...‹«

Dabei macht doch genau das einen guten Autor aus: Er kann sich allein aus seiner Vorstellungskraft heraus in eine andere, vielleicht exaltiertere Wirklichkeit schreiben. In Constanzes Debüt geht es um die 15-jährige Anita, die zu einer unverstandenen Generation gehört, »deren Markenzeichen der Exzess ebenso wie die Sehnsucht nach Geborgenheit sind. Sie säuft, zieht durch die Clubs und scheint von der Schule ebenso wenig zu halten wie von ihrer karrierefixierten Mutter. Doch am Ende des Höhenflugs steht der Absturz, auf die Ernüchterung folgt Einsamkeit.«

»Eine Geschichte ist immer ganz klar, aber so ein Gebilde aus Worten kann auf mehreren Ebenen ausdrücken, was man fühlt«, erzählt Constanze und wir stellen fest, dass es Bücher gibt, in denen es die Handlung ist, die einen fesselt, und andere, die allein wegen ihrer poetischen Sätze im Gedächtnis bleiben. »Dennoch ist natürlich klar, dass man unterbewusst immer nach Wahrheit in dieser Illusion aus Tinte auf Papier sucht. Was hat der Autor wirklich erlebt, worin bestehen die Parallelen zu seinem Leben?«

Wir sitzen da, schwenken einen Cocktail in der Hand und stellen uns vor, wie es wohl am Tisch des berühmten Vicious Circle gewesen sein muss. Der Vicious Circle war im New York der Zwanziger eine legendäre Tisch- und Trinkgesellschaft, die aus Schriftstellern, Schauspielern, Philosophen und anderen Kreativen bestand, die sich im Hotel Algonquin trafen. Zu dem erlesenen Kreis gehörte unter anderem Dorothy Parker, die mit Hemingway und Fitzgerald chillen und knutschen durfte und ein Leben wie auf der Achterbahn führte. »Ich liebe Martinis, meistens zwei. Nach dem dritten lieg ich unter dem Tisch und nach dem vierten unterm Gastgeber!«, soll sie mal gesagt haben.

Im Gespräch mit Constanze stellen wir fest, dass uns zwei Arten von Büchern besonders faszinieren: die, die von total abgefuckten fertigen Versagern erzählen, und die über die makellosen Gewinnertypen, denen das Schicksal übel mitspielt. Kein Wunder: Abgrenzung und Identifikation sind die Emotionen, über die ein gutes Buch funktioniert, das haben wir von unseren Lektorinnen gelernt. Besonders intensiv ist der Sog, wenn sich das Gefühl des Lesers rasant zwischen beiden Extremen hin und her bewegt. Das ist wohl auch der Grund, warum uns das Thema Dekadenz interessiert: Wir empfinden gleichzeitig Neid und Ekel, wenn wir von einem Helden lesen, der im Überfluss lebt. »Dekadenz ist wie eine riesige Schokoladentorte, da ist schon ganz viel und man will dennoch einfach immer mehr. Auch wenn einem irgendwann ganz schlecht wird, selbst wenn man nur der Leser ist!«, erklärt Constanze und trifft damit den Nagel auf den Kopf.

Nichts fasziniert die, die dem Medium Buch verfallen sind, mehr, als sich vollkommen in einer guten Geschichte zu verlieren. Lange bevor wir selbst zum ersten Mal lieben, Kinder bekommen, hassen, einen Toten betrauern oder zwischen Gut und Böse wählen müssen, können wir dank eines Buches eine Ahnung davon erhalten, was diese ganzen Sachen eigentlich bedeuten, wie sie sich anfühlen, manchmal sogar wie sie schmecken. Es ist überflüssig, hier groß rumzujammern, dass immer weniger Leute zum guten alten Buch greifen. In unserer schnelllebigen Zeit gibt es nun mal eine Fülle an Medien, die das Unterhaltungsbedürfnis einfacher befriedigen, das müssen wir akzeptieren. Aber Bücher werden nicht aussterben, zumindest nicht, solange die Menschen noch Fantasie besitzen. Es wird sie immer geben, die Magier, die Worte miteinander verweben und dadurch Märchen entstehen lassen. Die Reiseschriftsteller, an deren Seite wir den Amazonas bereisen oder die Alpen erklimmen können. Und die großen Persönlichkeiten, deren Biografien uns verstehen lassen, wie das Schicksal der Welt durch einen Einzelnen verändert werden kann.

Bücher öffnen uns die Augen, sie sind gefährlich und einige von ihnen machen sogar weise! Deshalb sollte jeder in möglichst jungen Jahren damit beginnen, möglichst viele davon zu lesen. Man muss sich einfach nur ein kleines, aber dickes Notizbuch kaufen. In dem notiert man dann alle Titel, von denen man sich irgendwie angesprochen fühlt. Im Laufe des Lebens werden dann die bereits gelesenen Bücher abgehakt und weitere kommen ständig hinzu. Die Liste soll daran erinnern, nie mit dem Lesen aufzuhören!

WAS MAN VIELLEICHT WISSEN SOLLTE:
Oft lohnt es sich, zu jedem gelesenen Buch eine kleine Inhaltsangabe zu verfassen. Ebenso sollten die Seitenzahlen festgehalten werden, auf denen sich die Lieblingsstellen befinden. Denn irgendwann wird jeder alt und bevor man alle Bücher noch mal lesen muss, kann man sich auch seine persönlichen Notizen zur Auffrischung ansehen!

Unsere Tipps für deine Literaturliste:
- Steve Toltz: *Vatermord und andere Familienvergnügen*
- Benedict Wells: *Fast genial*
- Nina Hagen: *Bekenntnisse*
- Andrew Hutchinson: *Rohypnol*
- Michaela Karl: *Noch ein Martini und ich lieg unterm Gastgeber: Dorothy Parker. Eine Biografie*
- John Niven: *Gott bewahre*
- Oscar Wilde: *Das Bildnis des Dorian Gray*

Constanze Peterys Tipps für deine Literaturliste:
- Margaret Atwood: *Der Report der Magd*
- James Joyce: *Ulysses*
- Alan Moore: *Watchmen* (Graphic Novel)

WARUM MAN ES TUN SOLLTE:
Wer Tausende Leben leben will, muss lesen.

93. KAPITEL
IN EINE SUBKULTUR EINTAUCHEN

Zu den faszinierendsten Phänomenen in unserer Gesellschaft gehören die Entstehung und Entwicklung von Subkulturen, die meist auch Jugendkulturen sind. Die verschiedensten Menschen versammeln sich zu einer Bewegung, die sich heftig an der Lebensauffassung der Elterngeneration reibt. Sich aus seiner eigenen Mittelmäßigkeit zu befreien und das Gruppengefühl in einer Szene zu erleben gehört zu den interessantesten Erfahrungen, die man in seiner Jugend machen kann.

KATHARINA ÜBER EINE LEHRREICHE BEGEGNUNG:
Mit 12 war ich eine Zeit lang Modepunk. Ich kannte dieses Wort damals noch nicht und eigentlich kannte ich auch Punk nicht. Aber nachdem ich auf ARTE eine Doku über Sid Vicious gesehen und mich mal wieder unsterblich verliebt hatte, war ich plötzlich total überwältigt von abgewetzten Lederjacken, explodierten Haaren und der großen, tragischen Liebe des Sex-Pistols-Sängers zu dem heroinsüchtigen Groupie Nancy Spungen. Ich wurde großer Fan dieser aufregend abgefuckt aussehenden Menschen und zerschnitt in einem Anflug von Heldenmut zwei meiner Hosen. Aus dem Haus durfte ich in diesem Aufzug natürlich nicht, was vielleicht auch daran lag, dass es Winter war und die Hosen den Großteil meiner Haut unbedeckt ließen. Mein Interesse für Nieten und exzessive Musiker überlebte die kalten Monate zwar, doch ein Punk wurde ich nicht. Meine Eltern blieben damals also von Kämpfen verschont, mussten sich noch nicht mit der Frage auseinandersetzen, ob ich mit geschminkten Panda-Augen zur spießigen Religionslehrerin darf.

Am wohl kältesten Tag des Winters 2012 treffen wir einen Jungen, der damals mehr Mut bewiesen hat. Bevor ich mich mit Marie und ein paar Freundinnen auf den Weg zu ihm mache, ziehen wir uns erst mal ein Nina-Hagen-Make-up-Tutorial rein, um zunächst mal optisch ein kleines bisschen mehr in die Subkultur eintauchen zu können, in die uns unser Date mitnehmen will. Nachdem wir unsere Augen in den wildesten Farben angemalt, uns Nina-Gedenk-Ornamente auf die Stirn geklebt und unsere Haare mit Farbspray bearbeitet haben, müssen wir jedoch ernüchtert feststellen, dass wir weniger nach aufmüpfigen Punks als nach Teenie-Emos aussehen. Trotzdem werden wir mit mehr Blicken als sonst bedacht, als wir durch den Hauptbahnhof auf Andy zuschlendern.

Während wir ein bisschen planlos in der U-Bahn rumstrahlen, beginnt Andy damit, uns vom Alltag eines deutschen Punks zu erzählen. »Viele sagen: ›Als Punk wirst du geboren.‹ Ein Punk hinterfragt alles, der lässt sich nichts vorschreiben. Dieses ›Ich mach das, von was ich am überzeugtesten bin‹ ist der Grundstein des Punk. Anarchie und ›mir ist alles scheißegal‹ ist nicht der einzige und wichtigste Inhalt! Die Szene ist teilweise ziemlich abgestumpft, grad hier in München. Es gibt viele Modepunks, die sich von einem ausgefallenen Styling Aufmerksamkeit versprechen, die sind einfach nur verkleidet. Punk gibt's also als Szene und Punk gibt's als Lebensgefühl. Die Musik spielt dabei natürlich eine große Rolle, Bands wie Pöbel & Gesocks oder Die Kassierer. Ich bin selber Sänger in einer Punkband, Grindvogel heißt sie!«

Da es viel zu kalt ist, um lässig auf der Straße rumzuhängen, setzen wir uns in ein Restaurant und bestellen zum Frühstück erst mal ein Bier. Die ältere Bedienung im Dirndl lächelt uns zwar an, aber irgendwie wirkt es, als wäre es nicht dasselbe Lächeln, das sie den Leuten am Nebentisch schenkt.

Wir fragen bei Andy nach, was es eigentlich bedeutet, seine Überzeugungen immer für alle ersichtlich mit sich rumzutragen: »Punks gibt's ja schon seit den Siebzigern, mittlerweile kennen uns auch alte Leute. Die fragen dann auch manchmal nach und wollen deinen Iro anfassen. Probleme gibt es eher mit Angehörigen anderer Szenen, also meist mit jungen Leuten. Mit Nazis natürlich oder Prolls. Ich wurde auch schon mal von zwei Hoppern angepöbelt. Ich hab die einfach ignoriert und bin weitergegangen, aber die suchten eben Streit und fühlten sich von meinem Nichtstun angegriffen und der eine hat dann sein Messer rausgeholt. Aber ist zum Glück nicht mehr passiert, hab nur ein paar kleine Narben am Rücken.« Nicht mehr passiert? Wir finden das schon ziemlich krass und denken an die netten, wenn auch ein bisschen grummeligen Berliner Punks zurück, mit denen wir im Sommer auf der Veranda ihres besetzten Hauses eine geraucht haben. Die hatten auch oft Stress mit Polizei, Gegendemonstranten und anderen Kreaturen der Nacht, die sich auf den »Wegen der Verlorenen rumtreiben«, wie sie es ausdrückten.

Armut, Krankheit und Existenzsorgen sind leider auch ein Teil des Lebens, das man führt, wenn man sich dem System nicht fügt. Auch Andy hat diesbezüglich eine Geschichte zu erzählen: »Ich bin zu Hause rausgeflogen, wegen familiären Problemen, weil mein Dad nicht mit mir klarkommt und auch wegen dem Punk-Ding. Nachdem ich ein paar Tage bei Freunden gepennt hatte, bin ich dann zur Isar-Brücke, weil ich nicht wusste, wohin ich sollte. Das ist so eine Art Treffpunkt für extreme Punks, Gestrandete und Obdachlose. Es war arschkalt damals, Februar, und wir hatten halt nichts außer Schlafsack und Decken und einem kleinen Campingkocher. Drei dort kannte ich schon länger und die anderen habe ich in dieser

Zeit gut kennengelernt. Die meisten von ihnen hatten kein Zuhause und wollten auch nicht für eins bezahlen. Für sie ist es einfach ein Grundrecht des Menschen, im Warmen schlafen zu können. Viele haben kein Geld und können auch nicht arbeiten, weil sie krank sind, körperlich. Die Zeit an der Isar war zwar hart, aber die Erfahrungen, die ich dort gemacht habe, sind ein Teil von mir geworden. Die Leute haben einander geholfen, wo's ging. Ich war davor auf dem Gymnasium, da bin ich dann aber auch nicht mehr hingegangen. Einer meiner Freunde von dort ist letztes Jahr gestorben, wegen der Kälte. Mit 22. Er hätte auch 'ne Spenderniere gebraucht und die hat er nicht bekommen. Sein Körper war einfach kaputt, er hat sich zwar untersuchen lassen, konnte sich den nächsten Besuch beim Arzt dann aber nicht mehr leisten. Er hatte kein Geld und keine Krankenversicherung. Und die Ärzte meinten, ohne Versicherung und Kohle geht nix. Und das obwohl immer behauptet wird, so sozialstaatmäßig, medizinische Versorgung würde für alle gewährleistet werden. Da rutschen so viele Menschen durch irgendwelche Bürokratie-Raster. Und er konnte sich als Einzelner nicht wehren. Wegen dem bin ich auch wieder von der Brücke weggekommen. Er meinte, du bist 16, du musst nicht hier rumsitzen, und dann hat er das Jugendamt kontaktiert und die haben mich wieder nach Hause gebracht und Gespräche geführt. Aber meine Eltern sind ziemlich spießig, das ging nicht lange gut. Das war überhaupt eine sehr … interessante … Erfahrung. Vielen Freunden wurde vom Jugendamt geholfen, aber als ich das zweite Mal zu Hause rausgeflogen bin und denen gesagt habe: ›Ich will nicht mehr zurück!‹, da kam dann gar keine Hilfe. Ich hab drei Monate lang jeden Tag da angerufen und dann war ich irgendwann 18 und sie haben sich nie wieder gemeldet. Ich wurde aber zum Glück von anderen Menschen aufgefangen. Die Familie meines besten Kumpels hat mich aufgenommen. Wir kennen uns seit sieben Jahren und seine Familie ist ganz anders, die ist total offen und sie zahlt mir alles: Klamotten, Essen, Strom.«

Wir schauen mal kurz bei einer größeren Demo vorbei, die an diesem Tag auf dem Münchner Karlsplatz stattfindet. Dort haben sich Leute versammelt, um gegen die im Bayerischen Hof tagende Sicherheitskonferenz zu protestieren und gegen die Kriege, in die sich Europa und die USA einmischen. Zeit, über Politik zu reden. Denn was wäre Punk ohne Politik? »Wenn ich jetzt wählen konnte, würde ich meine Stimme ungültig machen. Dann ist die Wahlbeteiligung höher, aber ich spreche mich nicht für etwas aus, hinter dem ich nicht stehe. Die Linke zum Beispiel war ja ganz früh PDS und da war sie ja radikal. Jetzt ist sie auch nur eine von den Kommerzparteien. Wenn Gysi anders wäre, würde er sich nicht mit Schlips und Krawatte in den Bundestag setzen. Ich wähle auch nicht die APPD (Anarchistische Pogo-Partei Deutschlands). Die sind nur da, um zu sagen: ›Das, was die anderen Spaßparteien können, können wir schon lange. Wir stellen, was die machen, noch mal extremer dar, um zu zeigen, was schiefläuft.‹ Bei der Diskussion um den Transrapid-Bau hat die APPD zum Beispiel gemeint: ›Transrapid ja, aber nur mit Looping!‹«

Wir schmunzeln und denken an die legendäre Stoiber-Transrapid-Rede zurück und an das Kultvideo von Wolfgang Wendland, Mitglied der Punkband Die Kassierer und Spitzenkandidat der APPD. Da sitzt der gute Mann, den man sonst besoffen und halb nackt die Sau rauslassen sieht, in seriöser Montur vor der Kamera, ein Bierglas in der Hand, und fängt an zu philosophieren. »Vielen mag vielleicht Politik als etwas Großes und Kompliziertes erscheinen, dabei ist eigentlich alles ganz einfach: Würde heute zum Beispiel in einer von den herkömmlichen Parteien, die im Bundestag vertreten sind, die Frage aufkommen, wie schaut es mit diesem Bierglas aus, so würde lange diskutiert. Der eine würde sagen: ›Mein Gott, nee, das Glas ist halb leer.‹ Andere würden sich eher in Optimismus ergehen und sagen, das Glas sei halb voll. Es kämen dann Vorschläge auf, wie das Glas kleiner zu machen, um so zu suggerieren, dass die noch vorhandene Menge größer wäre. Andere kämen auf die Idee, das Bier zu besteuern, um sich nicht der Gefahr auszusetzen, dass es noch leerer werden könnte. Die APPD geht da ganz andere Wege. Wir würden einfach eine herkömmliche Bierflasche nehmen, diese öffnen und das Glas wieder auffüllen. Und so genial sind alle unsere Lösungen!«

Wir schauen kurz auf den Boden unserer Biergläser, dann meint Andy: »Man merkt schon, dass das kompletter Müll ist, aber dadurch sollen sogar die Dümmsten zum Nachdenken gebracht werden. Ich bin Punk, um zu zeigen, dass ich anders bin und anders denke. Ich laufe nicht aus Langeweile so rum oder weil ich Bock auf grüne Haare habe. Wir verkörpern das, was dem System, in dem wir leben, fehlt: Herz und Intelligenz.«

Es ist aufregend, einem alternativen Leben so nahe zu kommen. Und in einer rebellischen Phase würden Marie und ich uns gern mal diesen Traum vom zwar harten, aber freien Dasein als Punk erfüllen. Vielleicht nach dem Abi. Dann bringt es Mami und Papi nicht mehr ins Grab, wenn wir rumlaufen wie ihr schlimmster Albtraum, total vergammelt und gepierct, bunt und tätowiert. Hach, das fänden wir schön. Aber wer weiß?! Vielleicht sehen wir uns auch erst noch mal die Popper, Hopper und Emos genauer an. Wir unterwandern jede Szene!

WAS MAN VIELLEICHT WISSEN SOLLTE:
Unsere Filmempfehlung: *Chaostage*

UND WARUM MAN ES TUN SOLLTE:
Wer Mut hat, zieht es durch – oder probiert es zumindest mal aus.

94. KAPITEL

SICH EINEN FEIND ZUM FREUND MACHEN

Freundschaften zu knüpfen ist nicht einfach. Den meisten Leuten geht man nach einiger Zeit auf die Nerven und auch man selbst hat zunehmend brutalere Gewaltfantasien, in denen die neue Bekanntschaft die Hauptrolle spielt. Dass wir nicht mit allen Menschen unter dem Sternenhimmel philosophieren (> Punkt 31) können, bis die Sonne aufgeht, ist ganz normal. Man kann eben nicht von allen gemocht werden. Aber einige wenige Menschen, mit denen man sich bei der ersten Begegnung nicht gut versteht, eignen sich bei näherem Hinschauen doch zum Freund. Denn unter den persönlichen Hassobjekten sind oft auch Menschen, die einem gar nicht so unähnlich sind. Vielleicht kann man sie gerade deswegen nicht leiden, weil man neidisch ist und beim Vergleich mit ihnen immer den Kürzeren zieht. Oder es sind schlichte Vorurteile, die die Abneigung nähren. Aber dagegen lässt sich doch etwas tun!

Dass es leichter gesagt ist als getan, mit einem Feind Freundschaft zu schließen, ist klar. Wir bilden uns meist schon unbewusst eine Meinung über jemanden, noch bevor der das erste Wort spricht. So sind wir geschaffen und diese Eigenschaft kann uns von großem Nutzen sein. Manchmal schmälert sie allerdings unsere soziale Kompetenz und wir werden zu dem, was junge Menschen nie sein wollen: kleinkarierte, engstirnige Spießer! Deshalb sollten wir, solange wir noch jung sind, die Chance ergreifen und den Versuch unternehmen, einen Feind zum Freund zu machen. Später werden wir vermutlich schon zu eingefahren sein und zudem zu faul, um dieses Wagnis einzugehen.

Wir selbst haben es öfter versucht – mit unterschiedlichen Ergebnissen. Natürlich können wir jetzt schlecht die Details offenbaren. Jemanden öffentlich zu verletzen ist nicht in unserem Sinne. Aber vielleicht können wir eine Geschichte zumindest grob umreißen: Wir sind über unseren Schatten gesprungen und haben uns um jemanden bemüht, den wir einerseits voller Neid und andererseits voller Vorurteile betrachtet haben. Doch aus dem Neid wurde bei der näheren Beschäftigung mit der Person schnell Mitleid, viele Vorurteile erwiesen sich dagegen als berechtigt. Auch wenn wir einander nach unserem Kennenlernen nicht mehr hassen konnten, wurde nie eine tiefe Freundschaft daraus, weil wir einfach zu unterschiedlich waren und die positiven Eigenschaften des anderen immer nur negativ auslegen konnten. Niedlichkeit wurde zu Naivität, Diskutierfreude zu Rechthaberei und so weiter. Trotzdem war es gut, aufeinander zuzugehen, es miteinander zu versuchen. Denn wir haben einiges voneinander gelernt. Und können uns nun immer mit einem fröhlichen Gesichtsausdruck begrüßen.

Das läuft natürlich nicht immer so. Manchmal freundet man sich auch mit einer zuvor unsympathischen Person an, hat gemeinsam unglaublich viel Spaß, feiert und redet viel, um dann plötzlich zu erkennen, wie abgrundtief abstoßend sie eigentlich ist und dass man sich vollkommen getäuscht hat. Auch dieses Gefühl beruht meist auf Gegenseitigkeit. Und danach verletzt man einander noch viel mehr, als man es je für möglich gehalten hätte, weil man voneinander nun die Schwächen und Geheimnisse kennt und sie böserweise offenlegt. Ganz zufällig. Tja, manchmal macht man aus einem Feind eben einen Freund und dann wieder einen Feind. Doch wer sich keine Feinde im Leben macht, ist ein Feigling.

Der zweifellos schönere Ausgang ist es, in einem vorherigen Kontrahenten einen Seelenverwandten zu finden. Zwar sind das oft Freundschaften mit vielen Spannungen, die kompliziert und manchmal anstrengend sind. Aber diese Reibung ist es, die das Verhältnis so besonders macht. Die Freundschaften mit Feinden sind vielleicht die aufregendsten und lehrreichsten!

WAS MAN VIELLEICHT WISSEN SOLLTE:
Der erste Schritt ist meist der unangenehmste. Das unliebsame Gegenüber einfach so zum Kinoabend einzuladen ist einem meistens zu peinlich. Einfacher: auf eine Party gehen, zu der derjenige auch kommt und ihn dort auf einen Cocktail einladen. Oder – falls man sich jeden Tag in der Schule sieht – einfach mit einer Keksdose bei ihm vorbeischauen und ein zunächst belangloses Gespräch beginnen. Trinken und Essen spendieren ist eine super Einschleimtaktik!

UND WARUM MAN ES TUN SOLLTE:
Winnetou und Old Shatterhand konnten über kulturelle Unterschiede und alte Konflikte hinweg Brüderschaft schließen. Dann können wir doch wenigstens einmal versuchen, uns auf einen Menschen einzulassen, der unserer Meinung nach eigentlich an den Marterpfahl gehört!

95. KAPITEL

EINEN ROADTRIP MACHEN

Hey ho, Cowboys, die Prärie ruft! Weite Straßen, Freundschaft, Freiheit – also lasst uns auf einen spontanen Roadtrip gehen! Besonders spannend ist es, wenn man einen Großteil seiner Roatripcrew kaum kennt, denn nichts ist aufschlussreicher und intimer, als stundenlang zu viert oder fünft in einem Auto eingepfercht zu sein. Da kommt man schon mal auf dumme Gedanken und so soll es ja auch sein! Es dauert meist nur eine halbe Stunde, bis einer die Lieblings-CD rausrückt, und bald nickt die ganze Gruppe mit dem Kopf zu Dumme Jungs und Co. Nach einer Stunde packt der Erste dann die wilden Geschichten vom letzten Wochenende aus. Und weitere sechzig Minuten später erzählt man einander schon vom peinlichsten Auftritt oder dem fiesesten Liebeskummer des Lebens. Mir nichts, dir nichts entsteht eine tiefe Verbundenheit zwischen den Reisenden. Und was gibt es Schöneres, als Bekannte zu Freunden zu machen?

MARIE ÜBER EINE REISE NACH PRAG:

Testament hinterlegt, Jutebeutel gepackt, Mami und Papi artig Adieu gesagt und weg. Eigentlich wollten wir schon um 13 Uhr losfahren, aber wie das bei Roadtrips so ist: Nichts läuft nach Plan und so haben wir erst um 15 Uhr alle eingesammelt. Um 15:15 Uhr bemerke ich, dass ich mein Handy zu Hause liegen gelassen habe. Die Mitreisenden schniefen, als wir noch einmal zurückfahren. Aber schon eine halbe Stunde später befinden wir uns wieder an derselben Stelle auf der Straße ins Nirgendwo.

Alle Sorgen sind Geschichte, wir spüren die Aufregung in uns aufsteigen. Der harte Electro aus dem Autoradio pocht in unseren Ohren wie Heroin in den Adern eines Junkies. Weil KathyCandy (Kathi) und ich unseren Fahrer, den guten Stubbi, erst dreimal in unserem Leben gesehen haben, wollen wir unbedingt mehr über ihn herausfinden! Und auch über VilleValle, der sich erst um Mitternacht auf unser Mitfahrgelegenheitsangebot gemeldet hat, wollen wir mehr wissen. Wir beginnen mit dem Entweder-oder-Spiel. Die Fragen müssen blitzschnell und kompromisslos beantwortet werden: Barfuß oder Schuhe? Zelt oder Hotel? Bibo oder Tiffy? Nach einer weiteren knappen Stunde ist Prag zwar noch lange nicht in Sicht, für mich ist es aber so weit, ich kann mich nicht mehr zusammenreißen. Ich habe eine entscheidende Schwäche, viele Mädchen teilen mein grausames Schicksal: Meine Blase ist zu schwach und zu klein, um es auch nur zwei Stunden lang ohne Pipibox auszuhalten. Und mein Arzt sagt immer: »Marie, trink viel, das tut deinem Körper gut.« Und weil man auf Ärzte hören soll, folge ich seinem Rat eben – was KathyCandy regelmäßig auf die Palme bringt. Wir halten also auf einem Parkplatz. Ich hoffe auf öffentliche Toiletten, doch alles, was ich vorfinde, sind zwei Dixi-Klos. Ich hasse Dixi-Klos, normalerweise denke ich nicht mal im Traum daran, auf so ein Ding zu gehen. Aber es ist ein Notfall, also beiße ich die Zähne zusammen und stelle mich der Herausforderung. KathyCandy kommt derweil auf eine bitterböse Idee: So wie beim guten alten Festival (> Punkt 98) könnte man doch hier auch das Dixi-Klo mitsamt der Insassin umwerfen. Der Plan findet bei den Jungs Zustimmung und ehe ich michs versehe, kommen die Wände immer näher. Ich verliere fast das Gleichgewicht, schreie wie am Spieß, weil ich keine Ahnung habe, was passiert, und das Einzige, was ich sehe und höre, ist, wie die widerliche Brühe aus dem Inneren des Klos näher an mich heranschwappt. Im allerletzten Moment kann ich mich aus dem Klo retten. Ich bin unversehrt, aber wütend. Stubbi beteuert die nächsten drei Stunden seine Unschuld an der Dixi-Aktion, findet aber kein Gehör bei mir oder sonst irgendwem.

Autofenster runter, alle Arme raus und ganz laut singen, während die Umgebung draußen langsam zerfließt. Es ist nicht so wichtig, endlich anzukommen. Wir halten überall, wo wir wollen, um uns schnell einen Burger mitzunehmen, kurz die Autobahnkapelle anzuschauen oder um auf einen Baum am Wegesrand zu klettern und gemütlich eine rauchen. Denn auf einem Roadtrip kann man sich Zeit lassen. Und während wir sonst an Flaschensammlern, dem Brummifahrer Waldemar, japanischen Touristen und der Klofrau vom Raststätten-WC vorbeigehen, beschäftigen wir uns nun intensiv mit ihnen. Und am Ende wissen wir alles über Waldemars Familie und seinen Schäferhund und irgendwie auch mehr übers Leben.

Doch unterwegs sein, das heißt auch weiterzukommen. Nur weil man in einer Stadt ist, ist man ja noch lange nicht am Ziel. Sitzt man erst mal wieder im Auto, lässt man sich treiben, über die Straßen, Kilometer um Kilometer. Der Himmel ändert seine Farbe, wir ändern unsere Richtung. Und immer schön grinsen, allen freundlich zunicken, vielleicht wird man ja spontan vom Menschen im Nebenauto eingeladen und landet im nächsten kleinen Abenteuer. Das Grundmotiv des Roadtrips ist nicht die Party, die am Ende steht, sondern die andauernde Veränderung. Alles rollt und fließt so schön und das Flackern der Neonreklame tanzt vor unseren Augen.

Nach gefühlten tausend Raucherpausen und knappen 500 Kilometern kommen wir in Prag an, es ist schon fast 20 Uhr und wir befürchten, keine Unterkunft mehr zu bekommen, also wollen wir in unserer Not erst einmal etwas trinken. Mein Blick fällt auf den mir gut bekannten Becherovka, der bisher immer unser Schnapsregal zu Hause zierte. Ich nötige die anderen, diesen »guten Tropfen« zu kosten, und sie können nicht widerstehen. Nach den ersten Schlucken werde ich von allen dreien gleichzeitig verflucht. KathyCandy gibt dem Gesöff einen neuen Namen: »Brecherovka«. Und ich verstehe so langsam, warum die Flasche vier Jahre unangetastet im Regal stand.

Wir haben Glück und bekommen ein Zimmer in einem Hostel. Am ersten Abend ziehen wir von Club zu Club. Zuerst gönnen wir uns eine Pizza im Cross Club, während der Barkeeper am Tisch neben uns sein abendliches Tütchen dreht. Danach steigen wir die Treppen hinab in den Keller, in dem der Drum-&-Bass-Sound nur so von den Wänden schallt. Wir lassen uns ein wenig von der Musik benebeln, ehe wir zum nächsten Club aufbrechen. Der Marihuana-Geruch bleibt, aber die Musik verändert sich: Es läuft mehr Mainstream im angeblich größten Laden Europas, dem Karlovy Lázne. Wir tanzen hässlich, schießen Fotos, trinken mit zwei Kaliforniern, die behaupten, mit dem Sohn von Thomas Gottschalk befreundet zu sein. Irgendwann wird uns die Riesendisse jedoch zu fad und wir beschließen, der Empfehlung von VilleValles Bruder zu folgen, einen Stripclub namens Zlaty Strom oder so ähnlich zu besuchen. Die Mädchen auf den Tischen sehen nicht sonderlich gut aus und das Durchschnittsalter liegt bei 30, dafür ist die Getränkekarte überzeugend. Jeder Wodka, vom edelsten Tropfen bis zum Beinahe-Abfall, steht drauf. Nachdem wir das Durchschnittsalter auf der Tanzfläche erheblich gesenkt haben, spazieren wir über die schöne Karlsbrücke auf die andere Seite der Moldau, von wo aus uns ein Taxi gleich in den nächsten Schuppen kutschiert. Dieses Mal handelt es sich um einen Black-Music-Club, in dem lauter Mädchen in viel zu engen Hosen mit viel zu großen Hintern ihre Hüften kreisen lassen. Die Männer stehen einfach nur da, nippen an ihren Drinks und rufen den Ladys hin und wieder »Sysysys, dayum gurl, you fine« hinterher. Zu meiner Verwunderung scheine auch ich sehr anziehend auf diese Sorte Mann zu wirken. Einer will mich nicht mal mehr aufs Klo gehen lassen, ein anderer ist kurz davor, mich zu einem Kuss zu zwingen. Muss wohl an meiner engen Leggins liegen. Butthunter! Irgendwann haben wir genug und beschließen, in die Jugendherberge zurückzufahren, in der ich sofort in einen tiefen Schlaf falle.

Den nächsten Tag verbringen wir mit einer Stadtrundfahrt und Shopping, ehe wir uns für eine Dubstep-Veranstaltung im Chapeau Rouge fertig machen. Als wir einen tschechischen Hipster hinter der Kasse des Topshops nach einer guten Abendgestaltungsmöglichkeit gefragt haben, meldete sich auf einmal ein kleiner Chinese mit großen Kopfhörern zu Wort und meinte, am Abend sei ein Konzert, er könne mit uns schnell Karten besorgen gehen. Das ließen wir uns nicht zweimal sagen. Um halb zwölf stehen wir also mitten im Moshpit von South Central, einem britischen DJ-Duo, das ziemlich geniale Musik macht, dafür aber gruselig aussieht. Nach ihrer Show überlegen wir kurz, ob wir trotzdem Groupie spielen (> Punkt 54) sollen. Aber wer mal unter die mysteriösen Kapuzen von South Central geguckt hat, der versteht, warum wir uns dagegen entscheiden. Die Stunden verrinnen, die Nacht pulsiert, die Seele bekommt Flügel in dunklen Kellern mit gleißendem Laserlicht. Prag hat uns!

Und doch schaffen wir's irgendwie zurück ins Hostel. Dort lassen wir uns von der iPhone-Siri noch eine Gutenachtgeschichte vorlesen und kuscheln ein wenig, bis sich tiefer Schlaf über uns legt. Wir lassen unseren Aufenthalt in Prag mit einem gemütlichen Frühstück/Mittagessen ausklingen und treten dann den Rückweg an. Am Ende lassen sich die wirklich schönen Momente unserer Reise am wenigsten beschreiben. Denn es waren oft die leisen, geborgenen Momente. Weite Straße, Freundschaft, Freiheit!

WAS MAN VIELLEICHT WISSEN SOLLTE:
Regeln, die nicht missachtet werden dürfen:
- Plane nie einen Roadtrip. Roadtrips passieren einfach.
- Lass nur Menschen mitfahren, die irgendwie 'nen Knall haben. Und sammle am besten spontan noch welche auf!
- Auf Roadtrips passieren Dinge, die man nicht kontrollieren kann, und das ist gut so.

UND WARUM MAN ES TUN SOLLTE:
Nur die Straße. Endlich frei.

96. KAPITEL
ERINNERUNGEN KONSERVIEREN

Erhalten zu können, was oft nicht von Dauer ist – Leidenschaft, weiße Westen, Freundschaft –, davon träumen wir. In guten Zeiten das Glück einsperren oder horten und an schlechten Tagen eine kleine Portion davon aus der Vorratskammer holen zu können. Vielleicht ist das der Grund, warum wir unermüdlich feiern, manche Menschen Songs schreiben und wieder andere Bücher. Es sind verzweifelte Versuche, das Glück auf immer und ewig festzuhalten. Oder wenigstens die Erinnerung daran zu bewahren.

»Wir, die Lieder sangen, die vom Leben-Lieben handeln, Tequila tranken, machten Jägermeister platt. In den Mond schrien: ›Verdammt, wir sind die geilste Gang der Stadt!‹«, singt Casper in *Michael X* und hält damit einige glückliche Augenblicke seines Lebens für immer fest. Der Song erzählt von echter Freundschaft. »Von einer gemeinsamen Jugend und dem Gefühl der Unbesiegbarkeit.«

Eigentlich, wenn man es genau nimmt, müsste man aufhören, wenn es am schönsten ist – damit man Freundschaften nicht langsam welken sieht und unbeschwerte Liebe niemals von ekelhaften Küchentischgesprächen entzaubert werden kann, die Worte wie »Bausparvertrag« und »Lohnsteuerklasse IV« enthalten. Aber das können wir nicht. Und das wollen wir auch nicht. Denn woher sollen wir wissen, ob wir nicht noch mehr Glück mit einem Menschen erleben können, als wir bisher mit ihm erlebt haben?

Stattdessen können wir nur versuchen, die wunderschönen Momente, an denen das Leben so reich ist, zu erhalten. Und dafür brauchen wir eine Truhe. Eine große Truhe, in der wir all unsere Erinnerungsstücke aufbewahren können. Diese Truhe wird das Einrichtungsstück sein, das wir um jeden Preis retten wollen, wenn unsere Bude in Flammen aufgeht. Sie wird uns bei allen Umzügen begleiten. Von Mama und Papa in die WG, dann in die Singlewohnung, ins Liebesnest, bis zum Altersruhesitz. Diese Truhe konserviert unser Leben, sie ist eine Zeitkapsel mit Aufzeichnungen, Bildern,

Tagebüchern, Briefen. Eine Schatzkiste voller Geheimnisse, in die nur die Sachen kommen, die wirklich Bedeutung haben. Briefe, in denen alles steht, was wir uns nie zu sagen trauen, heiße Zeugnisse einer längst erkalteten Liebe, ein Danke, das man nicht mehr aussprechen darf. In erster Linie soll einen der Inhalt der Kiste glücklich machen, wenn man es nötig hat.

Wir sind froh, dass unsere Freunde so viele hässliche Partybilder von uns haben, denn sie werden ihnen immer ein Lächeln entlocken. Genauso wie wir jedes Mal auf dem Boden liegen werden, wenn wir uns die Bilder wieder einmal anschauen. Überhaupt sind wir zu der Erkenntnis gelangt: Nichts lässt einen Monate/Jahre später so herzlich lachen wie die Erinnerung an Situationen, in denen man sich bis auf die Knochen blamiert hat. Und auch darüber hinaus bringt uns unsere Truhe immer wieder zum Schmunzeln. Notizzettel, Klassenzeitungen, Ledertagebücher, leere Flaschen, Billigchips, Bilder von schlafenden Menschen auf Autorückbänken, Festival-Bändchen, alte Kinderfotos, Oma und Opa an Weihnachten, ausgebreitete Arme oder Freunde im Arm, die aussehen, als hätte sie der Techno-Club ausgekotzt ...

Und wenn man sich durch die Erinnerungsstücke gewühlt hat und sich besser fühlt: Zurück in die Gegenwart, leben, leben, leben, scheitern und gewinnen und diese geile Truhe weiter füllen!

WAS MAN VIELLEICHT WISSEN SOLLTE:
Besonders schön: Die Truhe selbst schreinern und dabei noch einen Einblick in ein Handwerk erhalten! Wer nicht allzu sehr an Tagebüchern etc. hängt: Man könnte die gesammelten Erinnerungsstücke auch vergraben und erst nach Jahrzehnten nachsehen, ob noch was davon übrig ist.

UND WARUM MAN ES TUN SOLLTE:
Die Truhe, in der wir Erinnerungsstücke aufbewahren, ist vielleicht unser größter materieller Schatz.

97. KAPITEL
SICH TÄTOWIEREN LASSEN

Die extremste Form der Jugendsünde ist und bleibt das Tattoo. Was man da für Schauermärchen hört: Ein bisschen zu viel getrunken und am nächsten Tag entdeckt man einen frisch gestochenen Fernseher auf dem Oberschenkel. Oder ein Arschgeweih, mit dem man die Eltern so richtig schön schocken kann. Dank solcher Geschichten ist der Ruf von Tattoos heute schon fast wieder so schlecht wie in den Fünfzigern.

Aber das sollte einen echten Teenie-Draufgänger nicht abhalten! Mit einem Tattoo entscheidet sich ein Mensch, etwas von sich selbst nach außen zu tragen und für immer zu zeigen. Selbst wenn es nur eine Erinnerung an alte Zeiten ist oder der Name der Ex, ein Tattoo gibt einen persönlichen Teil des Tätowierten preis. Sie sind quasi materialisierte Gefühle. Und das kann doch nun wahrlich nichts Schlechtes sein, oder?!

MARIE ÜBER EINE EINGEBUNG:

Hangover 2 macht es vor und wir machen es nach. Beziehungsweise ich mache es nach, weil Kathi leider nicht kreativ genug ist, um sich ein passendes Motiv auszudenken, und wie immer viel zu unentschieden. So war sie in den letzten Tagen schon drauf und dran, sich spontan ein Elben-Tattoo, diverse Bandlogos oder einfach ein vom Tätowierer ausgesuchtes Motiv stechen zu lassen. Die soll mal lieber bei ihren Stempeln bleiben, ist sicherer.

Ich dagegen bin mir schon seit über einem Jahr sicher, dass ich mir das Kreuz der Band Justice auf den Unterarm stechen lassen möchte. Nicht weil ich ein übertriebener Fan bin, sondern weil das Kreuz so viel Bedeutung für mich hat. Nichts und niemand kann mich davon abbringen. Sätze wie »Du warst seit einem Jahr nicht mehr in der Kirche, Marie. Und jetzt willst du dir ein Kreuz tätowieren lassen?« oder »Wenn du irgendwann mal diese Justice-Typen triffst, denken die, du bist geisteskrank« ignoriere ich gekonnt.

Nachdem ich den Termin in dem Tattoo-Studio meines Vertrauens vereinbart habe, kommen mir trotzdem Zweifel. Vier lange Wochen versuche ich, dieses ganze Tattoo-Thema aus meinem Kopf zu verbannen. Was nicht leicht ist, weil plötzlich die ganze Welt eingeweiht zu sein scheint. Die ganze Welt außer meine Eltern. Obwohl ich seit ein paar Tagen volljährig bin, weiß ich, dass sie ausrasten werden. (Das ist übrigens der einzige Punkt auf unserer Liste, den wir erst abarbeiten, als ich schon 18 bin.) Am besten alle Vasen in Sicherheit bringen!

Am Vorabend des alles verändernden Tages, gegen 11 Uhr, beschließe ich, meine Einweihungsmission zu starten. Der beste Zeitpunkt, denn meine Eltern liegen völlig relaxt in Bett und Badewanne. Mein Vater nimmt es ganz gelassen. Er sagt nur ruhig: »Wenn du diese Entscheidung für dich getroffen hast, dann ist das okay. Du musst nur mit den Konsequenzen leben können.« – »Welche Konsequenzen?«, frage ich aus Versehen laut. Er antwortet: »Deine Mutter.« Als ich ihr Schlafzimmer betrete, liegt sie ganz friedlich da. Bloß keine unnötigen Geräusche machen, ganz leise an ihr Ohr beugen und flüstern: »Ich lasse mir morgen ein Kreuz auf den Unterarm tätowieren.« Vielleicht hört sie mich nicht.

Ich tapse wieder aus dem Raum. Zehn Minuten später wird mir jedoch angst und bange, als ich ein Stampfen und Keifen auf dem Flur höre. Die Zimmertür wird aufgerissen, ein Koffer fliegt vor meine Füße. »Dann ziehst du aus!«, schreit meine Mutter. Es folgt eine endlose Diskussion, in der verdächtig oft die Worte »Ein Kreuz?! Du gehst nicht mal an Ostern zum Gottesdienst« und »Dann ziehst du aus!« wiederholt werden.

Irgendwann geht meine Mutter und ich schlafe ein. Allerdings werde ich von meinen Zweifeln erneut geweckt. Ist ein Kreuz wirklich das Richtige? Zur Aufmunterung höre ich Musik, erst Mika, dann Fiva MC. Nach zwei Stunden, kurz vor dem Weckerklingeln, wird das, was mir im Kopf herumspukt, endlich greifbar.

»Sagst du deinen Termin ab?«, fragt mich meine Mutter am nächsten Morgen. »Nein, ich teste Schriftgrößen.« Und zwar für meine neue, unglaublich geniale Idee. Die beste, die ich je hatte! Ich werde mir kein Kreuz auf den Unterarm tätowieren lassen, sondern »Gold« auf meine rechte Flanke, direkt unter dem Arm. Genau da. Ich bin nämlich nicht irgendeine Marie, ich bin die Goldmarie, verdammt noch mal! Das Tattoo soll für die goldenen Zeiten stehen, die wir hatten und haben werden. »We are not what you think we are, we are golden!«

Meine Mutter lässt mich nur widerwillig aus dem Haus. Ich falle in eine tiefe Trance und wache erst wieder auf, als wir die erste von fünf Beruhigungszigaretten rauchen. Im Studio erklingt Motörhead, während sich der Tätowierer auf mich vorbereitet und ich einen kleinen Nervenzusammenbruch erleide. Ob ich sicher sei, das Tattoo genau auf den Rippen haben zu wollen, das sei eine schlimme Stelle, es tue höllisch weh und man müsse ganz ruhig liegen, sonst verrutscht die Linie, hat er mich gefragt und mich damit ganz schön nervös gemacht. Ich habe Angst vor den Schmerzen und noch mehr davor, dass es am Ende verwackelt aussehen könnte. Mal im Ernst, wer will mit einem unleserlichen »Gold« auf der Haut durch sein Leben gehen?

Ich ziehe mich dennoch aus und lege mich auf die linke Seite. Der Tätowierer schmeißt die Nadel an, ich höre das widerliche Geräusch. Als er ansetzt, zieht es ein wenig. Viel weniger schlimm als erwartet. Geradezu unspektakulär. Ich muss nur versuchen, nicht zu lachen, weil Kathi den Tätowierer so interessiert mustert.

Es dauert nur 15 Minuten, dann darf ich aufstehen und mich ansehen. Ich will mich kaum bewegen, aber das Tattoo sieht klasse aus, wirklich genial. Und dabei ist der Entschluss erst wenige Stunden alt. Pah, von wegen Jugendsünde!

WAS MAN VIELLEICHT WISSEN SOLLTE:
Es ist immer gut, vor allem bei aufwendigen Motiven, sich vorab mehrere Tattoo-Studios anzusehen und das freundlichste, professionellste und für die eigenen Zwecke geeignetste auszuwählen!

UND WARUM MAN ES TUN SOLLTE:
Wenn wir unser Lebensgefühl festhalten wollen, sollten wir es uns für immer unter die Haut stechen lassen.

98. KAPITEL
BEI EINEM FESTIVAL DABEI SEIN

Es ist der Himmel und die Hölle. Und man muss dabei sein – mindestens einmal im Leben. Wo sonst kann man so feiern und die eigene Unreife derartig genießen!? Seit die Hippies das Massenfest im Schlamm und mit nackten Körpern, glücklichen Gesichtern, unglaublichen Ereignissen, verrückten Begegnungen und lebensverändernden Musikern erfunden haben, ist die Welt eine andere. In jeder Ecke Deutschlands gibt es mittlerweile Festivals. Wo man die Riesenparty erlebt, ist eigentlich egal – Hauptsache das Line-up und die Crew stimmen.

KATHARINA ÜBER DAS SOUTHSIDE-FESTIVAL 2011:

Ein jedes Festival-Abenteuer beginnt mit der Anreise – so auch meines. Um all die wichtigen und unwichtigen Gepäckstücke ins Auto zu bekommen, müssen wir vor unserer Abfahrt erst einmal Tetris spielen. Wir brauchen eine Weile, ehe wir eingequetscht, aber glücklich aufbrechen können. Schon etwa zehn Kilometer vor dem Gelände beginnt der Stau. Weil die Schlange minutenlang stillsteht, springen die Ersten aus den Autos, lassen den Fahrer zurück und marschieren auf eigene Faust in Richtung Eingang. Ich schließe mich ihnen an und gehöre damit zu den armen Irren, die trotz Regen in Hotpants loslaufen. Am Eintritt angekommen, überwältigt mich der Anblick: Massen an Menschen und Campingausrüstung. Die erste Runde unfreiwilligen Gruppenkuschelns wird auf dem Weg zum Eintrittsbändchen eingelegt.

Zwei Stunden dauert die Tortur. Die Jungs aus meiner Gruppe müssen inzwischen so dringend aufs Klo, dass sie sich im Kreis aufstellen und einfach auf den Boden pinkeln. Ein paar Iren, die todesmutig eine Gitarre mit in den Slow-Motion-Moshpit geschleppt haben, versüßen uns die Wartezeit mit Oasis und Whiskey-Cola.

Nachdem wir endlich das Paradies betreten haben, werden die Jungs mit der Aufgabe des Zelt- und Herdaufbaus (aka Campingkocher hinstellen und Feuer anzünden) betraut, wir Mädchen erjagen und sammeln all das, was zu Hause vergessen wurde. Hängt man sich ein Schild mit Botschaften wie »Kuss gegen Grillkohle«, »Free Hugs for Fertignudeln« oder »Samba gegen Heringe« um den Hals, geht man nicht leer aus.

Am ersten Abend spielen noch keine Bands, deshalb gebe ich mir die volle Zeltplatz-Feeling-Dröhnung und gehe spazieren. So langsam beginnen die Leute, sich einzurichten: Diddl-Mäuse als Eingangsdeko, Sexpuppen als Galionsfiguren für das Übernachtungsschiff, Shisha-Lounges, Indianertipis und Pappkartons mit Beschriftungen aller Art werden aufgestellt. Und erst die Verkleidungen! Menschen

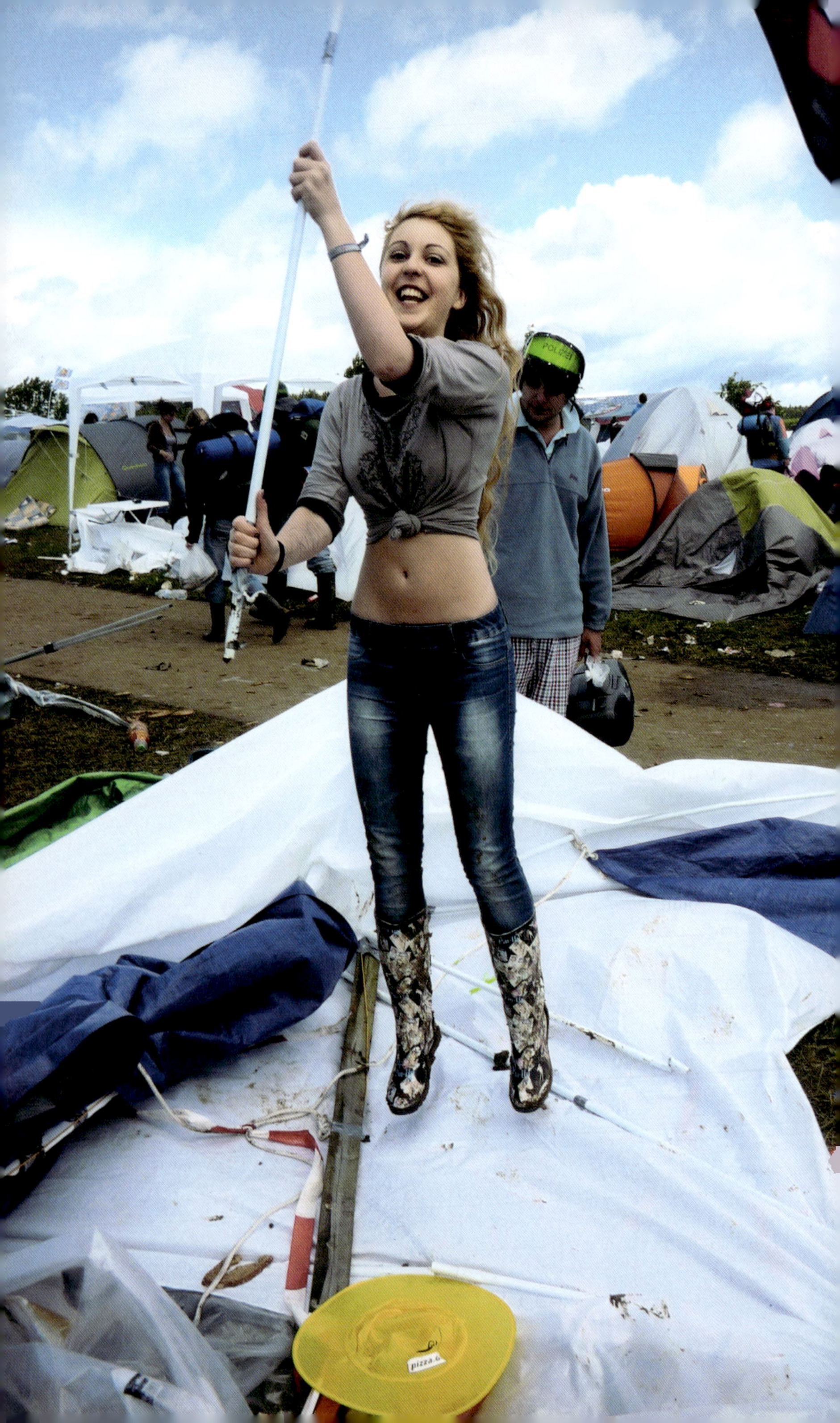
POLIZEI

werden zu Bananen, Krokodilen, Vampiren und Rocklegenden – und ich fühle mich ein bisschen wie im Zirkus, Zoo und Freizeitpark zugleich. Die Nacht wird denkbar lang. An jeder Ecke schließe ich neue Bekanntschaften, überall laden Ghettoblaster zu spontanen Tänzen ein und der Chips- und Biervorrat wird von vielen Besuchern noch so großherzig verschenkt, dass selbst Dionysos seine wahre Freude hätte.

Hand in Hand hopse ich mit unserem Fahrer durch die Zeltreihen, als gehörten wir zu Disneys *Gummibärenbande*. Und plötzlich geht ein blonder Jüngling im Achtziger-Retro-Outfit, samt Stirnband und knallenden Shorts vor mir auf die Knie und bittet mich, seine Frau zu werden. »Nichts lieber als das!«, hauche ich ihm zu. Es trifft sich gut, dass nur wenige Minuten später ein »Pfarrer« im Einkaufswagen an uns vorbeirollt, der uns »in nomine patris« seinen Segen gibt. Unser Bund fürs Leben findet jedoch ein jähes Ende, als ich direkt nach dem Hochzeitsküsschen aus den Armen meines Bräutigams gezerrt werde, um zum *Dschungelbuch*-Song die Hüften zu schwingen. Meinen Prinzen sehe ich danach nie wieder.

Als ich in dieser ersten Nacht endlich schlafen will, ist es mir in keinster Weise vergönnt, ein Auge zuzutun. Denn nachdem ich einen Kumpel, der *nichts* dabei hat und sich der hohen Kunst des Durchschnorrens bedienen wollte, von meiner schöne Luftmatratze vertrieben habe, verlangt Elvis nach Aufmerksamkeit. Zunächst ganz leise und dann immer lauter schallen *Heartbreak Hotel* und *Jailhouse Rock* aus den Boxen des Nebenzeltes. Um 6 Uhr beschließe ich, dem Zucken in meinem Becken einfach nachzugeben.

Der zweite Tag beginnt so geil, wie der erste geendet hat. Der Kater ist gut mit Koffein- und Magentabletten zu verdrängen, es gibt noch genug Essen und sauberes Besteck und überhaupt wirken alle noch recht trocken, wohlriechend und rasiert. An jeder Ecke steht ein Tent of Love. Und jeder, der von einem Ort zum anderen kommen will, muss über Catwalks, durch Pseudopolizeikontrollen und unter Limbostangen hindurch. Mit unseren Zeltplatz-Nachbarn veranstalten wir eine Castingshow vor den noch stabilen Pavillons. Höchstnoten bekommt ein Stripper, der uns für einige Zeit köstlich unterhält.

Und dann, ja dann beginnen die Bands zu spielen. Mit dem Timetable an die Brust gepresst, geht's also auf zu den Bühnen, ein bisschen Warpaint, Flogging Molly, I Blame Coco, Lykke Li. Und plötzlich: Regen! In Sekundenschnelle ist alles verschlammt, meine Ballerinas sind verloren, also barfuß zurück zum Zelt und rein in die Unwettermontur. Mit XXL-Anorak, Regencape und Gummistiefeln wate ich danach erneut zur Bühne, um mich in den Matsch-Circlepit von The Subways zu werfen.

Um 0:30 Uhr dann endlich die Erlösung: Clueso! Und während wir bei *Chicago* und *So sehr dabei* mitbrüllen, geht der nächste Weltuntergangsregen auf uns hernieder. Als die letzten Töne verklingen, wird mir bewusst, dass ich nun zwei Kilometer (gefühlte zweihundert) zurück zu meinem Schlafsack laufen muss. Einen Moment lang ziehe ich in Betracht, einfach in der ersten Reihe vor der Blue Stage zu pennen. Aber dann blicke ich an mir herunter: Das Wasser steht so hoch, dass es in meine Gummistiefel läuft. Oh verdammt, das habe ich bis jetzt noch gar nicht bemerkt. Bevor ich also im Schlammwasser einschlafe und ertrinke, doch lieber zurück.

Als ich nach dem langen Marsch den Zelteingang öffne, störe ich mich nicht einmal mehr an dem Matratzenschnorrer, der schon wieder da ist. Er ist wenigstens warm und muss jetzt als Kuschelteddy herhalten.

Am Samstagmorgen beginnt der nackte Kampf ums Überleben. Plünderer haben die

Nacht genutzt und 90 Prozent des Essens und der Getränke verschwinden lassen. Unser Pavillon ist während des Unwetters zusammengeklappt und auf den Toiletten kann mittlerweile keiner mehr unterscheiden, was Kacke und was Matsch ist. Ich versuche dennoch, mich einigermaßen zu rekonstruieren. Und begreife: Alle drehen einem Ratschläge an, obwohl sie selbst am Rad drehen, hier kommt keiner mehr klar. Es regnet immer noch. Eine Freundin fragt, ob ich mitkommen will, um im Sanizelt nach Wundsalbe und Blasenpflaster zu fragen. Nein, ich kann nicht, ich muss wieder Musik hören. Bei Darwin Deez verteilt ein Typ 'ne Runde Selbstangebautes. Der Tag fängt doch erst an, Mann!

In den nächsten Stunden erlebe ich Schmerz, Ekstase, tanze im Dreck. Den gigantischen Höhepunkt bilden die Chemical Brothers. Reizüberflutung. Ich denke, ich kann nie wieder schlafen, überhaupt nie wieder etwas anderes tun, als mich hier kollektiv und heftig zu verausgaben! Irgendwann schleppe ich mich dennoch wieder in mein Zelt, alles ist nass und wackelt bedrohlich. Am nächsten Morgen hat der Wind unseren Pavillon erneut zusammengefaltet, mein Regenanorak flattert davon. Sauberes Geschirr? Fehlanzeige, also wird aus allem Möglichen und am häufigsten vom Boden gegessen. Wenigstens regnet es jetzt nicht mehr.

Ein paar besonders Einfallsreiche haben sich bei Kodak als Kunststudenten ausgegeben und vierhundert aufblasbare Wasserbälle in Weltkugeloptik angeschleppt. Ich helfe beim Aufblasen und träume von einer gigantischen Hüpfburg.

Und schließlich ein letztes Mal auf zu den Bühnen. Eine Zeltnachbarin schleppt mich mit zu Friendly Fires – ich werde erleuchtet und will sofort ein Kind vom Sänger, aber leider halten uns nicht nur fünf Meter Sicherheitsgraben und grimmige, langsam extrem genervte Securitys voneinander ab, sondern auch mein durch *too much Matsch* entstelltes Gesicht. Aber allmählich ist mir alles egal. Ich will nur noch Teil dieser Menge sein, wir schunkeln und geben Tausenden Leuten einen Highfive. Meine Stimme ist schon lange weg (und ist bis heute nie wieder richtig zurückgekommen!), aber als My Chemical Romance performen, gebe ich noch einmal alles. Mehr Ausrasten geht nicht. Es liegt nicht mal an der Band, dass ich so feiere, mein Körper hat mich einfach vor die Wahl gestellt: sofortiger Verbrauch aller Energiereserven oder auf der Stelle schlafen? Mit letzter Kraft drehe ich mich, mein Geist gleitet aus meinem erschöpften Körper, ich atme reinigende Klänge und mein Blick gleitet über das höllisch-himmlische Geschehen. Ich bin der Ohnmacht nahe und dennoch überglücklich.

WAS MAN VIELLEICHT WISSEN SOLLTE:
Infos über jedes Festival und alles, was zum Überleben notwendig ist, findet man auf *festivalguide*.de, dort gibt es die ultimative Checkliste. Aber macht euch keine Hoffnungen: So gut man sich auch vorbereitet, am Ende wird man trotzdem irgendwas vergessen haben!
Bonusmaterial: Kostüme und Spiele, die kaputtgehen können.

UND WARUM MAN ES TUN SOLLTE:
Auf Festivals reihen sich Extremsituationen aneinander. Extrem viele Menschen, extrem gute Musik, extrem viel Schlamm, extrem viel Spaß, aber es ist auch extrem viel Durchhaltevermögen erforderlich, also passen Festivals extrem gut auf diese Liste.

99. KAPITEL
DEN ABSCHLUSS SCHAFFEN

Wir waren uns lange nicht sicher, ob wir diesen Punkt in unsere Liste aufnehmen sollten. Der eine Teil unserer Freunde beharrte darauf und hielt es für unumgänglich, den Schulabschluss in diesem Buch abzuhandeln. Der andere holte zu detaillierten Vorträgen aus, in denen nicht selten Zitate wie das des berühmten Bankiers Rothschild vorkamen: »Die wenigen, die das System verstehen, werden so sehr an seinen Profiten interessiert oder so abhängig sein von der Gunst des Systems, dass aus deren Reihen nie eine Opposition hervorgehen wird. Die große Masse der Leute aber, mental unfähig zu begreifen, wird ihre Last ohne Murren tragen, vielleicht sogar ohne zu mutmaßen, dass das System ihren Interessen feindlich ist.« Wer seine Leistung einbringt, der gehört bereits dazu und schwingt sein Hinterteil unwiderruflich in das Hamsterrad des Kapitalismus.

Auch wir hätten manchmal gern den Mut auszusteigen. Und Schulbildung ist nicht gleich Wissen oder Weisheit. Dennoch haben wir uns letztendlich dafür entschieden, unseren Abschluss auf unsere To-do-Liste zu setzen.

Wie die letzte Spaßbremse rumzustreben und sich mit Ellenbogentaktik zwölf Jahre lang bis zu einem begehrten Studienplatz durchzukämpfen, ist erwiesenermaßen uncool. Ein ganz kleines bisschen Ehrgeiz muss man aber schon an den Tag legen. Allerspätestens mit 18 Jahren sollte man die mittlere Reife haben, das sollte drin sein. In der Neunten die Schule abzubrechen und nie wieder in den Unterricht zu gehen mag vielleicht spaßig klingen, aber irgendwann schmeißen einen auch die liebevollsten Eltern raus. Denn nicht einmal die können ein 30-jähriges Riesenbaby im bierbekleckerten Feinrippunterhemd ertragen, das nur auf ihrer Couch liegt, den ganzen Tag kifft oder fernsieht und sich in all der Zeit keine brauchbaren Fähigkeiten angeeignet hat, abgesehen von der, ganze Dialoge zu rülpsen.

Zugegeben: Wir hätten auch lieber geschwänzt und statt Mathe zu lernen, gefaulenzt. Die Schule war zeitraubend und langweilig und im Kopf feierten wir die ganze Zeit in abenteuerlichen Clubs in Berlin oder schrien uns auf Festivals die Seele aus dem Leib. Es lag nicht mal an unseren Lehrern, dass wir keine Lust aufs Lernen hatten. Sondern daran, dass wir längst andere Pläne für unser Leben gemacht hatten und deshalb nur schwer begreifen wollten, dass all die aneinandergereihten Schulstunden mehr als pure Lebenszeitverschwendung sind.

Trotzdem konnten wir uns irgendwie zusammenreißen und die Jahre einigermaßen über- und bestehen. Und inzwischen ist uns klar: Durchzuhalten lohnt sich. Denn was auch immer passiert: Wenn man es schafft, hat man mit 18 einen Wisch in der Hand, der es einem ermöglicht, einen Job zu finden, mit dem man das wilde Leben an jedem beliebigen Ort finanzieren kann. Und das ist der Beginn der Freiheit!

WAS MAN VIELLEICHT WISSEN SOLLTE:
Nie feiert man hemmungsloser als nach den Abschlussprüfungen. Wer will sich das entgehen lassen?

UND WARUM MAN ES TUN SOLLTE:
Wenn man sich sowieso schon auf der Schulbank quälen muss, sollte man es bis Schluss tun. Dann hat man wenigstens nicht umsonst gelitten.

100. KAPITEL
DIE JUGENDSÜNDEN BEICHTEN GEHEN

Wir sind katholisch sozialisiert: Wer sich moralisch zweifelhaft verhält, der muss alles beichten, um die Absolution zu erhalten und mit reiner Weste ein neues Lebenskapitel aufschlagen zu können! Und nachdem du alle Punkte in diesem Buch abgehakt hast, gibt es bestimmt ein paar Geständnisse, die du loswerden willst, bevor du endgültig erwachsen bist. Der Tag vor dem 18. Geburtstag ist überaus geeignet, um sich zuerst dem Beichtvater (ob katholisch oder nicht fällt im Prinzip gar nicht auf) und dann den Eltern beziehungsweise Freunden zu offenbaren!

Liebe Mama, lieber Papa, wir haben euch oft angeschwindelt, während wir dieses Buch geschrieben haben. Wir haben behauptet, dass das hier alles kein Aufwand, keinesfalls illegal und vollkommen ungefährlich werden würde. Immer wenn wir euch anhauchen sollten ... nun ja ... das waren meistens keine Schnapspralinen, sondern russisches Wasser. Und der süßliche Duft, tja, der kam definitiv nicht von Räucherstäbchen. Wir haben außerdem nur halb so oft beim anderen übernachtet wie behauptet. Dafür haben wir aber meistens schön auf unser eigenes Glas aufgepasst! Immerhin.

Liebe Jungs, deren Herz wir gebrochen haben, dass wir unreif und bindungsunfähig sind, ist zwar teilweise wahr, aber ihr hattet natürlich recht: Oft war das nur eine Ausrede! Ihr seid gewiss alle Traumprinzen, aber wir konnten den Frosch in euch leider nicht wegküssen. 'Tschuldigung, falls wir ein bisschen zu doll auf euren Herzen rumgetrampelt haben. Wir sind jung und dumm!

Liebe Freunde, es tut uns leid, dass wir eure Hütten verwüstet und manchmal eure Geheimnisse ausgeplaudert haben. (Wir geben's zu, dass du was mit den drei Russinnen gleichzeitig am Laufen hattest, wusste einer ihrer großen Brüder von uns ...). Aber wie es sich in einer guten Freundschaft gehört, habt ihr uns alles zurückgezahlt!

Natürlich waren unsere richtigen Beichten noch etwas ausführlicher. Es hat sich gut angefühlt, die Wahrheit auszusprechen und die Gespräche mit reinem Herzen zu verlassen. Natürlich heißt das nicht, dass wir von nun an Engelchen sein werden. Aber unsere Jugendsünden müssen wir nun in keinster Weise mehr bereuen.

WAS MAN VIELLEICHT WISSEN SOLLTE:
Aus Fehlern lernt man zwar, aber viele der Dummheiten machen das Leben erst zu einem Abenteuer. Man kann ein noch so guter Mensch sein, immer mal wieder wird einen die Versuchung packen und solange man sich nicht komplett von ihr leiten lässt, lohnt es sich, ihr gelegentlich zu erliegen. Es lebe das Laster!

UND WARUM MAN ES TUN SOLLTE:
Zum Erwachsenwerden gehört es auch, Fehler zu gestehen.

SCHWARZKOPF & SCHWARZKOPF

GENERATION GEIL

20 JUGENDLICHE ERZÄHLEN VON IHREM LEBEN, IHREN SORGEN UND IHREN TRÄUMEN – GESAMMELT UND AUFGESCHRIEBEN VON EINER 15-JÄHRIGEN AUTORIN

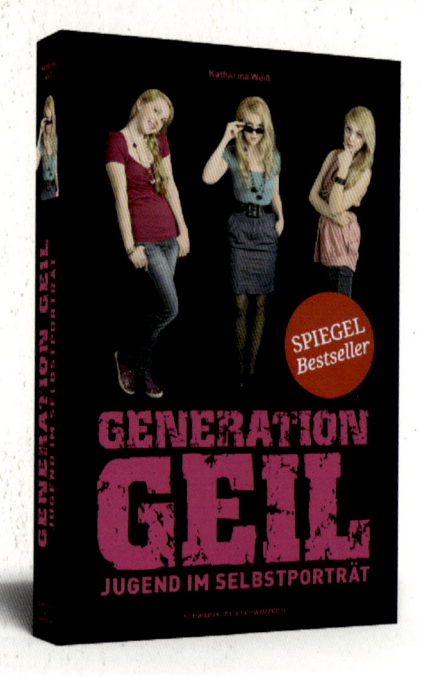

SPIEGEL Bestseller

GENERATION GEIL
JUGEND IM SELBSTPORTRÄT
Von Katharina Weiß
272 Seiten, Taschenbuch
ISBN 978-3-89602-995-9 | Preis 9,95 €

»Mehr als Alkohol und Facebook. In ihrem ersten Buch rechnet die 16-jährige Katharina Weiß mit den Klischees über ihre Generation ab.«
Berliner Zeitung

»20 Mädchen und Jungs ihres Alters sprechen über ihr Lebensgefühl.« 3Sat Kulturzeit

»Eine Sammlung von Gesprächen über Sex, Drogen und Gewalt, aber auch über Glaube, Liebe und Politik. Die Motivation der Autorin: Sie wollte, dass die Jugendlichen mal selbst zu Wort kommen. Und nicht die Schreckensmeldungen in den Medien als Sinnbild ihrer Generation gelten lassen.«
Süddeutsche Zeitung

»Zehn Mädchen und zehn Jungs sprechen in seltener Offenheit über ihre Gefühle.«
SPIEGEL Online

www.herzklopfen-und-so.de

SCHWARZKOPF & SCHWARZKOPF

SCHÖN!?

DIE UNVERFÄLSCHTE MOMENTAUFNAHME EINER GENERATION IM BEAUTY-WAHN: JUGENDLICHE ERZÄHLEN VON KÖRPERN, IDEALEN UND PROBLEMZONEN

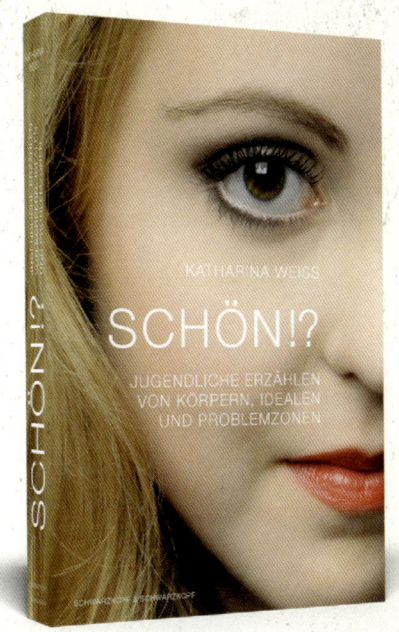

SCHÖN!?
JUGENDLICHE ERZÄHLEN VON
KÖRPERN, IDEALEN UND PROBLEMZONEN
Von Katharina Weiß
224 Seiten, Taschenbuch
ISBN 978-3-86265-038-5 | Preis 9,95 €

»Hier erfahren Eltern eine Menge über Themen, die sonst am heimischen Esstisch eher tabu sind.«
SUPERillu

»Lieber heiß als süß: Jung-Autorin Katharina Weiß präsentiert in ihrem neuen Buch ›Schön!?‹ 25 Portraits von Jugendlichen – ihren Vorstellungen, Zwängen und Leidenschaften rund um das Thema Schönheit.«
Berliner Morgenpost

»Die Autorin Katharina Weiß entlarvt die hässliche Seite des Schönheitskults.«
Berliner Kurier

»Jugendliche und ihre Körpergefühle: Die 16-jährige Katharina Weiß hat ihr zweites Buch ›Schön!?‹ vorgelegt und spricht darin mit ihren Altersgenossen über das herrschende Schönheitsideal und den Schönheitswahn.«
Berliner Zeitung

www.herzklopfen-und-so.de

SCHWARZKOPF & SCHWARZKOPF

SOMMERNACHTSJUGENDEWIGKEIT

DAS AUFWÜHLENDE ROMANDEBÜT DER 17-JÄHRIGEN SPIEGEL-BESTSELLERAUTORIN:
SIEBEN JUGENDLICHE AUF EINER REISE, DIE IHR LEBEN VERÄNDERT

SOMMERNACHTSJUGENDEWIGKEIT
JUGENDROMAN
Von Katharina Weiß
216 Seiten, Hardcover
ISBN 978-3-86265-080-4 | Preis 12,95 €

»Die Protagonisten sind Jungen und Mädchen, mit denen sich junge Leser zweifelsohne gut identifizieren können: Jugendliche zwischen Pubertät und Erwachsenwerden. Das Auskosten des Moments und der Freiheit auf der einen, die Angst vor der Zukunft auf der anderen Seite – ausgeschmückt mit bunten, teils amüsanten Episoden und Begegnungen.«

Augsburger Allgemeine

»Sie ist 17, Bestsellerautorin, wild aufs Leben und reisewütig: Die SPIEGEL-Bestsellerautorin Katharina Weiß hat ihren ersten Roman geschrieben. Der handelt von sieben Teenies auf einem abenteuerlichen Trip quer durch Deutschland.«

news.de

»Was denken, träumen, fürchten Jugendliche? Ein interessanter Einblick in die Teenie-Psyche.«

yango family

www.herzklopfen-und-so.de

SCHWARZKOPF & SCHWARZKOPF

AU-PAIR

33 UNVERGESSLICHE GESCHICHTEN ÜBER DIE RISIKEN
UND NEBENWIRKUNGEN DES AUSWANDERNS AUF ZEIT

AU-PAIR
33 WAHRE GESCHICHTEN ÜBER SKURRILE GASTFAMILIEN,
VERRÜCKTE KLEINKINDER UND DAS GROSSE ABENTEUER AUSLAND
Von Nina Ponath
312 Seiten, Taschenbuch
ISBN 978-3-86265-074-3 | Preis 9,95 €

»›Au-pair‹ nimmt den Leser mit auf eine Weltreise durch die Seiten. Eine erfrischende Lektüre zur Vor- und Nachbereitung des großen Abenteuers.« General Anzeiger Bonn

»Nina Ponath entschied sich nach ihrem Abitur 2007 für ein Au-pair-Jahr in Frankreich – und erlebte eine turbulente Zeit. Über ihre Erfahrungen und die von 32 anderen Au-pairs hat die Studentin ein Buch geschrieben, das mit viel Humor über ›das große Abenteuer Ausland‹ erzählt.« KIELerLEBEN

»Das Buch ›Au-pair‹ berichtet von den positiven und negativen Seiten des Lebens im Ausland und welcher Kulturschock einen dabei erwarten kann. Ein witziges und interessantes Buch für alle, die selbst mit dem Gedanken spielen, Au-pair zu werden.« Leipziger Volkszeitung

www.herzklopfen-und-so.de

SCHWARZKOPF & SCHWARZKOPF

ICH BIN DAGEGEN – UND DAS AUS PRINZIP!

WIE MAN DIE PUBERTÄT ÜBERSTEHT, OHNE DURCHZUDREHEN: EIN UNTERHALTSAMER UND LEBENSNAHER BEGLEITER FÜR JUNGE MÄDCHEN

ICH BIN DAGEGEN – UND DAS AUS PRINZIP!
ÜBERLEBENSTIPPS FÜR DIE PUBERTÄT:
DER SURVIVAL-GUIDE FÜR TEENAGER
Von Wilma Bögel & Sarah Tkotsch
336 Seiten, mit vielen Illustrationen, Taschenbuch
ISBN 978-3-86265-084-2 | Preis 9,95 €

»Offen, ehrlich, informativ, unterhaltsam, jugendgemäß. Dieses Werk ist der ultimative Ratgeber für die Betroffenen.« F.F. dabei

»›Ich bin dagegen – und das aus Prinzip‹ ist eine Mischung aus der humorvollen Solidarisierung mit krisengeschüttelten Teenagern und einem Trostpflaster für das Seelenheil in dieser schwierigen Zeit. Sarah Tkotsch und Wilma Bögel nehmen die Mädchen zwischen 12 und 16 gleichermaßen ernst, wie sie auch immer wieder verständnisvoll an die Vergänglichkeit der Pubertät appellieren und so die Zeit entdramatisieren.«
Kölner Stadt-Anzeiger

»Sarah Tkotsch und Wilma Bögel schaffen es, mit witzigen Anekdoten und selbst erprobten Ratschlägen aus ihrer eigenen Teenie-Zeit allen Betroffenen Mut zu machen.« yaez

www.herzklopfen-und-so.de

SCHWARZKOPF & SCHWARZKOPF

SCHULFRUST

VIVIANE CISMAK ZEIGT, WIE SCHWER BILDUNGSFÖDERALISMUS, ANDAUERNDE UNGERECHTIGKEIT UND UNZÄHLIGE REFORMEN DEN SCHULALLTAG MACHEN

SCHULFRUST
10 DINGE, DIE ICH AN DER SCHULE HASSE
Von Viviane Cismak
240 Seiten, Taschenbuch
ISBN 978-3-86265-065-1 | Preis 9,95 €

»Leistungsfeindlichkeit, Wischiwaschi-Unterricht, Multikulti-Irrsinn; die Berliner Einser-Abiturientin Viviane Cismak hat das alles erlebt – und ein Buch darüber geschrieben. ›Schulfrust: 10 Dinge, die ich an der Schule hasse‹ ist eine bitterböse Abrechnung mit dem Bildungschaos.« Berliner Kurier

»Mit ihrem provokanten Werk ›Schulfrust‹ ist es Viviane Cismak gelungen, Aufmerksamkeit auf die Missstände zu lenken, die sie in ihrer Schulzeit am eigenen Leib erfahren hat.« Der Westen online

»Bildungspolitiker sollten ›Schulfrust‹ ernst nehmen, denn allein die Tatsache, dass eine gute Schülerin solch eine Hasstirade loslässt, zeigt, dass unser Bildungssystem reformbedürftig ist.« Niedersächsische Allgemeine

www.herzklopfen-und-so.de

UNSER DANK GEHT AN:

Die geilste Gang der Stadt, bestehend aus: Schwarzkopf und Schwarzkopf, ganz besonders viel Liebe geht an Jennifer Kroll für die Inspiration und Annika Kühn für die immerwährende Hilfsbereitschaft. Küsse gehen zudem an die Pressemädels, die großartige Grafikabteilung und unseren Lieblingsverleger, Oliver Schwarzkopf.

Danken müssen wir zudem unseren Freundinnen Daniela Meichelböck und Anouk Jans, die so professionell Cover- und Pressefotos gemacht haben. Egal, was passiert: Mit all diesen herrlich armen Irren aus den 100 Kapiteln sind wir lebenslang durch mindestens eine krass-kranke Erfahrung verbunden. Vielen Dank für den Einsatz, Cowboys, aber das Abenteuer ist noch nicht vorbei! Yeehaw! Auch wenn wir jetzt 18 sind, Mamili und Papili, wir haben euch für immer sehr lieb und nerven euch auch weiterhin!

P. S. von Kathi: Eine förmliche Entschuldigung: Geliebter Peter, es tut mit sehr leid, dass ich dich damals bei TVtotal als Peterli gegrüßt habe und Stefan Raab dich daraufhin mit Andreas Gabalier verglichen hat, weshalb dir der Vergleich bis heute anhaftet. Aber ich fand's trotzdem lustig!

Und, by the way, liebe TVtotal-Redaktion: Dank aus tiefstem Herzen für die regelmäßigen Einladungen und die supernette Betreuung!

DIE AUTORINNEN

Katharina Weiß begann schon in der Grundschule mit dem Schreiben. Nach ihren Sachbüchern »Generation Geil« und »Schön!?« und dem Roman »Sommernachtsjugendewigkeit« wagt sich die SPIEGEL-Bestsellerautorin nun zum ersten Mal an einen Selbstversuch. Marie Michalke hingegen ist bereits Abenteuer-erprobt: Sie lebte bisher auf vier verschiedenen Kontinenten. Beide sind gerade 18 Jahre alt geworden.

Katharina Weiß & Marie Michalke
**100 Dinge, die man tun sollte,
bevor man 18 wird**
ISBN 978-3-89602-594-4
© Schwarzkopf & Schwarzkopf Verlag GmbH
Vierte Auflage, Berlin 2014
»Herzklopfen und so« ist das neue Jugendbuchprogramm von Schwarzkopf & Schwarzkopf. Alle Rechte vorbehalten. Dieses Werk ist urheberrechtlich geschützt. Jede Verwendung, die über den Rahmen des Zitatrechtes bei korrekter und vollständiger Quellenangabe hinausgeht, ist honorarpflichtig und bedarf der schriftlichen Genehmigung des Verlages. Titelfoto und Autorinnenfoto: © Daniela Meichelböck

KATALOG
Wir senden Ihnen gern
kostenlos unseren Katalog.
Schwarzkopf & Schwarzkopf Verlag GmbH
Kastanienallee 32, 10435 Berlin
Telefon: 030 – 44 33 63 00
Fax: 030 – 44 33 63 044

VERLAG INTERNET & E-MAIL
www.schwarzkopf-schwarzkopf.de
info@schwarzkopf-schwarzkopf.de

E-MAIL DER AUTORINNEN
marie-und-kathi@web.de